智慧轨道交通研究丛书

● 深圳市科技计划项目"时空复杂场景的地铁运营大数据价值发现模型与方法"
（项目编号：JCYJ20210324121203008）成果

Chengshi Guidao Jiaotong Chezhan Zhinenghua Guanli: Lilun Yu Shijian

城市轨道交通车站智能化管理
理论与实践

陈菁菁 罗 钦 著

华南理工大学出版社
SOUTH CHINA UNIVERSITY OF TECHNOLOGY PRESS
·广州·

图书在版编目（CIP）数据

城市轨道交通车站智能化管理：理论与实践/陈菁菁，罗钦著. —广州：华南理工大学出版社，2023.12（2025.9 重印）

（智慧轨道交通研究丛书）

ISBN 978 - 7 - 5623 - 7333 - 9

Ⅰ. ①城… Ⅱ. ①陈… ②罗… Ⅲ. ①智能技术-应用-城市铁路-铁路车站-管理-研究 Ⅳ. ①U239.5 - 39

中国国家版本馆 CIP 数据核字（2023）第 039445 号

城市轨道交通车站智能化管理：理论与实践

陈菁菁　罗　钦　著

出 版 人：房俊东
出版发行：华南理工大学出版社
　　　　　（广州五山华南理工大学 17 号楼　邮编：510640）
　　　　　http://hg.cb.scut.edu.cn　E-mail: scutc13@ scut.edu.cn
　　　　　营销部电话：020 - 87113487　87111048（传真）
策划编辑：吴翠微
责任编辑：陈　蓉
责任校对：王洪霞
印 刷 者：广州小明数码印刷有限公司
开　　本：787mm×960mm　1/16　印张：14.5　字数：252 千
版　　次：2023 年 12 月第 1 版　印次：2025 年 9 月第 3 次印刷
定　　价：49.00 元

版权所有　盗版必究　　印装差错　负责调换

前言

科技创新蓬勃发展，新兴技术不断涌现。城市轨道交通的发展在科技浪潮中逐浪而行，"智慧车站"的试点实践踏出了第一波浪花。2018年，依托上海市住房和城乡建设管理委员会支持项目"基于上海轨交智慧车站的智能运行与综合管理系统研究及应用示范"，笔者主持开展了"上海地铁汉中路站的智慧车站试点"工作，成为较早一批城市轨道交通智慧车站建设的亲历者。在这个过程中，我们感受到交通行业显然已经处在新技术冲击的前沿。我们怀着对新技术的憧憬，也看到了新兴技术的优越性，希望通过新技术的手段来解决业务痛点和难点，有成果也有经验。

虽然，各城市轨道交通都在以"智慧化"为主题开展各类试点与建设工作，但是，本书谨慎采用"智慧化"一词。我们在实践中认识到，"智慧化"是管理能级提升与新技术发展共同作用下逐步推进的发展趋势。目前城市轨道交通车站运营管理水平仍处在"智能化"发展阶段，未来仍有大量的基础和应用研究需要探索与突破。

本书尝试从整体性、系统性的角度思考城市轨道交通车站智能化管理的相关问题，以城市轨道交通车站为范畴，关注车站业务的复杂性、动态性和持续性特征，从业务层面剖析智能化管理要素、内容和流程，重点阐述车站智能化管理的关键技术、理论方法和典型案例，旨在给相关领域的读者提供解决问题的思路、原理和方法。本书可以作为相关专业的本科生、研究生的教学参考资料；同时，也可为轨道交通领域相关的政府决策、工程规划与设计、运营企业的管理人员提供一些有价值的借鉴和参考。

本书研究工作得到深圳市科技计划"时空复杂场景的地铁运营大数据价值发现模型与方法"（项目编号：JCYJ20210324121203008）的资助，依托广东省高校轨道交通智慧运维工程技术开发中心（2019GCZX006）、广东省高校载运工具智能终端精密构建工程技术研究中心（2021GCZX002）等平台，在此一并表示感谢。

在本书编写过程中，刘晓玲、梁馨云、张子伟、蔡幸洳等同学参与了本书部分章节的资料整理工作，同济大学江志彬老师完成了本书的审核工作。本书的编写也得到了上海申通地铁集团等业内专家的指导，同时引用了大量国内外作者发表的相关文献以及国内部分城市（如上海、北京、广州、深圳等）轨道交通运营企业的相关资料。本书的出版获得了深圳技术大学学术著作出版基金的资助以及华南理工大学出版社的大力支持。在此表示最诚挚的谢意。

由于作者业务视野和学术水平的局限性，本书的内容安排、学术观点难免存在不当或疏漏之处，恳请各位同行、读者批评指正。

著者

2023 年 9 月于深圳技术大学

目 录

第1章 绪 论 ·· 1

第2章 城市轨道交通车站智能化管理的业务分析 ······················ 5
2.1 车站业务基本要素 ·· 5
2.1.1 乘客 ·· 5
2.1.2 设施设备 ·· 6
2.1.3 工作人员 ··· 19
2.2 车站主要业务流程 ·· 20
2.2.1 辅助行车 ··· 21
2.2.2 客运组织 ··· 21
2.2.3 乘客服务 ··· 22
2.2.4 票务管理 ··· 25
2.2.5 设施设备管理 ··· 26
2.2.6 安全管理 ··· 29
2.2.7 主要业务的关联要素 ·· 30
2.3 车站业务重要特点 ·· 32
2.3.1 要素关联 ··· 32
2.3.2 系统联动 ··· 35
2.3.3 业务持续 ··· 37
2.4 车站智能化管理的总体框架 ······································ 40
2.4.1 管理目标 ··· 40
2.4.2 实现思路 ··· 41
2.4.3 功能模块 ··· 42

第3章 城市轨道交通车站智能化管理的关键技术 ·············· 45
3.1 感知技术 ··· 45
3.1.1 车站客流感知 ·· 46
3.1.2 车站设施设备感知 ···································· 65
3.1.3 车站工作人员感知 ···································· 70
3.2 多源数据融合分析技术 ······································ 72
3.2.1 车站业务数据类型 ···································· 73
3.2.2 多源数据融合层次 ···································· 75
3.2.3 多源数据融合模型 ···································· 76
3.3 智能决策技术 ··· 78
3.3.1 基于规则推理的决策技术 ······························ 78
3.3.2 基于案例推理的决策技术 ······························ 80
3.3.3 基于数据驱动的决策技术 ······························ 82

第4章 基于多源感知的城市轨道交通车站客流动态管理 ········ 86
4.1 车站客流的感知与融合 ······································ 86
4.1.1 客流感知的主要内容 ·································· 87
4.1.2 客流感知的主要区域 ·································· 88
4.1.3 基于AFC数据的融合感知 ······························ 90
4.1.4 基于微观数据的融合感知 ······························ 93
4.2 车站客流风险实时预警及处置 ································ 95
4.2.1 客流预警指标 ·· 96
4.2.2 客流预警方法 ·· 97
4.2.3 基于案例推理的大客流处置决策流程 ···················· 102
4.3 应急工况下车站客流仿真技术 ································ 103
4.3.1 车站客流应急行为及仿真模型 ·························· 104
4.3.2 动态客流仿真技术的探索 ······························ 109
4.4 案例 ··· 110
4.4.1 某城市基于多源数据融合的人员综合监测及运营管理系统
··· 111

4.4.2 郑州地铁智能客流预测平台 ……………………………… 119
4.4.3 深圳地铁高新园站智能客流监测预警系统试点 ……… 120

第5章 基于数据融合的城市轨道交通车站服务设施设备运用与维护优化 …………………………………………………………………… 122

5.1 需求分析 …………………………………………………………… 122
5.2 关键业务过程分析 ………………………………………………… 123
    5.2.1 设施设备配置 ……………………………………………… 123
    5.2.2 设施设备运用 ……………………………………………… 125
    5.2.3 设施设备维护 ……………………………………………… 126
5.3 业务数据 …………………………………………………………… 127
    5.3.1 相关数据 …………………………………………………… 127
    5.3.2 数据画像分析 ……………………………………………… 128
5.4 基于数据融合的优化模型 ………………………………………… 132
    5.4.1 优化的目标设定 …………………………………………… 132
    5.4.2 运用方案优化模型 ………………………………………… 132
    5.4.3 维护方案优化模型 ………………………………………… 133
5.5 设施设备运用与维护方案优化——以闸机为例 ………………… 134
    5.5.1 客流对闸机运用的影响分析 ……………………………… 134
    5.5.2 客流对闸机故障率的影响分析 …………………………… 141
    5.5.3 闸机分时运用模型 ………………………………………… 143
    5.5.4 基于分时运用的闸机维护方案优化 ……………………… 154
    5.5.5 案例分析 …………………………………………………… 158

第6章 智能化技术在城市轨道交通车站运营管理中的应用 …… 181

6.1 移动互联网技术 …………………………………………………… 181
    6.1.1 面向车站客运组织的应用 ………………………………… 182
    6.1.2 面向车站设施设备管理的应用 …………………………… 183
    6.1.3 面向票务服务的移动支付 ………………………………… 184
6.2 物联网与5G技术 ………………………………………………… 187

  6.2.1 案例：上海地铁"5G+智慧地铁创新" ················ 188

  6.2.2 案例：广州地铁"5G+智慧地铁示范" ················ 189

 6.3 室内定位导航技术 ················ 191

  6.3.1 案例：北京地铁"地下北斗系统" ················ 194

  6.3.2 案例：广州天河智慧城示范站的站内定位导航系统 ······ 195

  6.3.3 案例：上海地铁 13 号线盲人导乘系统 ················ 196

 6.4 生物识别技术 ················ 197

  6.4.1 人脸识别技术 ················ 197

  6.4.2 掌静脉识别技术 ················ 200

  6.4.3 语音识别技术 ················ 201

 6.5 数字孪生技术 ················ 205

  6.5.1 多维建模技术 ················ 206

  6.5.2 虚拟现实技术（仿真技术、VR、MR） ················ 210

  6.5.3 案例：上海轨道交通 18 号线车站基于 BIM 的智慧运维平台 ··· 212

第 7 章 展望：城市轨道交通车站智能化管理发展态势 ················ 215

参考文献 ················ 221

第1章 绪 论

新型智慧城市是贯彻落实创新、协调、绿色、开放、共享的发展理念,推进新一代信息通信技术与城市战略、规划、建设、运行和服务全面深度融合,以新兴技术应用为引领的城市发展新形态。智慧交通是构建智慧城市的第一块砖,智慧城轨作为智慧交通的重要分支,通过广泛采用移动互联网、物联网、云计算、大数据、地理信息等新兴技术,推进其与城市轨道交通业务深度融合,以更好地保障运营安全,提高运输效率,提升出行体验。

习近平主席在第二届联合国全球可持续交通大会开幕式上发表了"与世界相交 与时代相通 在可持续发展道路上阔步前行"的主旨讲话,指明了未来交通可持续发展的方向和路径。其中提到"坚持创新驱动,增强发展动能""数字经济、人工智能等新技术、新业态已成为实现经济社会发展的强大技术支撑。要大力发展智慧交通和智慧物流,推动大数据、互联网、人工智能、区块链等新技术与交通行业深度融合"。

科技创新是重要途径

2019年9月25日,习近平总书记在考察北京市轨道交通建设发展情况时强调,城市轨道交通是现代大城市交通的发展方向。发展轨道交通是解决大城市病的有效途径,也是建设绿色城市、智能城市的有效途径。借助5G、物联网、云计算、大数据等新技术,深度融合新技术新业态,全面提升以资源高效调度与配置应用为核心的运营管控与服务品质,一方面面向乘客、社会、公众提供更加智慧、便捷的主动引导式服务,增强出行体验;另一方面面向内部资源通过精准高效调度,提升资源利用效率与效益,推动网络高效和可持续运转。

2019年,中共中央、国务院印发了国家级战略《交通强国建设纲要》,明确指出:要强化前沿关键科技研发,瞄准新一代信息技术、人工智能、智能制造、新材料、新能源等世界科技前沿,加快对可能引发交通产业变革的前瞻性、颠覆性技术研究。要大力发展智慧交通,推动大数据、互联网、人工智能、区块链、超级计算机等新技术与交通行业深度融合。要完善科技创新机制,加快建设一批具有国际影响力的实验室、试验基地、技术创新中心等创新平台。同时，鼓励有条件的地方和企业在交通强国建设中先行先试。

智慧城轨是战略突破口

2020年3月，中国城市轨道交通协会正式发布《中国城市轨道交通智慧城轨发展纲要》（以下简称《纲要》），提出智慧城轨建设是交通强国建设的战略突破口，是智慧城市建设的先导工程，是轨道交通高质量发展的主要抓手，是城轨行业自主创新发展的重要平台。

《纲要》阐述了智慧城轨的内涵为应用云计算、大数据、物联网、人工智能、5G、卫星通信、区块链等新兴信息技术，全面感知、深度互联和智能融合乘客、设施、设备、环境等实体信息，经自主进化，创新服务、运营、建设管理模式，构建安全、便捷、高效、绿色、经济的新一代中国式智慧型城市轨道交通。

《纲要》制定了创新发展的工作路径，提出智慧城轨"1-8-1-1"的布局结构，即"1张智慧城轨蓝图，8个智能（智慧）体系，1个城轨云与大数据平台，1套智慧城轨技术标准体系"。智慧城轨布局如图1-1所示。

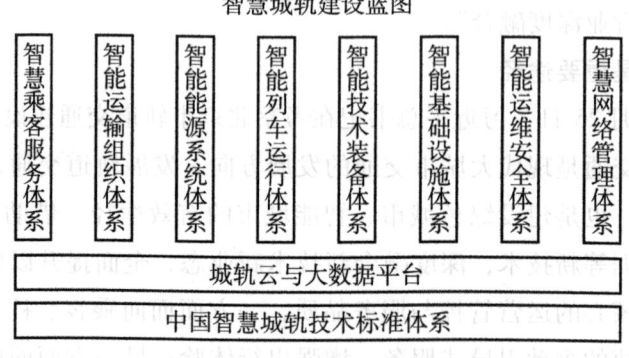

图1-1 智慧城轨布局

"智慧城轨"建设旨在实现从传统的"人工工具"的经验式运作向"人工数据智能"的数字化协同运作转型，主动打造"物联、数联、智联"的孪生式城轨交通数字底座，赋能智慧调度业务应用，提升网络运营管控水平和服务品质，并主动融入城市经济生活治理数字化转型，构建充满活力的数字出行新生态。各城市轨道交通部门都积极开展了"智慧城轨"的探索实践，并取得了一些成果和经验。各城市轨道交通智慧运营探索实践的时间轴如图 1-2 所示。

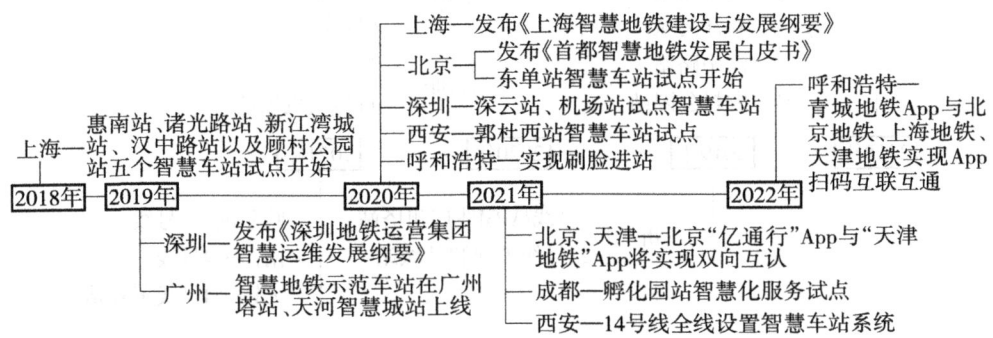

图 1-2 各城市轨道交通智慧运营探索实践的时间轴

智慧车站是重要实践

城市轨道交通车站是城市轨道交通（以下简称"城轨"）的基本单元，既是城轨系统与外部系统的接口，又是内部业务活动的重要衔接节点，集成了大量的设施设备，也是各类业务活动的重要载体。城市轨道交通车站作为城轨网络最为关键的节点单元，是城轨服务的窗口和城市门户，其智能化管理水平是智慧城轨的集中体现。

城市轨道交通车站是"智慧城轨"系统架构中的边缘智能节点。从满足乘客多样化需求和提升设施设备智能化管控等方面来看，全面提升车站的智慧化水平，是实现"智慧城轨"的关键。北京、上海、广州、深圳、武汉、呼和浩特等城市陆续开启了首轮城市轨道交通智慧车站建设的实践探索试点。部分城市轨道交通智慧车站的试点如图 1-3 所示。

"智慧化"已经成为城市轨道交通未来发展的重要趋势，但"智慧化"不是一蹴而就的，现阶段发展重点仍然在"智能化"。本书以车站为研究对象，以业务与技术两条主线，分别从业务视角和技术应用视角，阐述车站智能化管理的关键理论和方法，从业务层面剖析管理的要素和内容，从技术层面梳理管理的方法与手段，特别突出新兴技术在车站关键业务中的应用探索与实践。本书内容框架如图 1-4 所示。

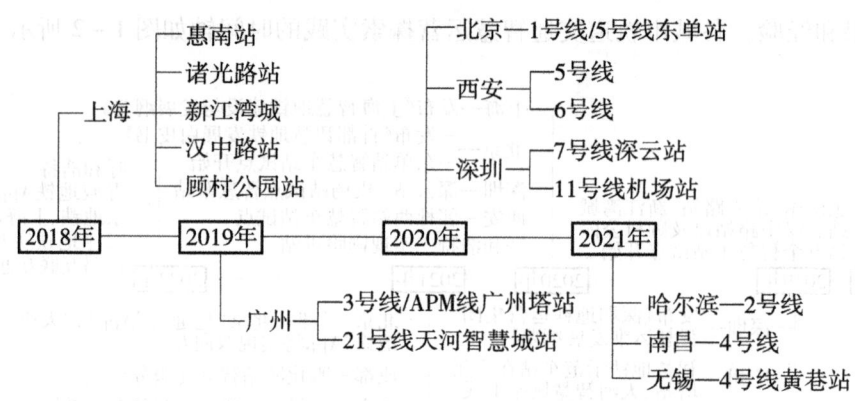

图1-3 部分城市轨道交通智慧车站的试点

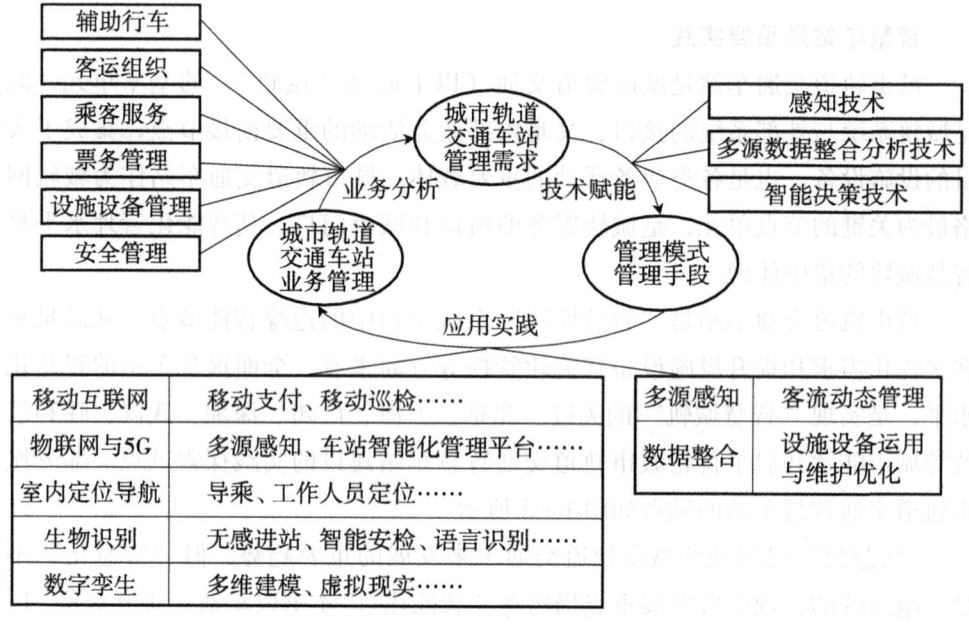

图1-4 本书内容框架

第 2 章　城市轨道交通车站智能化管理的业务分析

城市轨道交通车站（以下简称"车站"）智能化管理围绕着车站的主要核心业务展开，业务的要素、流程、特点决定了智能化管理的目标、思路和功能。本章主要围绕车站业务分析其基本要素、主要业务流程和重要特点，构建车站智能化管理框架和基本思路。

2.1　车站业务基本要素

车站主要由乘客、设施设备和工作人员等要素组成。乘客是车站服务的对象；车站内部分布了大量的设施设备，为乘客提供直接或间接服务；车站工作人员一方面为乘客提供直接服务，另一方面管理维护车站各类设施设备，保障设施设备的正常运行。

2.1.1　乘客

乘客是轨道交通车站业务的核心服务对象，车站内各类设施设备配置和人员配备也是以乘客服务为中心。乘客要素指的是选择城市轨道交通出行的乘客个体及形成时空流动的客流总体。乘客的个体出行行为特征和群体综合特征影响着车站运营管理活动、设施设备空间布局与管理维护、组织架构、工作人员配置等其他关联要素的性质。

车站内客流的组成结构复杂，乘客在车站内的走行目的除了进站、出站，还存在不同线路间换乘。一般而言，可以将站内客流划分为进站客流、出站客流和换乘客流三种不同的类型，如表 2-1 所示。进站客流来源于城轨系统外部，而出站客流和换乘客流则产生于城轨系统内部。

表2-1 车站范围的客流类型

客流类型	起点（O）	终点（D）	客流行为
进站客流	车站出入口	列车	进站并上车离开车站
出站客流	列车	车站出入口	下车并出站离开车站
换乘客流	某一条线路列车	另一条线路列车	在一条线路某个站下车，换乘到另一条线路上车离开

乘客个体出行行为特征主要是乘客个体出行过程在时间、空间等维度表现出来的规律，可以通过出行频率、出行起点、出行终点、出发时间、出行目的地等要素来描述，同时受到乘客年龄、职业、个人偏好等个性化因素影响。

客流群体综合特征是大量乘客集群在出行过程中表现出来的共性规律。对车站而言，由于其空间的相对封闭性和环境的复杂性，客流整体呈现波动性、激变性、自组织性等特征。

1. 车站内客流量随时间呈现波动性

车站内客流量随时间呈现不同程度的波动。如在工作日的早晚高峰客流量特别大，而在平峰期间客流量减少；工作日全天的客流量呈单峰型、双峰型和多峰型变化，而周末和节假日的客流量整体相对工作日波动较小。

2. 站台客流量随列车到、发呈现激变性

轨道交通列车在一定的时间间隔到达和驶离站台，而进站乘客在任意时刻到达车站，在站台逐渐聚集。当列车到达时，随着乘客下车，站台上的客流量急剧上升，并伴随一定客流交换，此刻站台客流量最大，秩序最为混乱；乘客上下车完毕后，下车乘客将快速离开站台出站或换乘，站台客流量急剧下降。站台的客流激变性随列车到、发呈现一定的周期性。

3. 车站内客流流动的自组织性

车站内乘客的行走轨迹受到车站内服务设施的约束，其客流流线呈现出明显的方向性，乘客的走行行为也呈现出从众性特征。但是，由于车站空间的局限性，往往会出现进站、出站、换乘不同的流线在某些重要的服务设施附近形成交叉或冲突，容易汇集形成排队，出现拥挤现象。

2.1.2 设施设备

以国家标准《城市轨道交通设施设备分类与代码（GB/T 37486—2019）》

作为分类依据,城市轨道交通系统设施设备可以按专业界面或管理界面来划分,设施设备分类标准如表2-2所示。

表2-2 GB/T 37486—2019中定义的设施设备分类标准

编号	代码	分类名称	编号	代码	分类名称
1	TJ	土建设施	12	HJ	环境与设备监控系统(BAS)
2	XL	线路	13	CX	乘客信息系统(PIS)
3	CL	车辆	14	MJ	门禁系统(ACS)
4	TF	通风、空调与供暖	15	YK	运营控制中心
5	GP	给水与排水	16	ZK	站内客运设备[自动扶(电)梯]
6	GD	供电	17	ZT	站台门
7	TX	通信系统	18	CJ	车辆基地设备
8	XH	信号系统	19	XX	信息系统
9	ZS	自动售检票系统(AFC)	20	TC	通用测量设备
10	HB	火灾自动报警系统(FAS)	21	NY	能源系统
11	ZJ	综合监控系统(ISCS)	22	ZB	主变电系统

结合运营实际情况,城市轨道交通系统的设施设备除上述22类外,还包括安检设备和便民服务设施。

车站设施设备包括建筑结构设施和机电设施设备。建筑结构设施主要是指车站主体、通风道及地面通风亭(仅地下车站)等。机电设施设备包括为乘客提供直接或间接服务的各类设施设备,分布在车站主体中的乘客使用空间和车站用房两大区域。车站主体空间区域如图2-1所示。

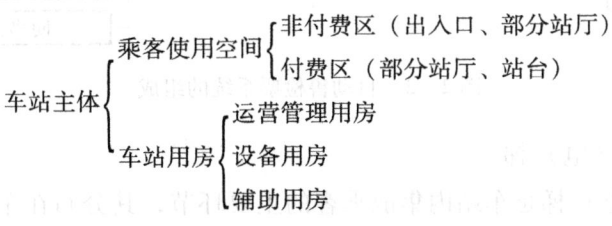

图2-1 车站主体空间区域

车站内比较重要的设施设备主要包括闸机等车站自动售检票系统、自动扶(电)梯、站台门、乘客信息系统、火灾自动报警系统、环境与设备监控系统、车站动力照明系统、通风空调及供暖系统、给水与排水系统、门禁系统、视频监控系统和广播系统等。

1. 自动售检票系统

自动售检票系统（automatic fare collection，AFC），是基于计算机、通信网络、自动控制、自动识别、精密机械和传动等技术，实现售票、检票、计费、收费、统计、清分、管理等全过程机电一体化、自动化和信息化的系统。该系统为客流统计、票务统计和清算提供准确依据。自动售检票系统的组成如图2-2所示。

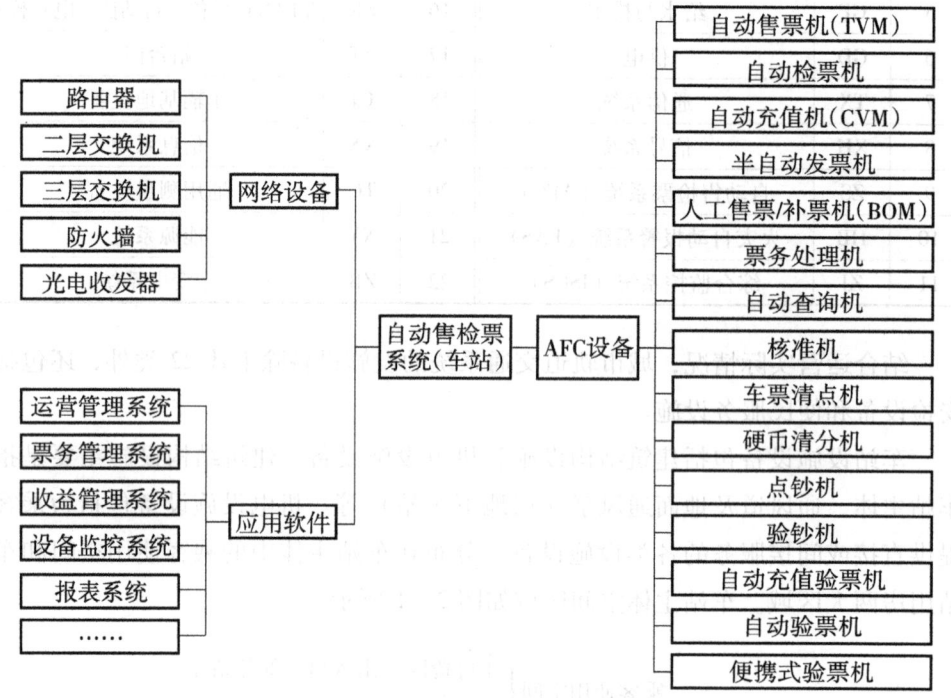

图2-2 自动售检票系统的组成

2. 自动扶（电）梯

自动扶（电）梯是车站内集散乘客的主要环节，其分布在车站出入口、站厅连接站厅区域，服务于车站内若干楼层的垂直运输，是重要的乘客服务设施设备，属于特种设备。自动扶（电）梯的组成如图2-3所示。

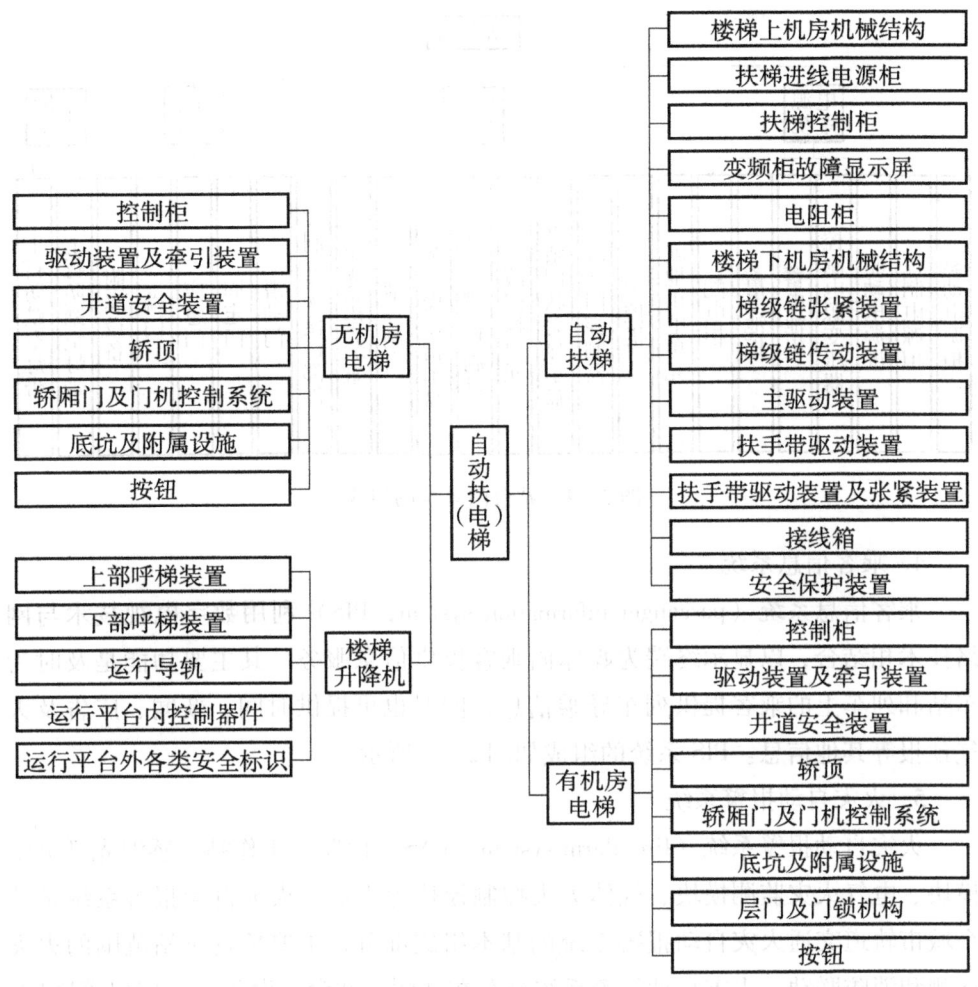

图2-3 自动扶(电)梯的组成

3. 站台门

站台门是安装于车站站台边缘,将列车与站台候车区域进行隔离的设施设备,可以起到提高运营安全性、改善乘客候车环境、节约能源消耗的作用。站台门由电源系统、控制系统、门体单元和辅助系统构成。其中,电源系统提供站台门运行所需的电能;控制系统控制站台门的开闭;门体单元是站台门的硬件结构,包括滑动门、固定门、应急门、端门等;辅助系统主要为乘客提供更友好的服务,比如防踏空灯带。站台门系统的组成如图2-4所示。

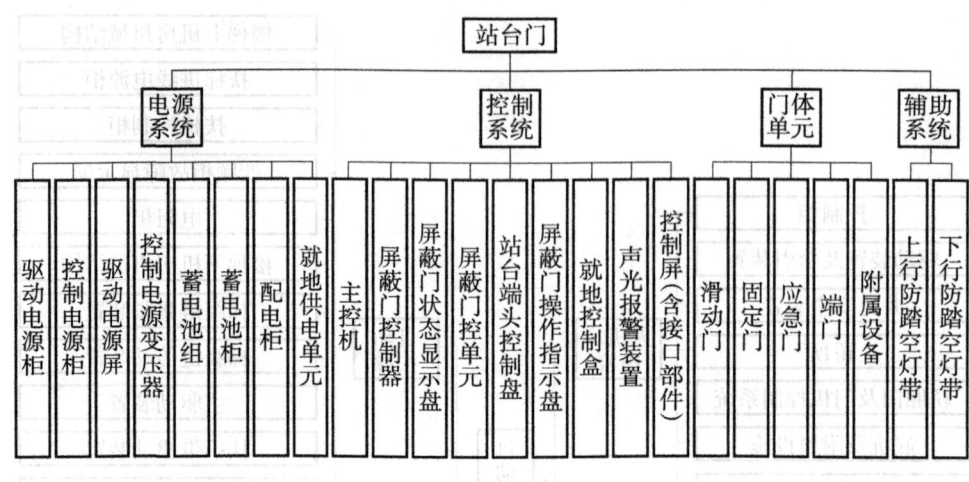

图2-4 站台门系统的组成

4. 乘客信息系统

乘客信息系统（passenger information system，PIS）利用数字电视技术与网络技术相结合，以显示终端为媒体向乘客提供信息服务。其主要功能是及时为车站和列车上的乘客提供列车导乘信息，同时也可提供时间、新闻、广告及天气预报等其他信息。PIS系统的组成如图2-5所示。

5. 火灾自动报警系统

火灾自动报警系统（fire alarm system，FAS）由监控工作站、感温光纤测温模块、电气火灾监测模块、气体灭火控制模块等组成。火灾自动报警系统是整个城市轨道交通火灾自动报警系统的基本组成部分，主要负责车站范围的火灾探测和消防联动。火灾自动报警系统分布在站厅、站台、设备办公用房等区域，能监视车站消防设备的运行状态，接收车站火灾探测器、手动报警按钮等现场设备的报警信号并显示报警位置；优先接收控制中心发出的消防救灾指令和安全疏散命令，并能在火灾发生时发出模式指令使机电设备监控系统（EMCS）运行转入火灾模式，实现消防联动，同时联动事故广播系统和闭路电视系统引导组织乘客疏散。FAS的组成如图2-6所示。

第2章 城市轨道交通车站智能化管理的业务分析

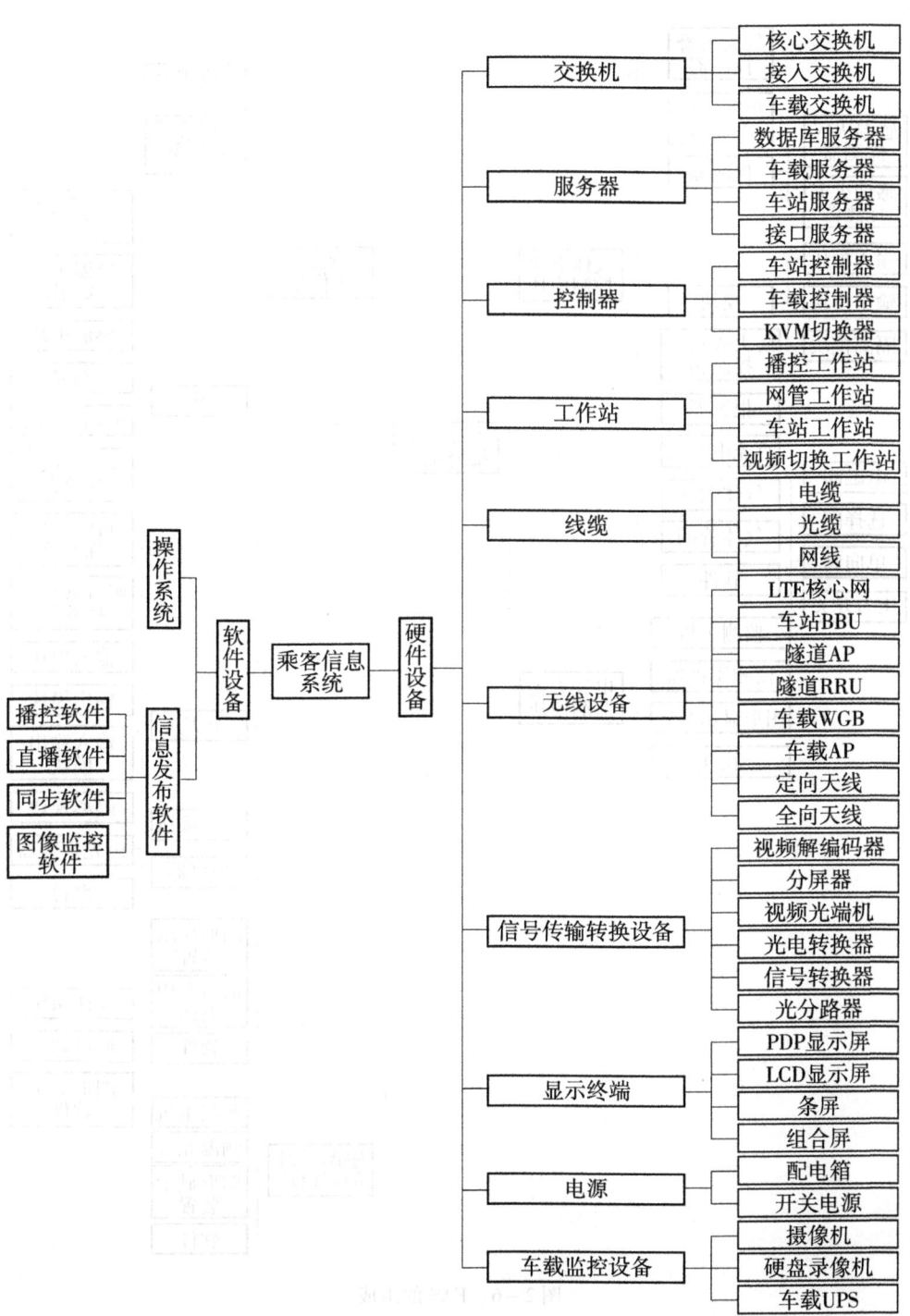

图2-5 PIS系统的组成

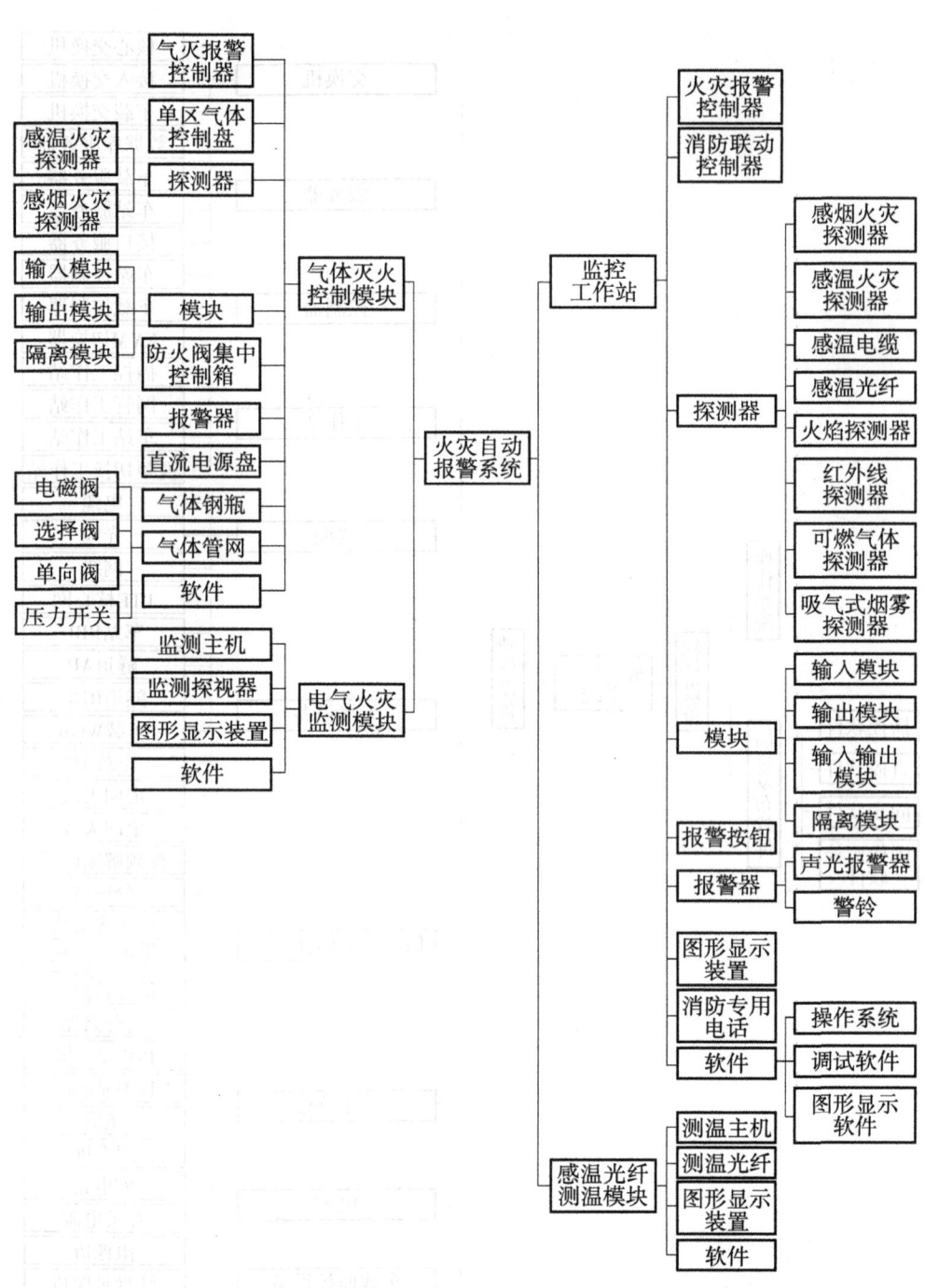

图2-6 FAS的组成

6. 环境与设备监控系统

环境与设备监控系统（building automation system，BAS）是对各车站、区间隧道、控制中心等建筑的通风空调设备、给排水设备、照明设备以及站内其他机电设备进行全面有效集中监控和管理的综合自动化系统。BAS 系统监控的对象主要包括隧道通风系统、车站通风空调系统、车站冷水系统、给排水系统、自动扶梯、电梯、照明系统、人防门等机电系统设备。

环境与设备监控系统由 PLC 控制器、I/O 设备、通信模块、电源模块、冗余模块、PLC 机架、通信控制器、交换机、传感器、执行器、控制箱/柜、操作系统、应用软件、工程软件等部分组成。BAS 的组成如图 2-7 所示。

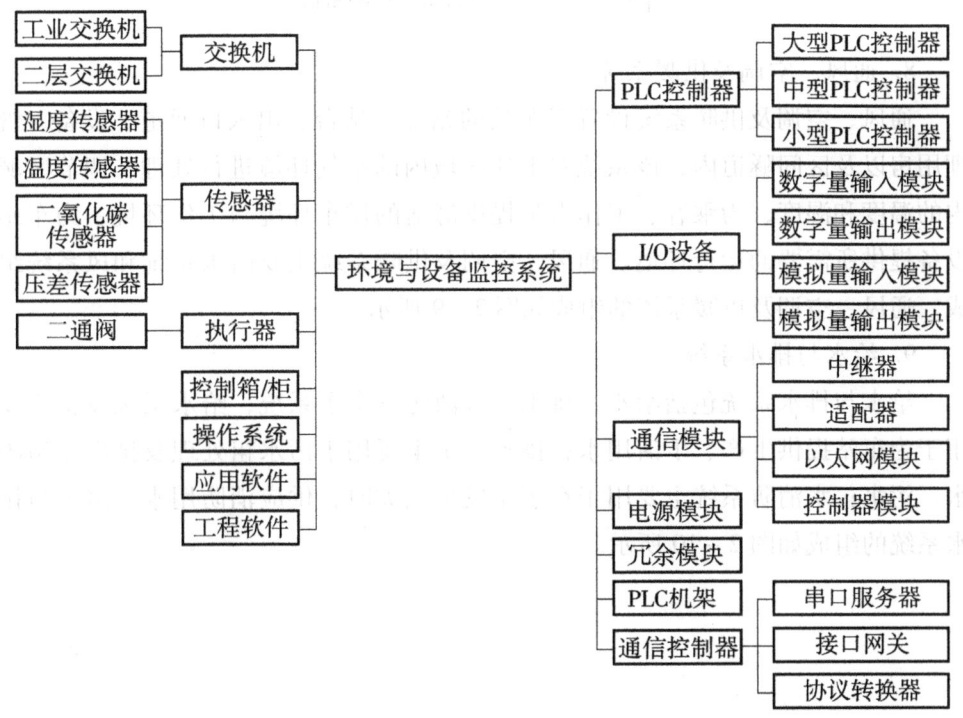

图 2-7　BAS 的组成

7. 车站动力照明系统

车站动力照明系统在车站内尤其是地下车站有着非常重要的作用，影响乘客和工作人员在车站环境中的情绪、健康、安全及车站整体装饰效果。车站动力照明系统由车站动力控制、终端设备、系统软件组成。车站动力照明系统的组成如图 2-8 所示。

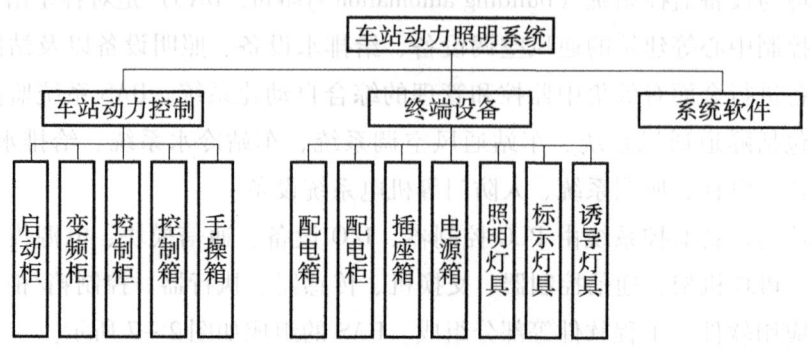

图 2-8　车站动力照明系统的组成

8. 通风、空调及供暖系统

通风、空调及供暖系统设置于车站的站厅、站台、出入口通道、设备、管理用房以及区间隧道内，该系统对上述区域内的空气环境进行处理，调节区域内的温度和湿度，为乘客、工作人员提供舒适的候车环境与工作环境，为车站设备提供所需要的运行环境。通风、空调及供暖系统主要由水系统和风系统组成。通风、空调及供暖系统的组成如图 2-9 所示。

9. 给水与排水系统

给水与排水系统包括给水、排水、水消防三个子系统，给水系统设备主要用于为车站提供生产、生活用水；排水系统主要用于污水粗处理及排出车站废水、污水；水消防系统主要用于在车站发生火灾时，供应消防用水。给水与排水系统的组成如图 2-10 所示。

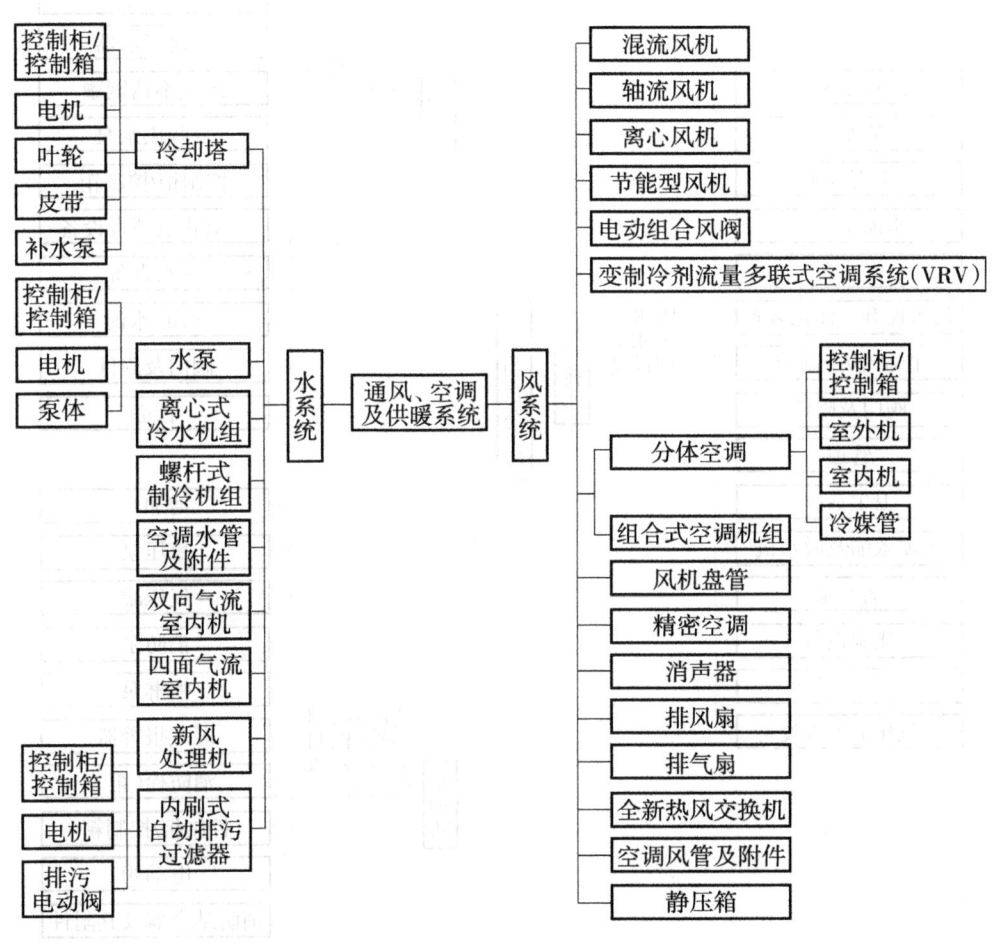

图 2-9 通风、空调及供暖系统的组成

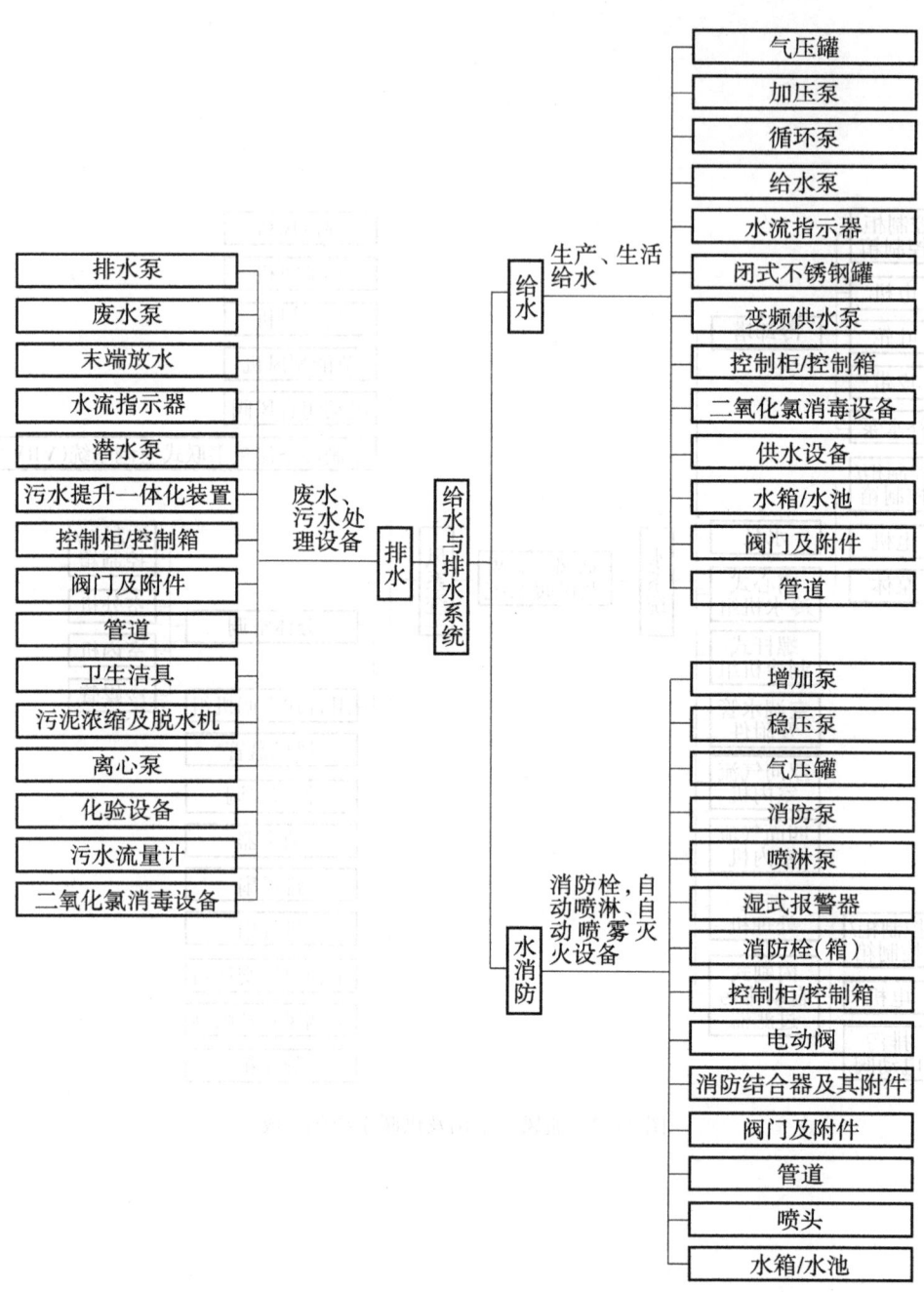

图2-10 给水与排水系统的组成

10. 门禁系统

门禁系统（access control system，ACS）是一种管理人员进出的数字化智能管理系统，用于对车站工作人员进出权限的管理。门禁系统包括机柜设备、终端设备、网管终端、系统软件等。门禁系统的组成如图 2-11 所示。

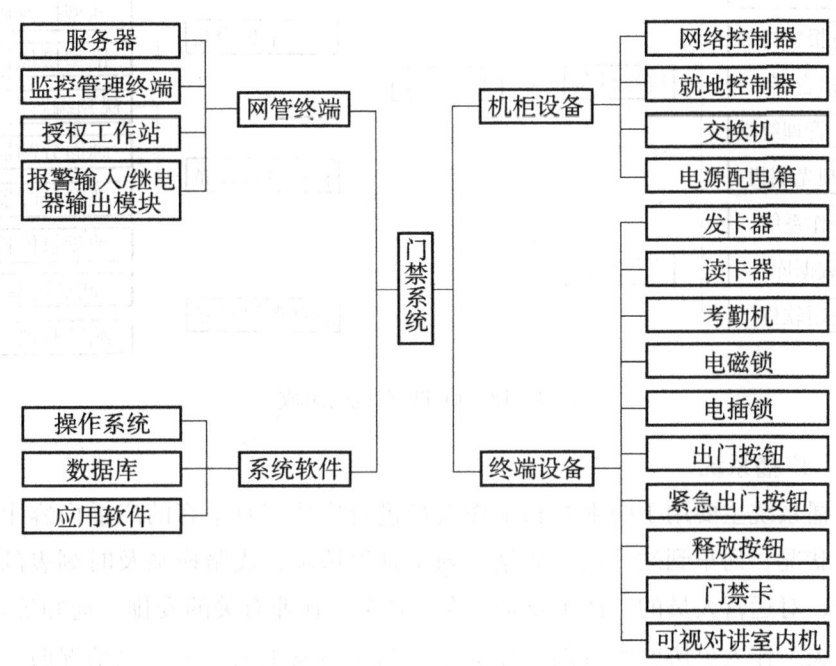

图 2-11　门禁系统的组成

11. 视频监视系统

视频监视系统主要是为控制中心调度员、各车站值班员、列车司机等提供有关列车运行、防灾、救灾及乘客疏导等视觉信息的设备总称，又称为闭路电视系统（closed circuit television，CCTV）。视频监视系统主要包括机柜设备、视频采集设备、视频处理设备、视频测试设备、网管终端、终端设备、系统软件等。CCTV 系统的组成如图 2-12 所示。

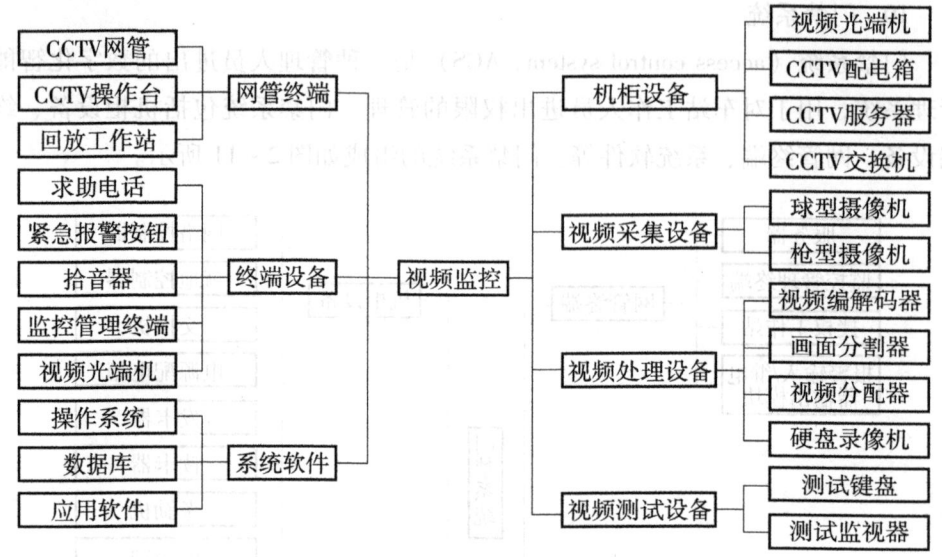

图 2-12　CCTV 系统的组成

12. 广播系统

广播系统主要用于向乘客和工作人员进行广播。对乘客的广播内容主要包括安全状况、列车到站、列车离站、列车延误情况、线路换乘及时刻表的变更等信息；对运营人员的广播主要是发布与业务、作业有关的安排、通知等消息，提高有关工作人员协同配合的工作效率。当车站发生突发或紧急情况时，广播系统可作防灾广播用途，如播放乘客疏导信息，组织指挥事故抢险，提高应急响应能力。广播系统主要包括机柜设备、网管终端、终端设备和系统软件。广播系统的组成如图 2-13 所示。

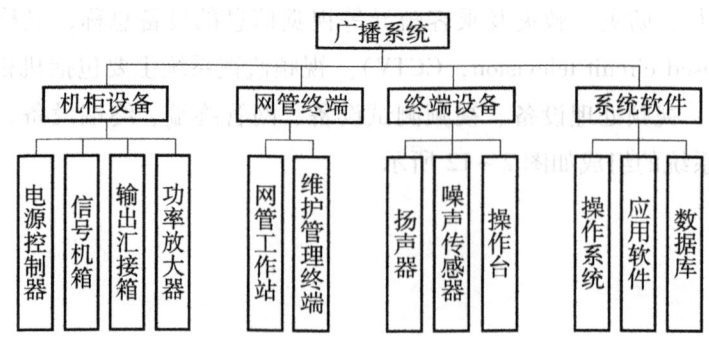

图 2-13　广播系统的组成

2.1.3 工作人员

车站的工作人员主要有站长、值班站长、值班员（票款员）、站务员、设备维护人员等，如图2-14所示。除了运营维护的专业工作人员，车站还有保安、保洁、施工人员、驻站民警、商户人员等工作人员，都由站长（值班站长）统一管理，特别是在应急的情况下，所有人员都要服从站长的统一指挥调度，参与到突发事件的应急处置中。

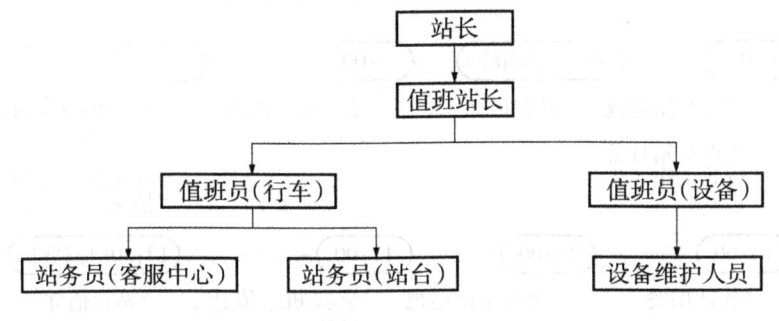

图2-14 车站主要工作人员

值班员根据不同业务的工作量和岗位值守点分为行车值班员和设备值班员。行车值班员负责车站行车工作，包括行车监控、行车应急处置、施工登记注销等；设备值班员负责车站各类设施设备的巡视、设备运行情况监控、设施设备应急处置等，部分车站设备值班员兼任票款员。

站务员按工作内容不同主要分为客服中心站务员和站台站务员两类。客服中心站务员主要负责乘务问询、票务处理以及客服中心周边巡视；站台站务员主要负责接发列车、乘客乘降监护、站台门故障处置及站台巡视。

设备维护人员主要是指负责各系统专业设备维护检修的相关人员。设备的维护由各系统专业维修部门负责。维护人员日常对专业设备进行维护保养，在故障情况下进行抢修。驻站维护人员的办公场所在车站设备区，服从车站整体管理。

车站工作需保持24小时不间断运转，不同岗位的工作时间要求差异较大。站长为日勤岗，值班站长为倒班岗。在同一业务类型中，通常也会涉及多岗位的协同作业。以车站典型岗位值班站长为例，其一天的工作涉及行车辅助、设备管理、客运服务等多项业务内容，负责相应班次的管理，并指导和组织各现场岗位开展工作。某车站值班站长工作内容如图 2-15 所示。

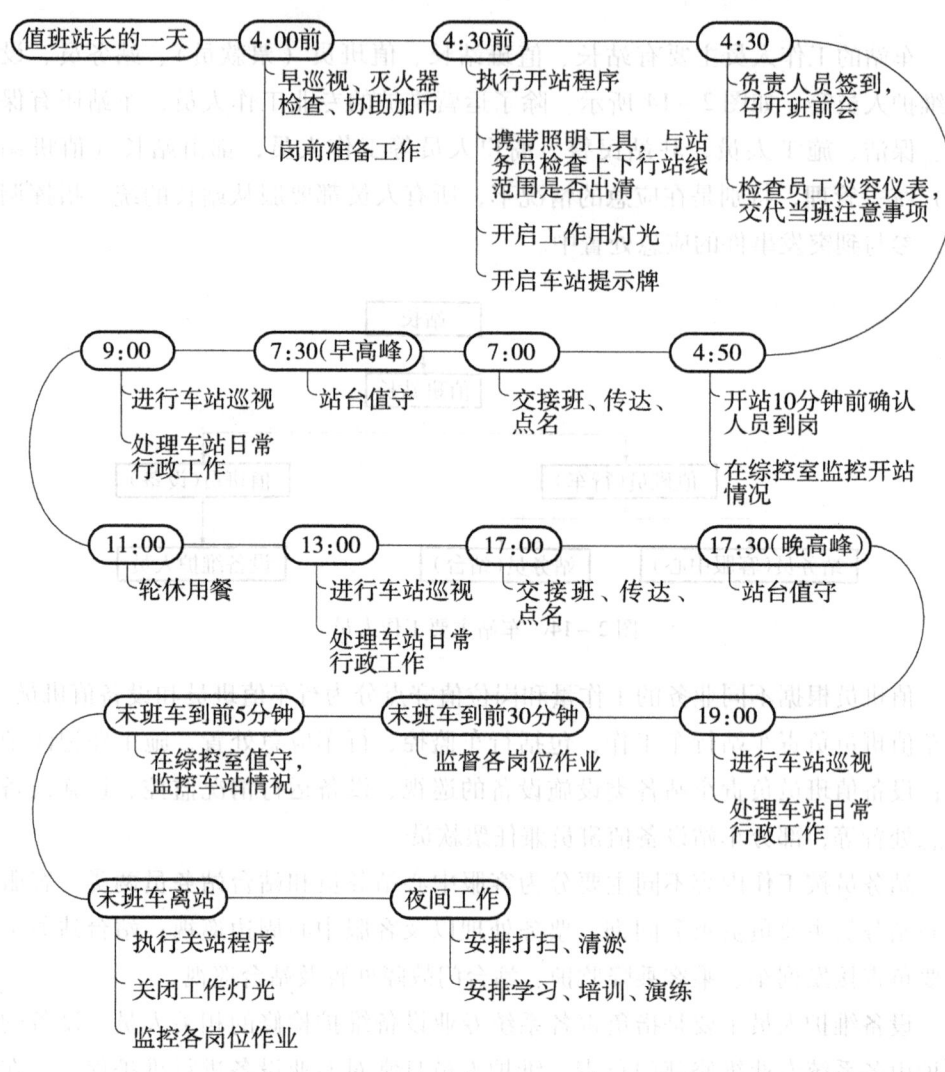

图 2-15 某车站值班站长工作内容

2.2 车站主要业务流程

车站业务从专业管理的维度分析，主要包括面向列车的辅助行车，面向乘客的客运组织、乘客服务、票务管理，面向车站设施设备的管理，以及与所有业务相关的安全管理。此外，车站管理工作还有大量面向内部管理的综合性内容，比如人力资源管理、绩效管理等；车站综合管理还涉及商业资源开发、工商、城管、公安、消防、卫生防疫等。本节重点对专业业务领域的管理流程进行阐述和分析。

2.2.1 辅助行车

车站为列车运行提供辅助功能，是列车到发、通过、折返、临时停车的地点。车站的辅助行车工作主要是日常行车监控，保障列车进站、停靠、出站每个环节的列车运行和乘客乘车安全。车站辅助行车业务流程如图2-16所示。

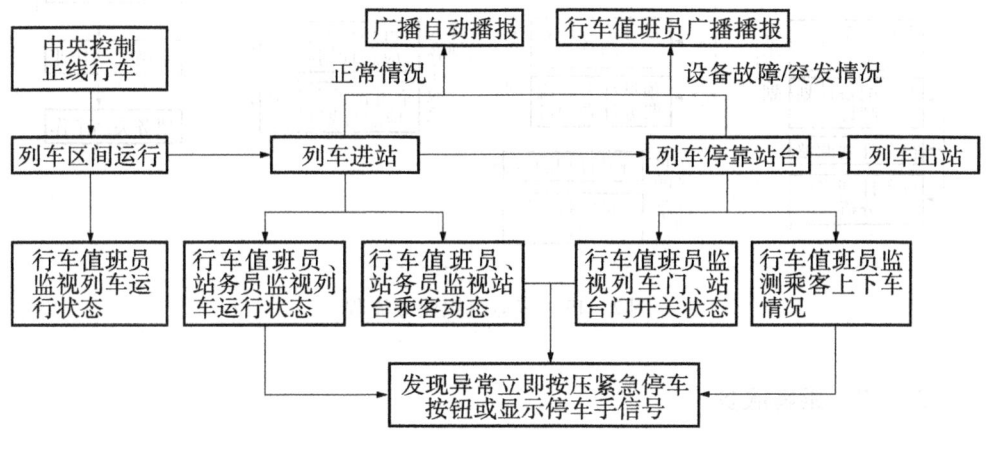

图2-16 车站辅助行车业务流程

2.2.2 客运组织

车站串联了乘客乘坐轨道交通的全过程，包含进站→购票→进闸→候车→乘车→下车→出闸→出站8个环节。客运组织是针对车站内形成的客流进行流线和流动的安排，使得乘客在车站内的各环节出行能够快速有序，保障出行安全与效率。客运组织通过对车站设施、设备和空间的分析，结合车站定位与特点，进行进、出站客流量时间分布预测，基于关联行车计划制定符合车站实际情况的乘客进站、乘车、下车、出站疏导以及指引方案和配套的车站行车、票务和人员组织方案，方案主要包括：车站导向标志、自动扶梯、隔离护栏等设施的配置和布局，工作人员的配备和应急措施等。特别是在车站出现大客流时，客运组织工作的重点是应对乘客滞留集聚的问题,有效疏导乘客快速进站、出站,维持站内秩序。客运组织业务流程如图2-17所示。

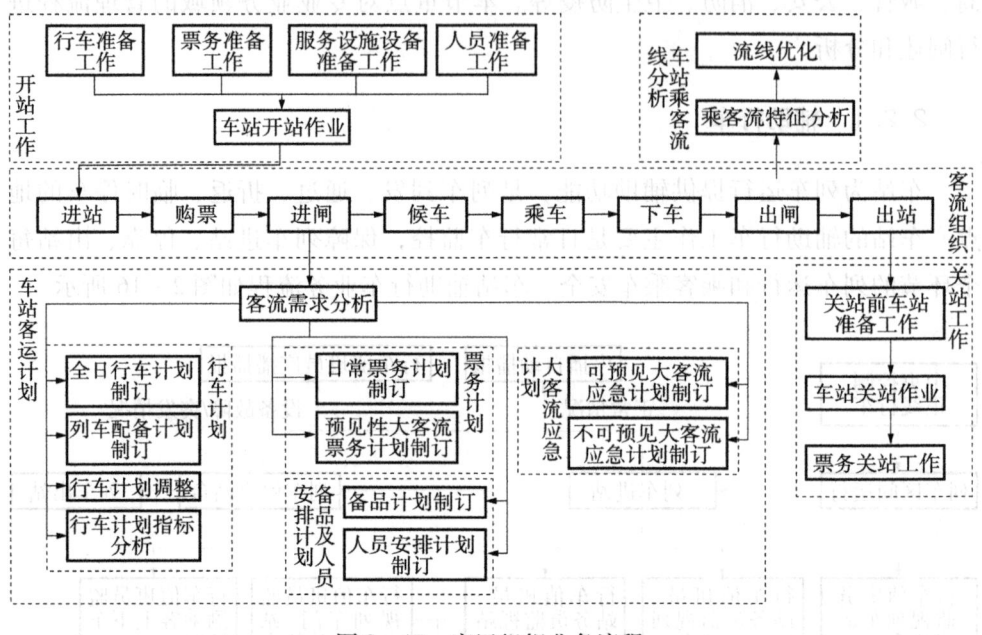

图2-17 客运组织业务流程

2.2.3 乘客服务

乘客服务贯穿乘客从出行计划至进站乘车到达目的地完成出行的全过程,包括乘客进出站、购票、检(验)票、候车、换乘、乘车、上下车等环节。乘客乘车流程如图2-18所示。

乘客在出行过程的不同阶段具有不同的需求特点,由此决定了不同设备设施设置原则及相应的乘客服务要求,如表2-3所示。

第2章　城市轨道交通车站智能化管理的业务分析

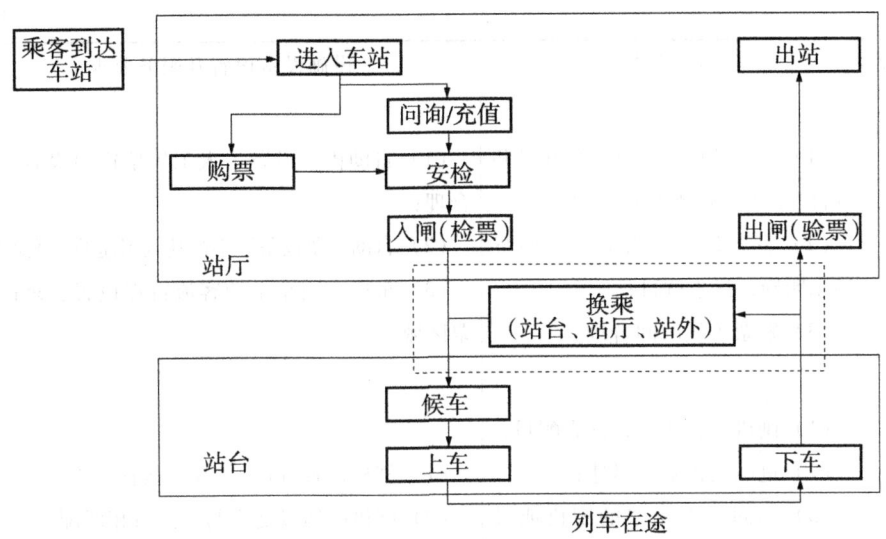

图 2-18　乘客乘车流程

表 2-3　乘客乘车过程中涉及车站范围的服务要求一览表

阶段	乘客需求	设施设备设置及服务要求
进站	（1）能迅速找到车站位置及出入口； （2）进站过程安全、顺畅	（1）车站位置合理； （2）出入口标识醒目，设置合理； （3）出入口到达闸机距离尽量短； （4）站外客流组织过程安全顺畅
问询服务	（1）服务中心位置设置合理、醒目； （2）引导标识明确、不被遮挡； （3）服务人性化	（1）服务中心设立规模应与客流特点、窗口数量和面积相适宜； （2）服务设备数量应满足常态高峰期间客流需求； （3）服务人员服务规范

· 23 ·

续表

阶段	乘客需求	设施设备设置及服务要求
购票	（1）非付费区设有适量的售票机等自助售票设备或人工售票窗口； （2）设备设置位置合理，引导指示明确，标志醒目； （3）购票等候时间合理	（1）自助售票设备、人工售票窗口设置数量合理； （2）自助售票设备等不被其他用途的设施遮挡； （3）根据不同车站的客流特点设置合理的购票区域
检票	（1）闸机位置明显，标志醒目； （2）进站闸机响应迅速； （3）不同类型车票的闸机或设备应有明显标识	（1）闸机位置醒目，指示明确； （2）闸机的通过能力与客流量相匹配
候车	（1）方便到达站台，舒适候车； （2）清楚现在所在的位置，列车的方向标识明显； （3）列车进站的相关广播或信息告知清晰	（1）站台上有适量的座椅，站台应设有明显的候车安全线； （2）采用广播系统预报，车站通过广播为乘客预报下次进站列车方向、时刻； （3）安装站台门，保障乘客候车安全； （4）站台空间宽阔，灯光照明配置合理，噪声干扰较少，空调气流舒适，为乘客提供舒适的候车环境
验票	（1）出站闸机响应迅速； （2）出站闸机引导指示清晰明确	（1）出站闸机的设置应符合乘客行走路线； （2）遇车票损坏或补票等情况，等候处理时间适宜； （3）不同类型车票的闸机或设备应有明显标识
出站	（1）出入口位置醒目、指示明确； （2）方便换乘其他交通设施到达目的地	（1）车站在不同街区有出入口，允许出入口兼做过街隧道或天桥； （2）为保持系统的独立、完整，应设置夜间停运时的隔断装置（车站出入口的卷帘门）； （3）出入口靠近公交车站

2.2.4 票务管理

售票和检票是车站提供的基本服务之一,其中涉及现金管理、车票管理,以及设备的维护、维修管理等。原则上,面向乘客的票务服务以乘客自助为主,车站提供自动售票机、自动增值机、自动查询机、进出站闸机等设备,实现售票、检票全自动化。同时,车站设有客服中心,提供人工补票和问询业务。面向乘客的票务服务模式根据运营状态可以分为正常运行、降级运行、紧急放行三类模式。票务服务模式如图 2-19 所示。

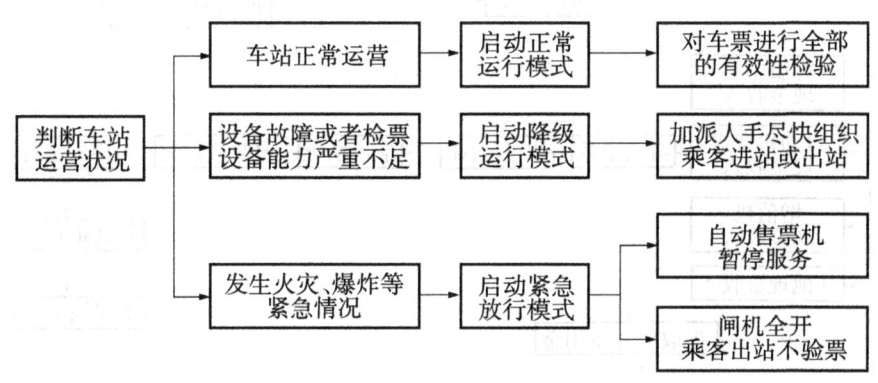

图 2-19 票务服务模式

车站的票务管理工作主要集中在内部的管理工作,大体可分为车票管理、现金管理和票务统计分析。目前车票有实物凭证类的单程票和储值票等,也有电子凭证类的二维码、电子公交卡等形式。电子凭证类的车票管理由 AFC 系统的中央管理系统统一管理。票务组织业务流程如图 2-20 所示。

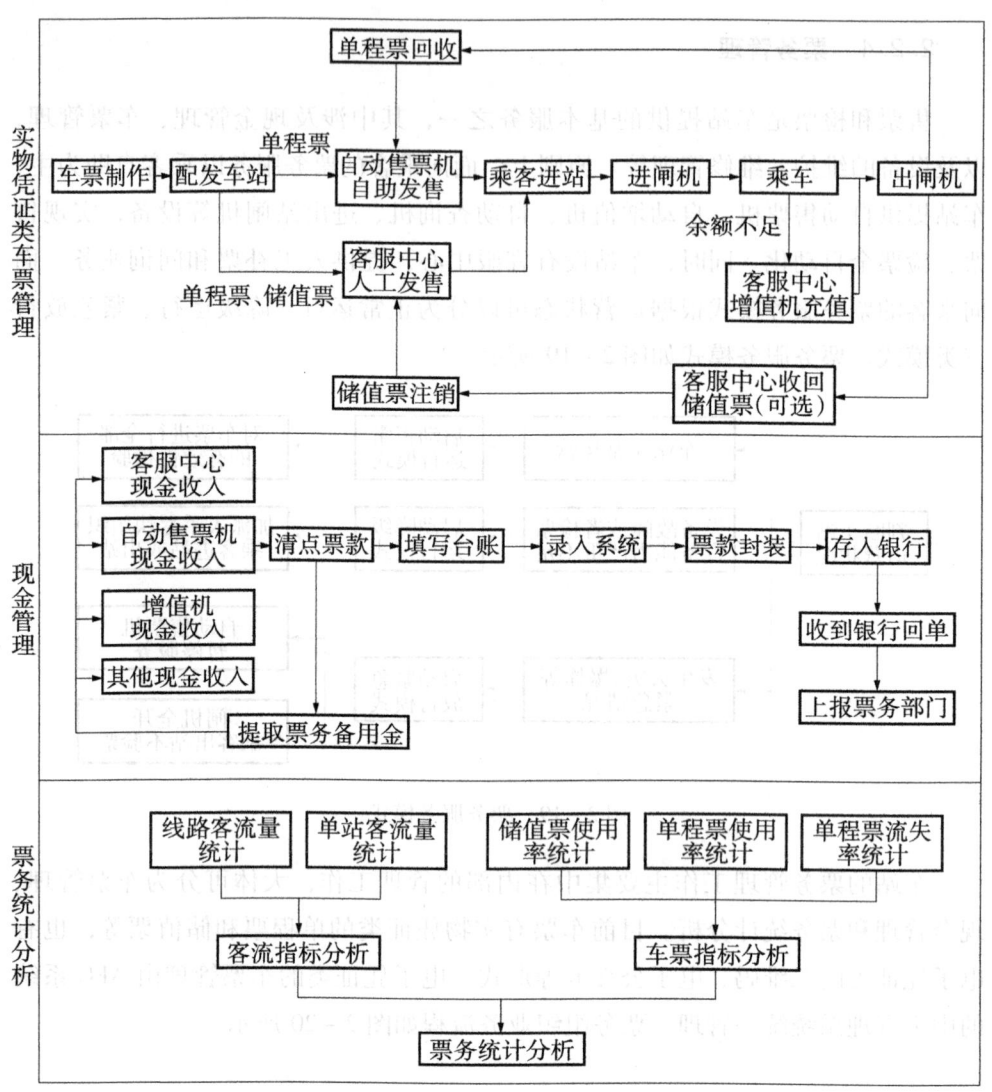

图 2-20 票务组织业务流程

2.2.5 设施设备管理

车站是轨道交通设施设备的集中设置地,有行车设施设备、客运服务设施设备等,有些直接为乘客提供服务,有些间接为乘客提供服务,在车站运作中发挥着重要的作用。车站设施设备管理从车站接管之日起就进入了运营阶段的管理周期，在此过程中，与其他相关业务模块在设施设备管理各环节中形成互动关系。运营时间段，设施设备管理主要是合理运用设施设备资源为乘客提供优质服务，如通过巡查手段掌握设施设备状态，及时发现设施设备异常并快速处置。非运营时间段，主要开展设备设施定期或不定期的维护和保养工作，以及重大故障和异常情况的紧急抢修工作等。设施设备全生命周期管理流程如图2-21所示。

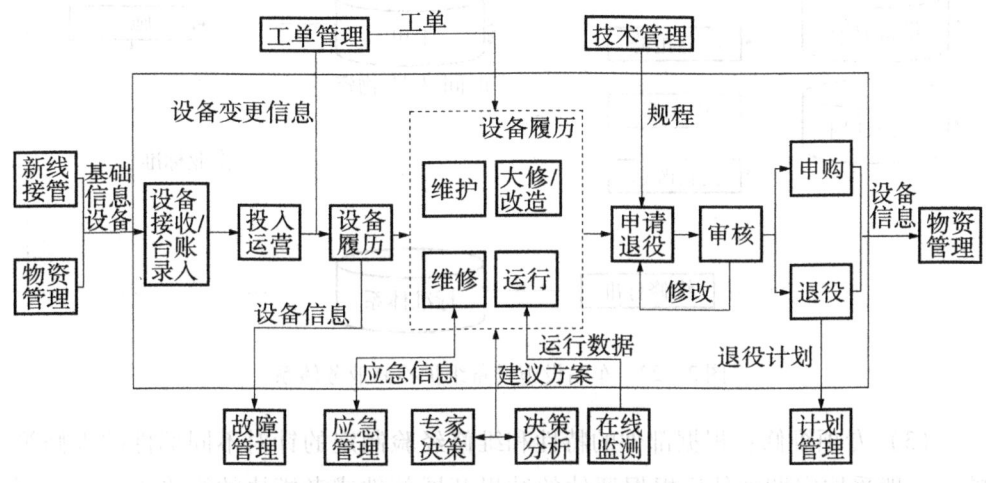

图2-21 设施设备全生命周期管理流程

设施设备的维护检修是设施设备管理的重中之重。维护检修是根据设备运行规律和特点，通过改善、更换、整修，按周期、有计划地对设备进行维修，对设备的性能状态进行一定范围的补偿和调整，以便设备保持良好的运行水平。维护检修工作主要分为设备巡检、日常检修、专项维修、应急抢修、中大修和更新改造等。车站设施设备维护检修业务体系如图2-22所示。

（1）设备巡检：安排检修人员定期开展系统设备的巡视和状态检查，一般通过人工目测或监测系统自动采集各种监测数据实现，并由工程师对设备运行状态进行评估。

（2）日常检修：根据故障出现的规律、设备的关键程度进行不同周期的维护工作，一般包含周检、半月检、月检、季检、半年检和年检等修程。维修人员在现场发现设备问题后通过更换故障部件等手段恢复设备状态，实现现场维修。

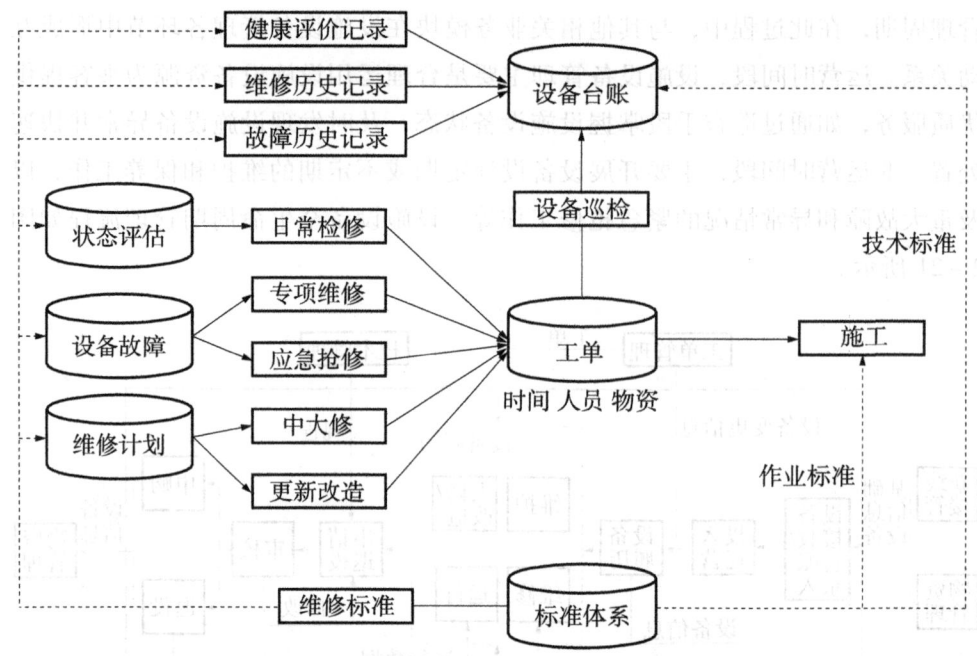

图 2-22　车站设施设备维护检修业务体系

（3）专项维修：根据部件的特性和维修经验制定的针对不同部件的维修策略，一般采取定期评估后根据评估的结果开展部件或者模块的维修工作，从而确保设备的状态稳定可靠。

（4）应急抢修：结合轨道交通的行业特点以及保证运营的连续性，轨道交通应急抢修以"保人身，保设备，先通后复"为原则，结合事件特点及抢修资源配置情况，针对性安排事故排除、设备修复、运营恢复等各环节工作。

（5）中大修：根据各项设备的寿命周期，在设备运行若干年后对其进行中度或者深度的设备状态检查和补偿工作，整旧如新后重新投入使用。

（6）更新改造：对运行时间超过设计寿命的设备进行报废拆除，并通过升级安装新产品新系统来维持系统的正常运行。

施工管理业务是车站设施设备管理中重要的环节，所有涉及设施设备维修养护和临时抢修作业的过程实施，都是通过施工管理这一过程来完成的。车站是施工管理的重要节点，是施工管理现场作业的重要场所，是负责执行现场管控的主体。现场管控业务主要包括施工请销点、施工人员管理、施工现场关键安全事项控制等，涉及车站的控制室、出入口、站厅、站台、站内轨道区间等多个空间。车站施工管理业务流程如图 2-23 所示。

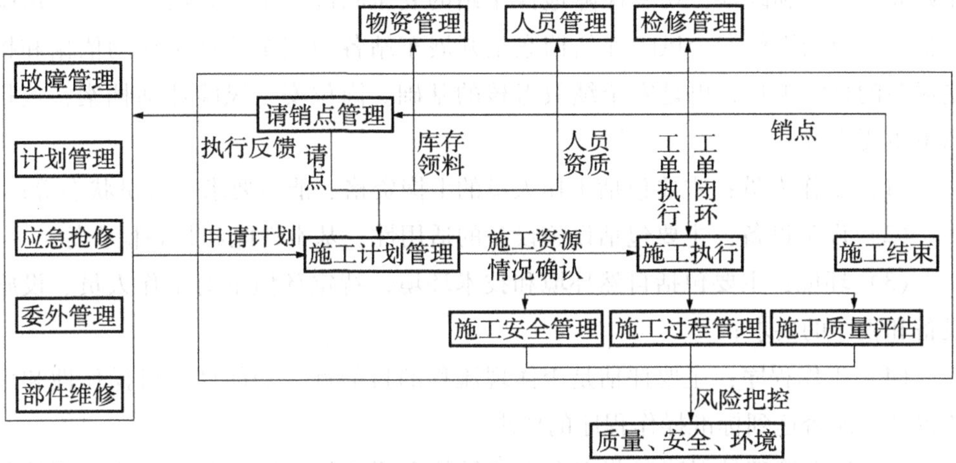

图 2-23 车站施工管理业务流程

2.2.6 安全管理

城市轨道交通安全管理的完整过程由安全政策与目标、安全组织体系、安全风险管理、安全保证和安全促进构成。车站安全管理的重点在于执行层面的安全风险管理,通过车站每一个岗位的安全风险管理来落实。岗位安全风险管理基于岗位安全要素的定量标准,从工作人员、设施设备、环境和工作程序等对岗位的风险进行基本评估,形成对该岗位的风险度和安全状况的动态描述,实时监控安全状态并动态消除危险源。城市轨道交通安全管理内容构成如图 2-24 所示。

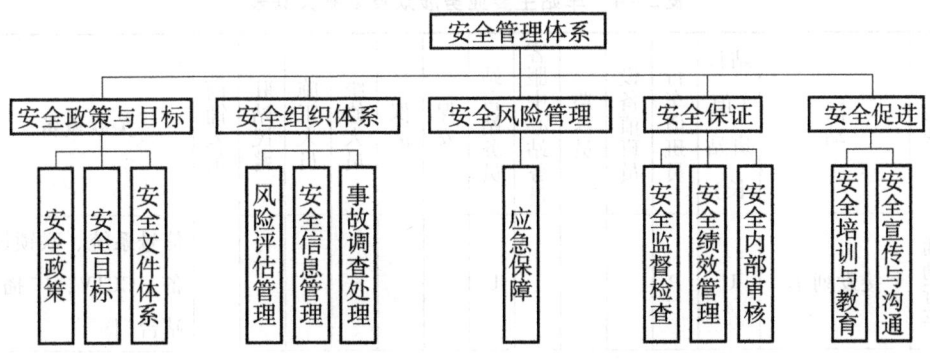

图 2-24 城市轨道交通安全管理内容构成

车站岗位安全风险管理通过全方位、多角度分析安全隐患问题，排除威胁车站安全的不利因素，切实保障地铁车站的安全状况。定期开展岗位安全风险评估，形成的岗位安全风险评估档案是开展车站各项安全管理工作的依据和控制风险的日常工具，也是安全绩效考核的基础。岗位安全风险评估档案，包括以下重要内容。

（1）工作人员：主要包括工作人员的上岗资格、能力要求、人员状态等；

（2）设施设备：主要包括设施设备的适用性、基本性能和状态检查等；

（3）环境：主要包括自然环境和技术环境，特定环境下对工作人员、设施设备和程序的要求；

（4）工作程序：主要评估是否体现流程的目的性、功能性、可操作性和可监督性，能否达到标准操作程序的要求。

车站安全管理是保障运营安全和质量的重要工作，涉及车站专业管理的各个领域与内容，包括行车安全、客运安全、票务安全、消防安全、施工安全、轨行区安全和应急管理等。

2.2.7 主要业务的关联要素

车站业务运行过程中，各业务模块内部运行相对独立，呈现出较为明显的模块化特征，同时依靠业务模块之间的关联性建立协调联动接口，实现各项管理业务的协同运作，达到各子业务运营效果与整体运营绩效的同步提升。在车站的整体运行中，各业务板块涉及不同的设备和人员要素，并相互关联。车站主要业务涉众及要素关联如表 2-4 所示。

表 2-4 车站主要业务涉众及要素关联表

模块	活动	站长（值班站长）	行车值班员	设备值班员	票款员	客服中心站务员	站台站务员	保安	保洁	维修人员	施工人员	驻站民警	商铺人员	关联设备
辅助行车	接发列车	U	P				U							信号系统、联锁设备、CCTV、广播、站台门

续表

模块	活动	站长（值班站长）	行车值班员	设备值班员	票款员	客服中心站务员	站台站务员	保安	保洁	维修人员	施工人员	驻站民警	商铺人员	关联设备
客运组织	开关站	P	U	U	U	U	U	U						所有设备
	客运计划	P	U	U	U	U	U	U	U					所有设备
	客流组织	P	U	U	U	U	U	U						站内客运设备、AFC终端设备、PIS系统、广播、CCTV
乘客服务	乘车指示	P	U	U	U	U	U	U						广播、电话、PIS系统、站内客运设备、AFC终端设备、站台门
	问询服务	P	U	U	U	U	U	U						
票务组织	车票管理	U			P	U								售票机、检票机、增值机、验票机、票务处理机
	现金管理	U			P	U								售票机、增值机、票务处理机
	票务统计	U			P	U								售票机、检票机、增值机
	运营模式	P		U	U	U								售票机、检票机
设施设备	设备巡视	U		P		U	U	U						日常巡视设备
	设备维护			P						U				故障设备、定期维护设备
	设备抢修施工		P								U			信号系统、联锁设备、站台门

续表

模块	活动	站长（值班站长）	行车值班员	设备值班员	票款员	客服中心站务员	站台站务员	保安	保洁	维修人员	施工人员	驻站民警	商铺人员	关联设备
安全管理	消防安全	P	U	U	U	U	U	U							消防设备
	轨行区安全		P				U			U				站台门、信号系统、联锁设备
	施工安全		P								U			红闪灯、检测车、巡检车
	行车安全		P											行车设备（钩锁器、信号灯、无线电台、手提广播、手电筒）
	票务安全	U			P	U								票务处理机、售票机
	客运安全	P	U	U	U	U	U					U		售票机、检票机、照明设备、广播、PIS系统
	应急管理	P	U	U	U	U	U	U	U	U	U	U	U	所有设备

注：P表示主要涉众人员，U表示附属涉众人员。

2.3　车站业务重要特点

在车站相对封闭的空间中，乘客、设施设备、工作人员三要素相互关联、相互作用、相互影响，维持车站整体运行。车站业务类型繁多，总体呈现要素关联、系统联动、业务持续的特点。

2.3.1　要素关联

车站运营受到客流需求、设施设备状态、列车运行、突发事件、城市管理等众多因素的相互影响与作用。在此过程中，车站业务要素呈现的不同程度的时空动态变化特征表现为车站内客流时空不均衡、设施设备和工作人员等资源配置的时空差异性，且要素间相互关联和影响。

一方面，车站设施设备服务能力配置的依据是车站客流需求；另一方面，车站客流的流动又会受到车站设施设备布局的影响。如图2-25所示，车站客流具有时间波动性和规律性，按照客流大小及特点可以分为工作日、周末和节假日，而工作日又可以进一步细分为早高峰、平峰和晚高峰。设施设备分为两类，一类是通过型设施设备，包括进车站出入口、通道、售票机、安检、楼扶梯；另一类是容纳型设施，包括站台、站厅。通过型设施设备能力决定单位时间内通过的人数并影响乘客的通行效率，容纳型设施能力影响乘客聚集的数量。设施设备能力过小会导致乘客在该设施处产生拥挤，影响乘客集散效率，降低乘客服务水平。车站内部空间客流的运动，形成了车站内空间客流密度分布的不同特征区域。车站内空间客流密度区分布示意如图2-26所示。

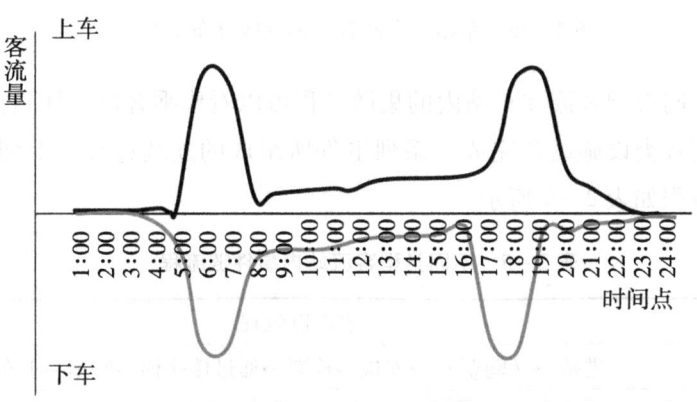

图2-25 典型的车站客流随时间变化示意

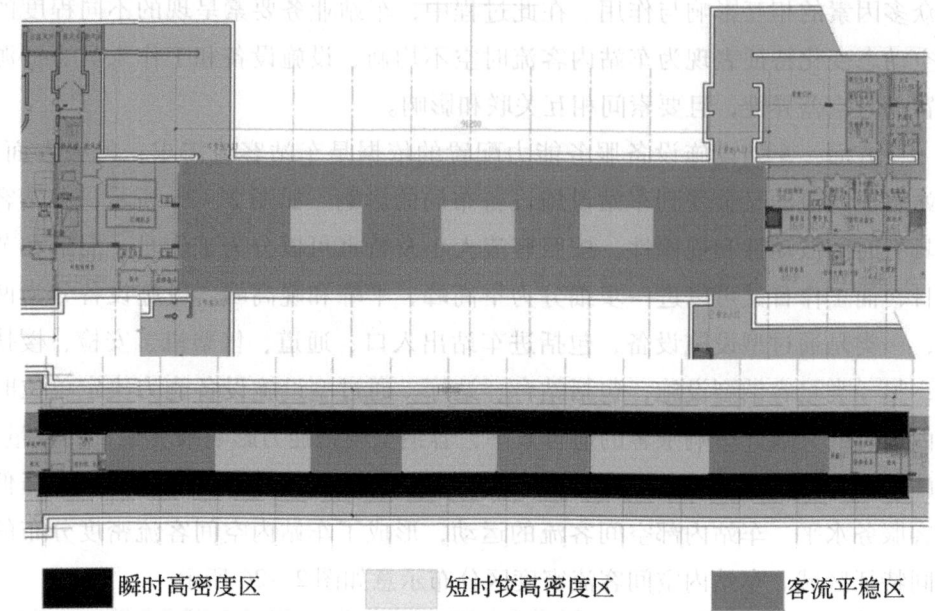

■ 瞬时高密度区　　▨ 短时较高密度区　　▦ 客流平稳区

图 2-26　车站内空间客流密度区分布示意

车站内不同类型客流在车站内的集散过程可以看作乘客以具体目的为驱动，在车站内使用各类设施设备完成一系列事件所组成的连续过程。不同类型客流站内事件链流程如表 2-5 所示。

表 2-5　不同类型客流站内事件链流程

客流类型	事件链流程
进站客流	进站→（购票）→安检→检票→通过楼扶梯→候车→上车
出站客流	下车→通过楼扶梯→验票→出站
换乘客流	下车→通过楼扶梯→换乘通道→通过楼扶梯→候车→上车

进站客流、出站客流和换乘客流在车站内行为过程的差异决定了其使用的车站设施设备各不相同。

（1）进站客流不仅需要考虑各设施设备能力的匹配，还要考虑站台能力与线路运输能力之间的关系，尤其在高峰时段，线路运输能力不足会导致站台乘客滞留从而产生安全隐患。

（2）出站客流的引导组织仅涉及如何快速高效地使客流离开车站的问题，

其流程相对简单，日常运营中轨道交通车站大多采用下车出站客流优先的策略。

（3）相比前两类客流，换乘客流的组织最为复杂，它不仅包括进、出站客流组织的部分环节，还包括自身特有的换乘环节。换乘客流的组织水平，直接决定各个站台及其换乘设施能力的利用情况及服务水平。

车站系统由多类设施设备组成，每种设施设备又自成系统，有独特的服务特征。各项设施设备在完成相应的服务过程的同时，还与其他设备产生相互影响和作用，其能力的利用与发挥受到其他设施设备间协调程度的制约。设施设备间的协调配置，包括进、出站闸机配置的数量及位置、自动扶梯与楼梯的协调布置等。同一客流流线上相邻的设施设备能力如果差别过大，容易造成某一个（或多个）设施设备能力紧张进而产生拥挤，成为车站整体运输能力的瓶颈。

工作人员的工作内容和强度与乘客强度及设施设备规模密切相关。不同时间段车站工作人员承担的工作内容和工作强度差异相对较大。面向乘客的客运组织和服务工作，其工作量跟车站该时间段内的乘客数量密切相关，早晚高峰客流聚集的时间段，相对工作强度较大；面向设施设备管理的工作，主要受到相关设施设备的当前状态和故障维修任务影响，与设施设备的使用频率和使用方式也有着密切关系。

2.3.2 系统联动

城市轨道交通内的所有设施相互串联，各种设备之间在正常运行时均有相互依托的关系。这些关系的存在要求它们之间有严格的技术配合，突出表现在设施设备系统之间的接口关系，比如 AFC 系统与乘客信息、综合监控、通信、信号、供电、环境与设备监控、土建设施等系统间存在联动关系。AFC 系统与其他设施设备系统的联动关系如图 2-27 所示。

目前常见的设备联动为特定工况下综合联动系统向各专业系统发送模式指令。以火灾工况为例，通常火灾自动报警系统通过接口向环境与设备监控系统、电力监控系统等系统发出火灾模式命令，使相关系统设施设备状态转换为预定的火灾运行模式，实现设备的联动。另一种方式是通过增加联动控制系统来统一进行联动控制。联动控制系统用于各专业系统间的联动控制。联动控制系统与火灾自动报警系统主机的接口相连，并通过标准通信协议与各系统控制主机相连。火灾工况下车站级系统联动控制机制如图2-28所示。

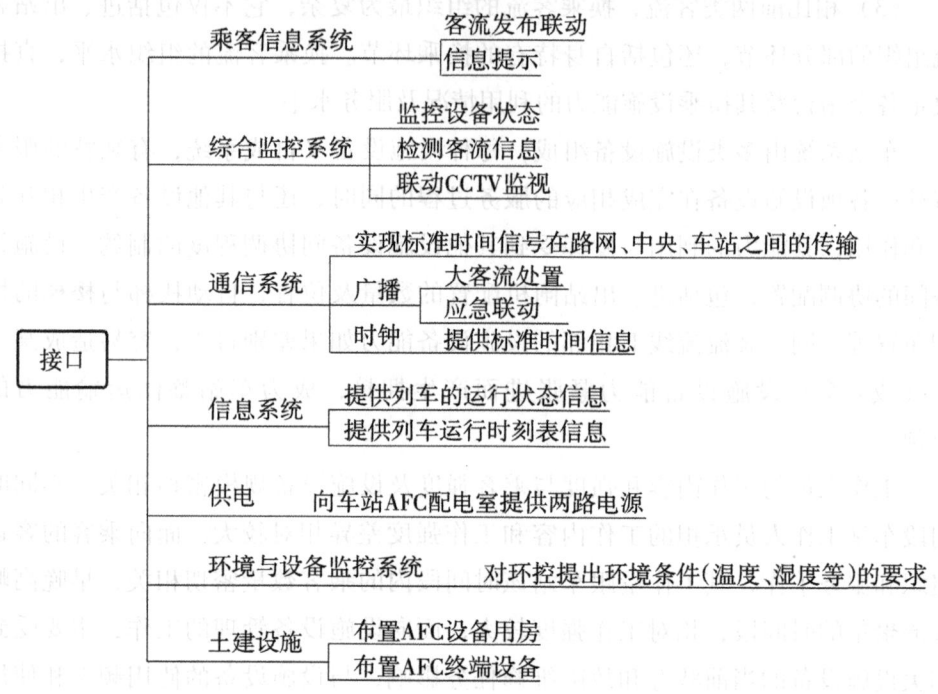

图2-27 AFC系统与其他设施设备系统的联动关系

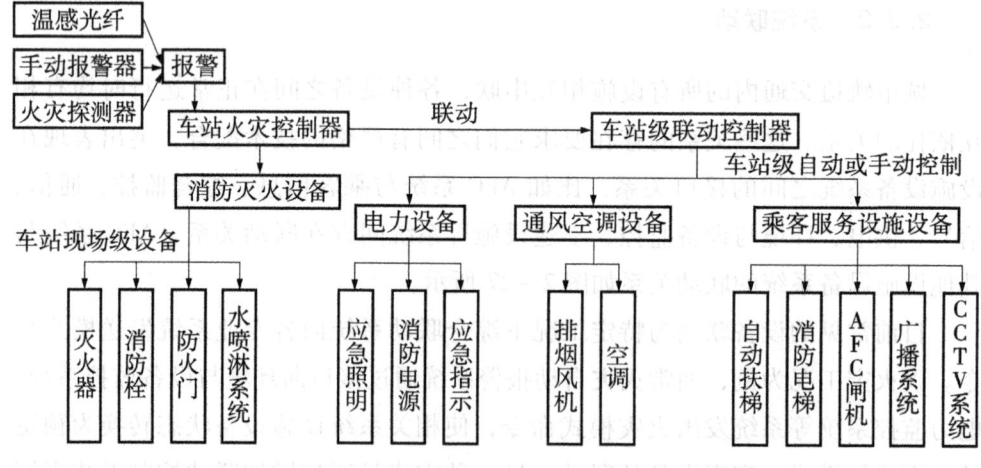

图2-28 火灾工况下车站级系统联动控制机制

车站内各专业系统既相互独立又存在大量相互协作的场景，在车站运营过程中可以通过设定运营场景来串联系统间的联动模式，在保障设备安全运行的前提下，可极大地提高整体作业效率。比如开关站的运营场景，通过增加管理卷帘门、自动扶梯、垂直电梯、站台门等设备的远程控制接口及开放 AFC 系统的远程控制协议，实现早间自动开站、晚间自动关站等运营场景的全自动控制，可大幅降低车站工作人员现场操作设备的工作量，大幅压缩早间开站、晚间关站的准备时间，扩展运营场景联动控制的范围，提高车站系统联动控制的能力，并为繁忙的夜间维护施工留出更多时间。开关站联动控制流程如图 2-29 所示。

2.3.3 业务持续

城市轨道交通是公共交通的重要交通方式，是保障城市运行的重要保障，其整体需保持稳定的持续运行。车站运营管理在正常情况下（除了特殊情况下的停运）24 小时连续不间断且全年不休，列车载客运营结束后，车站内部有大量的作业仍在持续。以票务管理业务为例，该业务主要关联 AFC 系统的各子系统，涉及行车值班员、设备值班员、值班站长等岗位，业务各环节从车站运营开始前一致持续到运营结束后，每日循环往复，周而复始。车站业务流程如图 2-30 所示。

车站既是独立的运用单元，也是轨道交通网络中的节点，车站既衔接了轨道交通网络内部与外部区域，又是轨道交通内部各线路间构建联系的纽带。日常工况下，通过备份机制和快速响应机制，车站维持设备运行和服务提供的稳定和持续。紧急工况下，通过应急管理机制来保障业务能力的恢复和持续，尽量避免车站运行的中断。

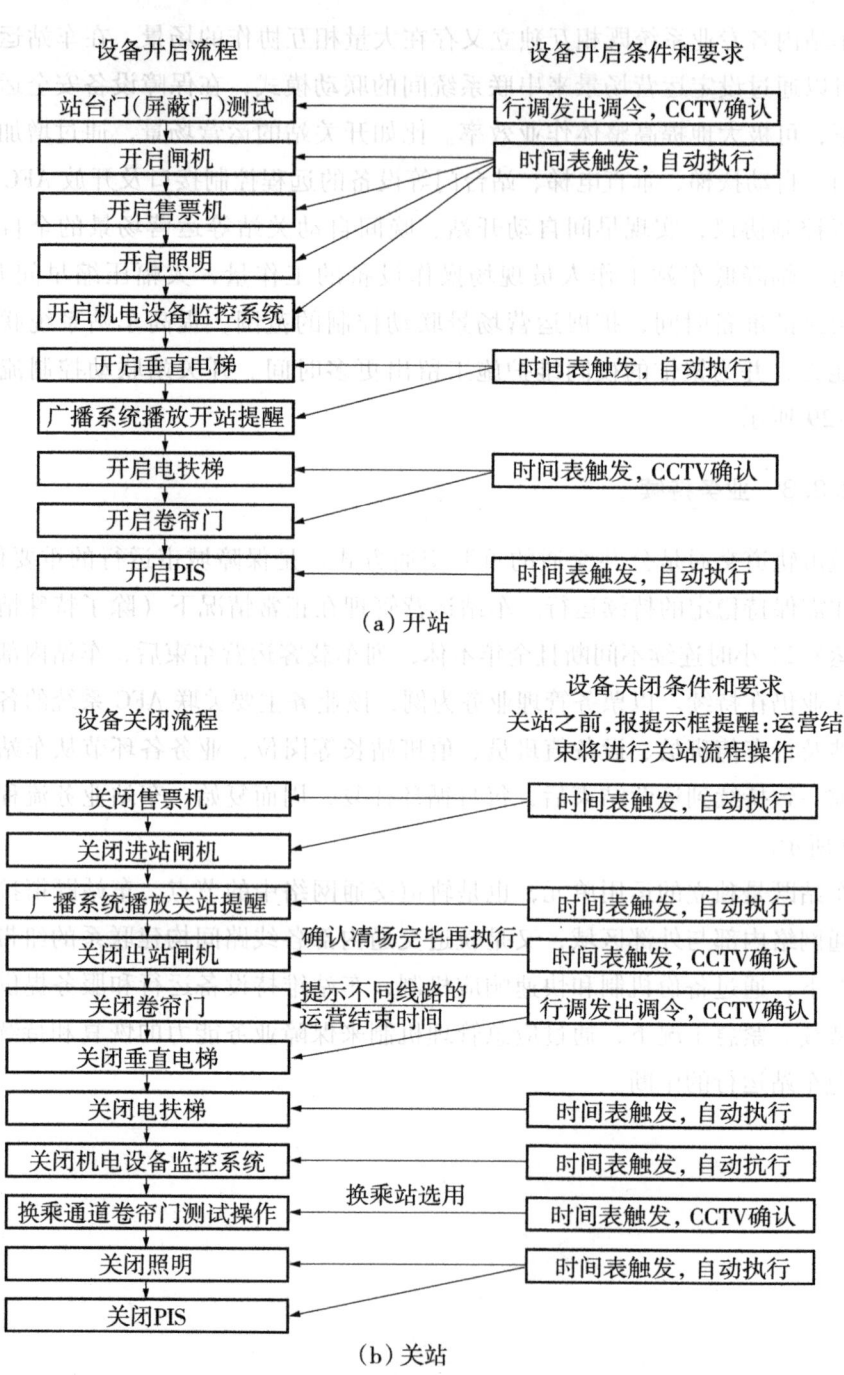

图 2-29 开、关站联动控制流程

第 2 章 城市轨道交通车站智能化管理的业务分析

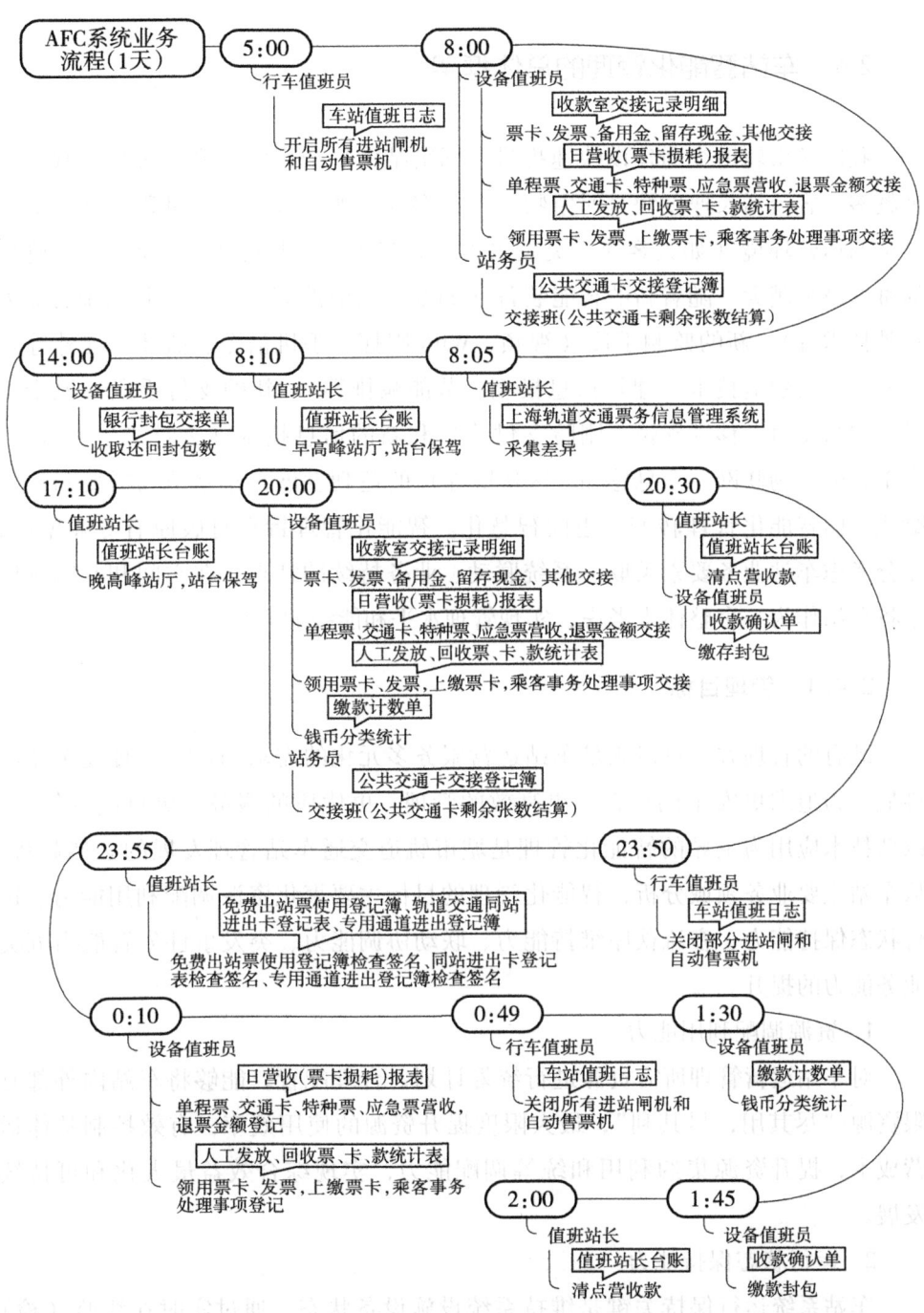

图 2-30 车站业务流程图（以 AFC 系统为例）

2.4 车站智能化管理的总体框架

我国城市轨道交通建设快速推进，网络结构复杂程度提升，大型换乘站越来越多，客流增长速度快且时空特征复杂多变，加上日常运营过程中经常面临复杂的运营环境（如大客流、突发事件、恶劣天气、故障等），导致车站管理的难度越来越大。随着新的智能装备（如基于通信的列车自动控制系统、无人驾驶技术等）、新的监测手段（视频、WiFi嗅探、手机信令、蓝牙、红外等）、新的设计与建造技术（建筑信息模型、节能减排等）、新的支付手段（刷卡支付、网络支付、移动支付、刷脸支付等）和新的信息技术（云计算、大数据、人工智能、物联网、全息感知、区块链等）的蓬勃发展，车站迫切需要新技术赋能，向智能化管理转变，迈向智慧化。智能化管理旨在打破原有专业壁垒，充分考虑车站业务要素关联、系统联动、业务持续的特点，在空间和时间维度上将车站作为一个整体来考虑，实现管理水平和能级的跨越。

2.4.1 管理目标

既有的管理方式难以满足车站运营服务多元化的需求和运营管理复杂化的挑战。为追求更安全的运营、更高效的管理、更优质的服务、更卓越的绩效，以新技术应用为主导的智能化管理是城市轨道交通车站管理发展的必然趋势。从车站主要业务领域分析，智能化管理的目标主要聚焦资源调配利用能力、运行状态保持能力、客流秩序维持能力、联动协调能力、突发事件处置能力五类业务能力的提升。

1. 资源调配利用能力

对车站运营管理所需资源进行统筹计划、合理配置，能够将车站内外部有限资源"尽其用，尽其利"，最大限度提升资源的使用效率，有效控制整体运营成本，提升资源集约利用和统筹调配能力，实现综合效益最大化和可持续发展。

2. 运行状态保持能力

车站系统运行保持关键是维持系统设施设备状态，通过实时在线监（检）测，掌握设施设备运行状态，对设备异常或趋势进行及时预警和预报，快速响应处置突发设备故障,及时有效地完成抢修工作,保持设施设备平稳运营的状态。

3. 客流秩序维持能力

通过特征识别与状态预判掌握车站内客流出行宏观与微观特征,实现车站客流精细化实时监控,有效开展车站客流均衡引导,应对车站不均衡客流,针对可预见和突发的车站大客流进行计划性运营组织与控制,保障车站的平稳运行。

4. 联动协调能力

从车站的业务深入分析,可以看出车站运营的整体性很强,各系统、各专业、各管理模块间存在大量的协调需求,设备间的联动工况覆盖各类运营场景。通过智能化技术应用和管理模式优化,提升专业之间、组织之间以及与外部单位之间的协调联动能力,由单一专业管理模式向基于场景的多专业协同管理模式转变。

5. 突发事件处置能力

车站突发事件对乘客出行的直接影响较大,对处置的快速响应能力要求高。车站突发事件处置能力提升重点是以下几个方面。

(1)事件初期预判能力。迅速对事故类型、原因、程度作出准确判断,有效匹配应对措施,最大程度减少事件影响范围。

(2)快速反应能力。对突发事件迅速作出反应,准确启动相应的应急预案,确保相关业务要素能够快速进行正确的对应操作。

(3)现场快速处置能力。应急资源迅速准确到位,快速排除事故故障,尽快恢复正常运营。

2.4.2 实现思路

智能化发展可以说是由数据驱动的,车站智能化的发展也不例外。从多源数据融合驱动的角度出发,基于海量数据深度挖掘,结合客运组织、乘客服务、票务管理、设施设备管理规则与要求,在数据驱动的模式下进行车站管理的智能化决策,实现车站管理由"被动管理"向"主动管理"、由"人工驱动"向"数据驱动"的智能化方向转变,在此过程中数据驱动模式是强有力的工具和方法。

车站智能化管理实现的基本思路是：业务数据化，以新兴技术为支撑，聚焦数据驱动模式。车站智能化管理实现的基本思路如图2-31所示。

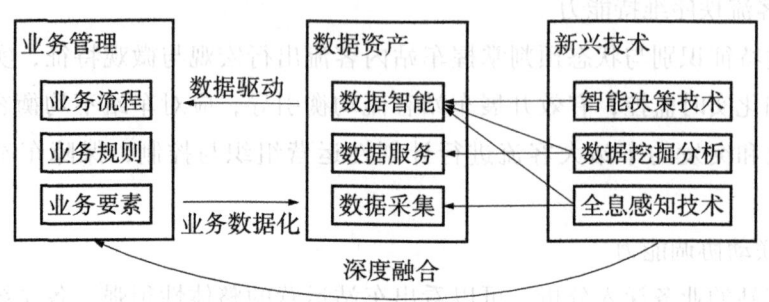

图2-31　车站智能化管理实现的基本思路

业务流程附着组织、人员、利益、风险诸多因素，流程优化通常阻力重重。但是，所有的流程都会沉淀成数据，数据是最本质的映射。不论业务流程多么复杂，数据之间的关联是清晰的，从数据出发可以越过流程的表象，快速到达业务的本质。业务数据化是指业务以数字化形式沉淀为各种业务过程和结果，进行统一记录和积累；对沉淀的数据进行二次加工，通过数据标准及算法，产生进一步的分析型数据服务。

业务被数据化后，形成的数据资产又反向服务于业务，发挥数据价值，形成数据洞察能力，实现数据驱动业务。在业务数据化和数据驱动业务循环过程中实现了数据和业务的双闭环。在此过程中，基于业务规则、规律形成的业务模型是车站智能化管理中的核心，而新兴技术为数据资产的形成以及业务开展提供更丰富、更高效的技术手段。

2.4.3　功能模块

车站智能化管理以车站自动化为基础，是车站各个自动化过程的综合协同过程，同时也是车站决策智能化过程。车站智能化管理功能主要包含全息感知、智能诊断、主动决策、自主服务、自动运行等功能。车站智能化管理功能模块设计如图2-32所示。

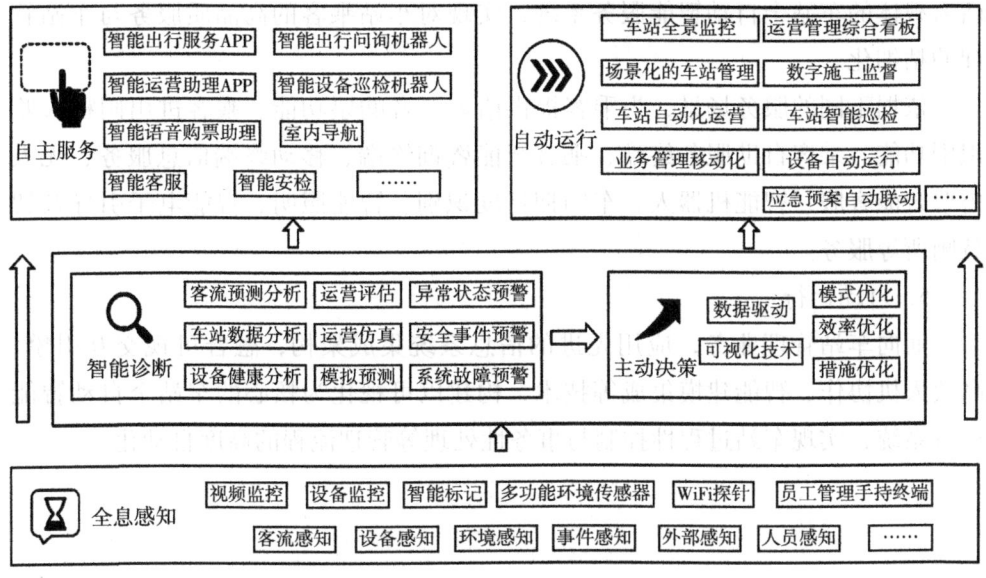

图 2-32 车站智能化管理功能模块设计

1. 全息感知

通过应用智能传感、视频分析等智能感知技术，构建以新型感知为依托的车站设备全自动智能运行系统，实现对车站的乘客、设施设备、工作人员等要素群体的智能主动感知与发现。

2. 智能诊断

应用大数据智能分析与决策技术，通过对各类运营场景下的车站运行数据进行深度分析挖掘，围绕运营评估、运营仿真、模拟预测等领域，构建业务分析与预警模型，为面向轨道交通车站运行管理与应急处置的智能化运营辅助决策提供支持。

3. 主动决策

以全息感知提供的数据为支撑，以智能诊断的分析预警结果为依据，以数据驱动为核心，构建车站智能化管理的核心大脑，实现车站运营效果的自我评估与车站运行策略的自动完善，为自动运行、自主服务等功能提供支持。

4. 自主服务

面向车站乘客出行服务及运营维护需求，运用出行问询机器人、设备巡检机器人、智能语音购票等综合智能技术，构建以多媒体信息理解、智能人机对话为载体的车站全自动智能服务系统，实现对车站乘客的高品质服务与车站管理的精细化。

依据不同的服务场景，为乘客提供诸如语音购票功能、乘客进出闸机人脸识别功能、乘客自助服务终端、乘客智能咨询终端、移动终端信息服务、无人售票智能客服、智能机器人、车厢拥挤度识别、智能照明、智能电子引导及智慧厕所等服务。

5. 自动运行

面向车站管理业务，应用先进的信息系统集成架构，融合可视交互引擎、高效人机协作、智能建模集成等技术，构建以可视化为核心的车站全自动智能运行系统，实现车站过程性控制与事务性处理等管理流程的高度自动化。

第 3 章 城市轨道交通车站智能化管理的关键技术

智能化将成为产业与社会发展的基调,车站管理也必然走向智能化。从当前技术发展的本质和趋势来看,"数据"作为驱动业务智能化发展的基本要素资源,依附智能技术实现价值,引领数据驱动管理模式的发展。同时,以"数据"为核心的创新积累到一定程度,也会推动技术在专业领域更深层次的融合,更稳定地推动业务的发展、创新和颠覆。

在智能化框架中,数据以不同的形式存在,在整个体系中流动。数据是系统运转的基石;算法和模型是整体运转的规则和方法,替代原有人的经验;将数据分析纳入管理决策流程,为人的决策提供更精准、更高效的支撑;决策的需求又对数据采集提出更多维的要求。此过程中主要的关键技术聚焦在数据感知技术、数据融合分析技术、智能决策技术。

如图 3-1 所示,面向城市轨道交通车站智能化管理,采集数据是利用智能设备、传感器等感知技术准确实时获取运营现场、设施设备运行状态等信息;建立模型则基于多源数据进行融合分析;自动决策是通过综合分析、研判、预测预警等提高决策的科学性,并形成一定的洞察能力,实现智能决策。

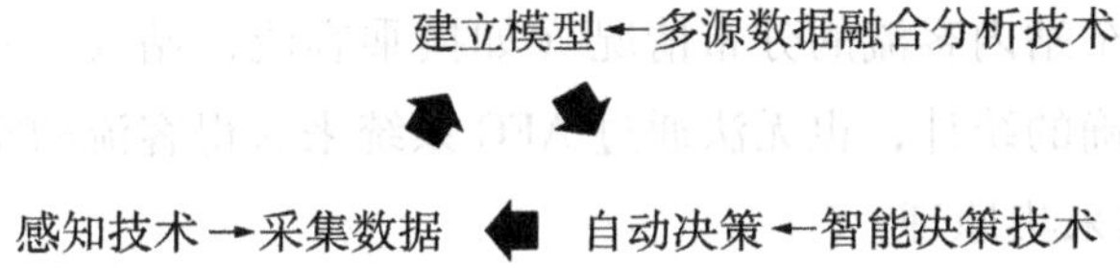

建立模型 ← 多源数据融合分析技术

感知技术 → 采集数据   自动决策 ← 智能决策技术

图 3-1 智能化管理的关键技术

3.1 感知技术

车站层面的感知对象主要是各类设施设备、环境、乘客、工作人员等。数据感知技术随着通信技术、人工智能技术的发展,有了越来越丰富的手段和方法,感知的触角也向更微观的领域延伸。在设施设备状态数据采集方面,自动化采集技术和前端感知技术的发展，使得管理可获取的数据源更加丰富，获取手段也更加方便，比如，传统的机械仪表改为自动化电子仪表，数据实时采集实时上传。在客流数据采集方面，也不再局限于票务系统的交易数据，有了基于通信信息或是视频技术的更加多元和微观的采集手段。

3.1.1 车站客流感知

乘客是车站服务的主要对象。对车站客流的流量、流向和密度的实时监测是提升客运服务的关键。车站客流群体特征的感知主要包括中观和微观层面，在中观层面，需要即时掌握各个车站的不同出入口、不同换乘方向的客流分布；在微观层面，则需要即时掌握客流在不同区域（如换乘通道、楼扶梯、分方向的站台）的客流量、客流密度、流动速度以及滞留人数等。对于乘客个体而言，通过多种监测技术，可以还原或预测每位乘客在网络上的出行轨迹，识别乘客个体行为及状态，实现短时的客流预测和预警评估，为乘客提供个性化出行引导、运营信息推送等服务。另外，还可以从人群聚集、边界侵入、非法入侵等角度对车站的客流进行安全监测，如实现对敏感或可疑人员的追踪定位、自动识别运营异常事件和状态、自动识别能力瓶颈等。

3.1.1.1 AFC 客流采集技术

当前，城市轨道交通网络采用"一票换乘"模式，该系统采用基于多因素阻抗的多路径清分模型进行网络客流分布计算，适用于轨道交通网络客流总量的统计。但是对车站内客流的分布情况（如换乘客流、站厅、站台客流）则无法做到实时与精确的统计，也无法通过 AFC 系统来获得客流的实时分布状态。

1. 客流数据采集原理

AFC 系统采集客流数据是目前最常用的手段。AFC 系统数据传输从车站设备到线路再到网络中央，客流数据采集通常按照 5 分钟的时间周期定时进行数据传输和客流量汇总，次日凌晨在统一时间再上传网络级清分系统进行清分统计分析。AFC 系统是基于乘客进出站刷卡，通过交易形式获取客流数据，通过模型进行数据清分，对账后将数据结构化，用于分析客流的时间规律和空间规律。同时，AFC 数据还能通过清分模型，将轨道交通客流 OD 分配到相应路径中，得到各条线路的客流量以及换乘量。AFC 系统数据传输架构如图 3-2 所示。

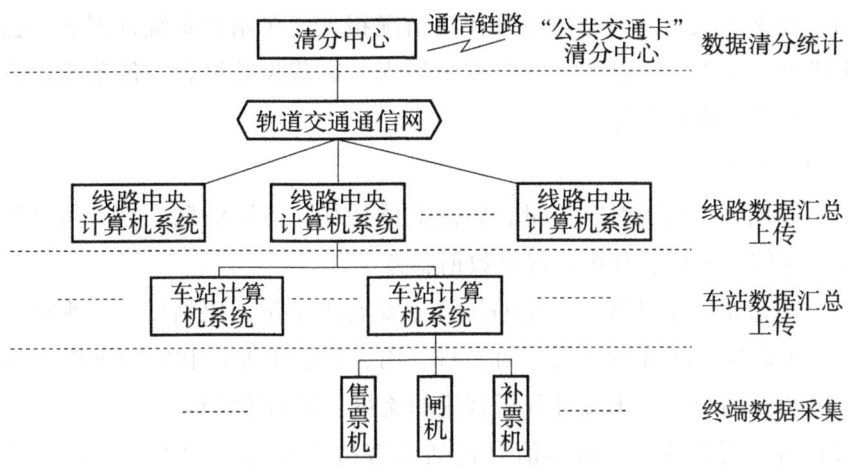

图 3-2 AFC 系统数据传输架构

2. 数据信息

AFC 系统记录的原始数据信息主要包括票卡卡号信息、进出站（刷卡）时间信息、进出站站点信息、进出站闸机信息、票卡类型等。AFC 刷卡数据字段信息示例如表 3-1 所示。

表 3-1 AFC 刷卡数据字段信息示例

原始信息	字段信息	描述
TICKET_ID	卡号	每张票卡唯一识别号码
DATE	刷卡日期	乘客进出站日期记录（YY-MM-DD）
TIME	刷卡时间	乘客进出站时间记录（HH-MM-SS）
STATION.ID	站点编号	乘客进出站站点名称
Gate.ID	闸机编号	乘客进出站使用闸机
TICKET_TYPE	卡种类型	每次刷卡记录下的乘客票卡类别（如：普通卡、学生卡、老年卡等）
TRANS CODE	刷卡状态	每次刷卡记录下的乘客进出站状态（进站、出站）

AFC 系统的票务管理子系统中同步输出以下跟客流相关的数据和信息。

（1）票卡信息：登记信息（单程票、公交卡和一日票）、票卡备量信息、票种信息（公务票、志愿卡、通勤次数卡、通勤记次卡等信息）。

（2）票款信息：发票、备用金、交接、参数、交通卡、票价表等信息。

（3）收入数据：票务收入、各条线运营收入、公交联乘优惠收入等信息。

（4）票务报表：一日票进出站使用情况报表、车站换乘统计报表、公交轨道联乘优惠统计表、线路各站分时客流报表、运营收益报表、各条线运营收益报表、一日票营收报表等。

3. 数据应用

AFC数据可以实现对客流量、客流群体特征、清算信息、票卡信息等数据的收集、存储、统计、分析，提供数据服务。

（1）客流量。车站客流常用的统计主要有进站量、出站量、换乘量、客运总量等，可以从时间维度（分、时、日、周、月、年等）和空间维度（不同闸机进、出站）两个层面来统计分析客流的流量、流向等特征。

（2）客流群体特征。乘客信息包括乘客持票种类（学生票、优惠票等）、乘距、乘车站数、乘车时间等内容。这些信息可以全面反映乘客的个人属性以及出行路径、出行距离、旅行时间等乘客出行特征。相比于客流量统计，乘客特征统计从微观上挖掘轨道交通客流的潜在规律，分析乘客行为的原理，可以帮助提升轨道交通的服务质量，提供更人性化服务。

（3）清算信息。清算信息统计是对轨道交通运营企业的财务收益情况进行统计，包含对账类和结算类两大类，结算类信息又可细分为售票类、消费类、服务类、申诉及调整类等。清算信息能够反映企业的利润盈亏，是企业经济效益的直接体现，为企业制定方案措施提供参考和评估标准。比如，将结算信息与轨道交通运营环境的改变（如票价变更、大小交路变更等）进行关联分析，量化评价相应改变对企业效益的影响程度。

（4）票卡信息。票卡信息包括票卡流动、票卡使用次数、票卡流失、库存、调配、密钥等信息。票卡信息反映了轨道交通各级票务管理中心库存状态的变化和对票卡的需求，是轨道交通票务管理实施的基础。票卡的统计信息还能用于对AFC系统设施设备的分析，根据各种票卡的利用率信息判断回收类票卡、售票机、充值窗口的数量是否满足需求。

3.1.1.2 WiFi嗅探技术

WiFi嗅探技术的基本原理是利用WLAN无线局域网技术实现WiFi定位，能够在无线接入的同时，实现接入设备的位置判别。相比如超声波、红外线、射频识别（RFID）定位等其他定位方式，WiFi定位的优势是能够利用现有无线网络以及被定位物体的自带无线功能，无须借助额外的设备。

WiFi 识别系统由终端、接入点（AP）、无线媒介和分布式系统 4 个物理组件组成。在身份识别过程中，由于每个工作站都有一个唯一的介质访问控制地址（MAC），并且发出的每个帧都包含该 MAC 地址，因此网络中的 AP 可以通过读取帧中的 MAC 地址来对工作站进行 WiFi 识别。WiFi 嗅探技术检测原理如图 3-3 所示。

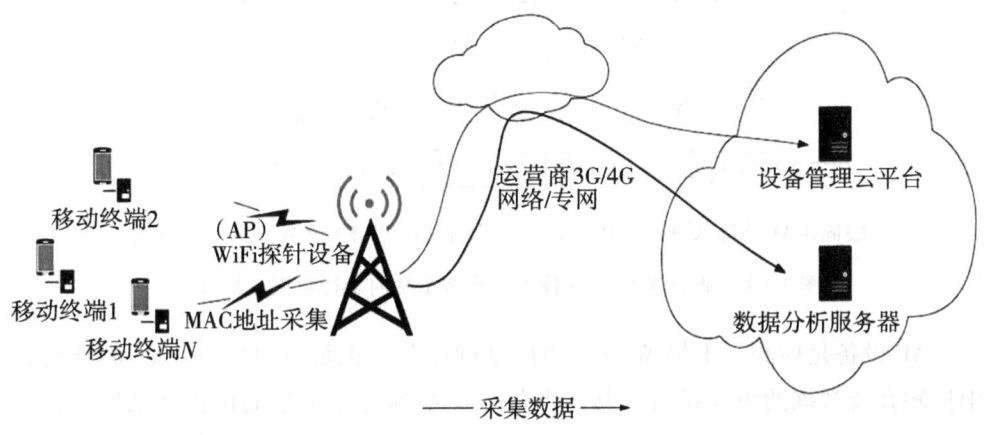

图 3-3 WiFi 嗅探技术检测原理

1. 客流数据采集原理

城市轨道交通车站内的探针设备布置采用固定 AP 形式，主要布设于车站站厅、站台和换乘通道内。乘客携带打开 WiFi 功能的设备进入车站，会先后被站厅、站台、车厢等不同位置的 AP 采集到，AP 按固定的间隔时间（0.5～2min）将采集到的嗅探信息连续上报至中央服务器。通过记录工作站（用户）的行为即停留位置、停留时间、运动轨迹、运动频率以及特征等指标，能够整理分析得到乘客的进出站及换乘行为。

WiFi 既能够连续追踪对象，克服了视频检测难以跟踪的问题，又具有检测范围相对集中、检测速度快、采样率高的特性，可以从微观层面实时获取乘客位置和移动方向，采集乘客在车站的走行轨迹数据。基于 WiFi 嗅探技术的乘客车站内走行数据采集过程如图 3-4 所示。

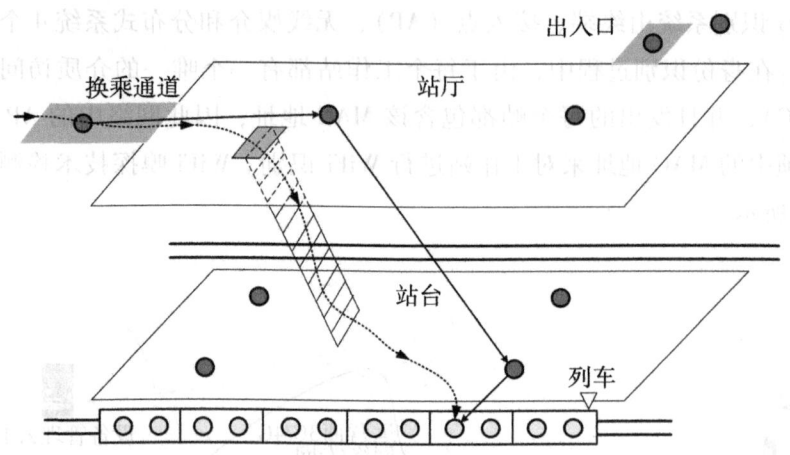

●固定AP设备　○移动AP设备　┄┄┄乘客实际轨迹　──→WiFi采集的轨迹

图 3-4　基于 WiFi 嗅探技术的乘客车站内走行数据采集过程

AP 设备是检测、上报 WiFi 数据的基础设备，也是城市轨道交通 WiFi 建设中检测客流数据的重要设备，其布点位置关系到客流采集的位置和精度。在布设 AP 设备时除了要考虑经济性和采集率外，还要考虑避免 AP 设备布设太密集导致相互之间干扰，造成过多乒乓数据的问题。在选择 AP 设备布设位置时需使其覆盖车站内所有区域，这样才能采集到完整的乘客出行轨迹数据。AP 设备的覆盖范围应满足其检测区域覆盖车站内行人走行的基本区域，包括出入口（站外、站内）、站厅、换乘通道、换乘大厅、站台等区域。

（1）出入口（站外）AP 设备。出入口（站外）AP 设备一般用于检测车站外出入口附近的乘客，包括处于准备进站但还未进入车站的乘客，可以监测车站客流量较大情况下，在车站站外排队等候的乘客和处于出站走行过程中的乘客。此类 AP 设备能有效获取车站出入口（站外）区域的某一时段的客流分布状况，以及乘客在到达或离开该车站出入口附近的具体时间。

（2）出入口（站内）AP 设备。出入口（站内）AP 设备一般用于检测轨道交通车站内出入口附近的乘客，包括在车站出入口楼扶梯和车站出入口走行通道内的乘客、在车站出入口附近处于进站走行过程的乘客和出站走行过程中的乘客。此类 AP 设备可以获取车站出入口（站内）区域的某一时段的客流分布状况，以及乘客到达或离开该车站出入口附近的具体时间。

（3）站厅 AP 设备。车站站厅 AP 设备一般用于检测在车站站厅区域活动的乘客，包括购票、进出闸机位置、换乘走行时经过站厅区域的乘客。此类 AP 可计算车站站厅层区域在某时段内的客流分布状况，以及乘客在走行过程中经过车站站厅区域的具体时间。

（4）换乘通道 AP 设备。车站换乘通道 AP 设备一般用于检测在换乘通道区域活动的乘客。此类 AP 可以获取乘客在换乘站进行换乘走行的具体路径，以及在换乘通道内进行换乘走行的时间，从而计算车站换乘通道在某时段的客流分布状况和某时段内车站内不同线路之间的换乘量。

（5）换乘大厅 AP 设备。换乘大厅 AP 设备一般用于检测位于换乘大厅区域的乘客。此类 AP 设备可以获取乘客进行换乘走行的具体时间和具体路径，从而获得换乘大厅在某时段的客流分布状况和经过该换乘大厅的换乘量。

（6）站台 AP 设备。站台的 AP 设备一般用于检测在车站站台区域活动的乘客，包括在车站站台区域候车的乘客和进行上下车的乘客，还包括列车到达车站后在停站时被站台上 AP 设备检测到的位于列车上的司机和乘客。此 AP 设备可以获取站台在某时段的客流分布状态、乘客在站台上的候车时间、乘客进行上下车的时间。通过检测列车头尾外侧的简易 AP 设备，还可以获得列车到达车站的具体时间和列车在车站的停站时间。

2. 数据信息

WiFi 探针设备与服务器之间通过发送约定格式的数据包进行通信。数据包分为下行、上行两类。下行数据包由服务器发送至 WiFi 探针设备，为参数配置数据。上行数据包是 WiFi 探针设备发送给服务器的数据，WiFi 探针设备作为信息采集器完成无线终端信息的捕获，并以 20s 周期向服务器发送数据包。通过解析上行数据包的信息，可以得到的有用信息主要包括移动终端的 MAC 地址、相应的接收信号强度 RSSI、嗅探到此探询请求帧的时间与数据包发送时间偏差等。WiFi 嗅探数据上行数据包格式示意如图 3-5 所示。

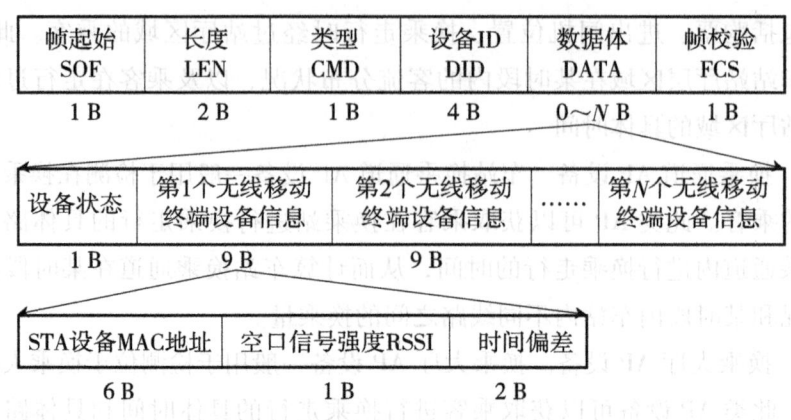

图3-5　WiFi嗅探数据上行数据包格式示意

WiFi嗅探数据经过数据采集上传后，在应用之前还需要经过数据清洗、数据标准化处理和数据入库等过程。数据清洗包括数据去重、有效MAC地址识别、MAC地址加密、数据匹配、量纲统一，以及时间同步性校验等过程。数据标准化处理包括格式转换、赋缺省值、类型变换、代码转换、特定字符转换等。数据入库是将标准化处理后的乘客轨迹数据存入数据库服务器中，以供日后长期存储和后期加工用。WiFi嗅探数据预处理后字段说明如表3-2所示。

表3-2　WiFi嗅探数据预处理后字段说明

名称	定义	类型	数据格式
MAC	移动用户手机码	字符型	B4-BF9-F6-XX-XX-XX
CAPTURE_TIME	手机信令记录时间	日期型	2017/12/296：19：02
RSSI	信号强度	数值型	-83
AP_MAC	AP设备码	字符型	58-69-6C-5A-A8-A2
ID	移动用户ID编号	数值型	30668977
DT	手机信令采集日期	字符型	2017-12-29
PASS_ID	乘客编号	数值型	7244954
TIME_ID	行程时间顺序编号	数值型	496
AP_ID	AP设备编号	数值型	78783875458696######
STA_ID	车站代码	字符型	4
STATION	车站标准站名	字符型	汉中路
POS	AP位置	字符型	站厅、站台、楼扶梯

3. 数据应用

WiFi 嗅探技术能够有效实现精准的客流检测，该技术可获得乘客进出站客流统计、站内乘客换乘统计以及区域内乘客密度统计。同时，WiFi 技术的身份识别功能还适用于轨道交通出行量（OD）客流分析，通过获取乘客的空间位置和时间点，得到准确的 OD 客流分析。

（1）乘客出行路径分析。基于站台、站厅和重要设施设备周边布设的 WiFi 设备，可以获取实时的、较为精准的定位数据，弥补了 AFC 数据在站内走行时间、列车延误时间、多种换乘路径等因素带来的误差。通过 WiFi 嗅探数据的时空特性以及基础信息，判别出乘客所经过的关键节点，包括进出站口、闸机、楼扶梯、候车站台和换乘通道，从而识别每一个乘客在地铁站内的走行路径。与 AFC 站间 OD 数据得到的多种换乘路径概率不同，结合精准的乘客定位，基于 WiFi 嗅探数据计算得到的走行路径具有唯一性。

（2）客流统计。在乘客出行路径还原基础上，基于完整的乘客出行轨迹，可以计算出各车站的分时进出站客流、各换乘站不同换乘方向的分时换乘客流、各站台和站厅的分时聚集客流、站台的上下车和候车客流等客流指标。

但是在实际应用过程中，由于乘客使用手机习惯的随机性，无法明确乘客使用 WiFi 功能的比例，难以保障数据的覆盖范围，但从研究实证的结果看能覆盖 50% 以上的客流。因此，该技术可以作为车站内部微观客流分析的重要数据来源。然而，在轨道交通复杂的地下环境中，需要布置大量的 WiFi 路由器以确保数据采集工作的进行，并采取措施尽量减少周边环境对信号的影响，确保数据采集的准确性。

3.1.1.3 手机信令技术

利用手机数据分析推算交通数据信息是一种新兴的广域动态交通检测技术。手机信令技术中的数据定位原理是基于基站小区的模糊定位技术，通过移动运营商的手机信令采集系统，采集匿名手机用户发生信令事件时的位置信息，包括收发短信、主被叫、基站切换，以及位置更新等数据，能够较为全面地反映出行者的连续出行轨迹。当有人使用手机打电话、发短信或利用运营商网络上网时，移动数据就被创建，用户行为就会被移动基站所记录，并被确认在基站范围内的某个位置，当呼叫转移到一个新的基站或者一个新的呼叫连接到不同的基站时，用户的行为轨迹就会被确认下来。手机信令交通数据检测技术原理如图 3-6 所示。

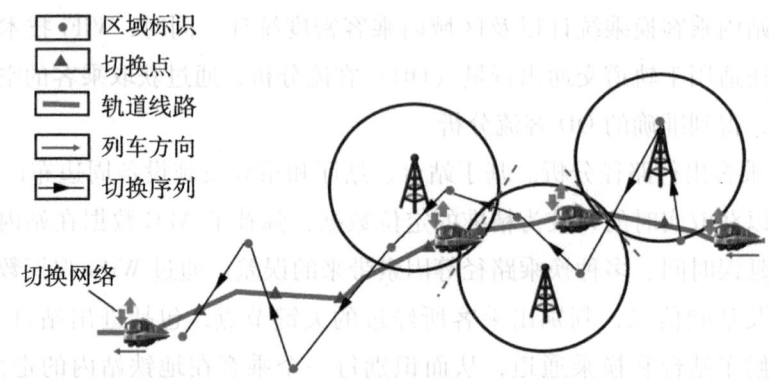

图 3-6　手机信令交通数据检测技术原理示意图

由于手机信令数据在样本量和覆盖范围上的优势，手机信令技术可以适用于中、宏观层面的客流检测，包括城市人口时空动态分布检测、特定区域客流集散监测、交通出行的 OD 分析。在轨道交通监测方面，手机信令技术能够识别乘客换乘路径和换乘车站，以及区域线路的进出站客流，同时还能通过识别手机用户的出行时耗、出行距离和出行次数，分析乘客的出行需求，例如出行需求主要集中在什么时间段、哪些区域之间等。通过对站点、线路一定范围内的手机用户密度统计及分析，可以得到站点和线路的服务范围。

1. 客流数据采集原理

采用手机信令数据分析微观个体乘客在轨道交通系统内部和外部轨迹，可以解析城市轨道交通站点客流来源和去向，以及识别换乘乘客的具体换乘路径。手机信令采集分析轨道交通客流数据技术路线如图 3-7 所示。

第3章　城市轨道交通车站智能化管理的关键技术

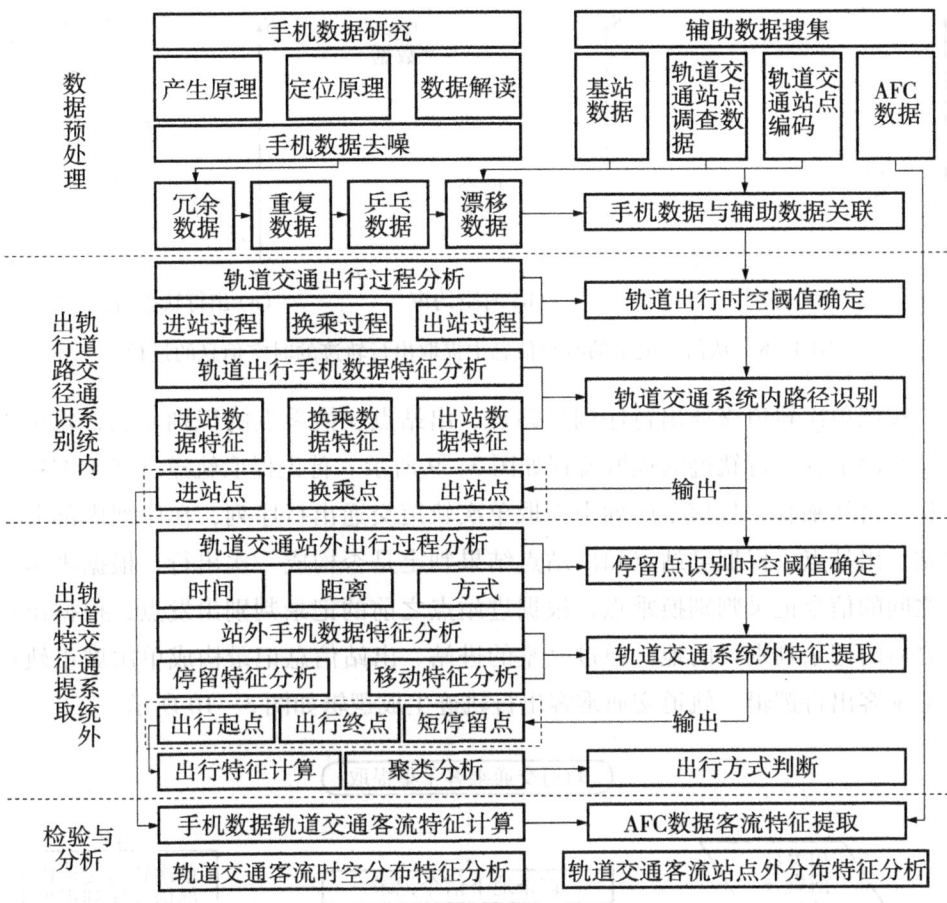

图3-7　手机信令采集分析轨道交通客流数据技术路线

2. 数据信息

手机信令数据在描述乘客的活动时，可以提供准确的时间维度信息，对于空间维度则仅能提供基站所在位置的经纬度坐标，乘客实际所处的位置在基站信号覆盖的空间内任意可能位置。基于信令数据的单个乘客出行行为的分析基本原理是利用信令序列之间的相互约束，以及道路、轨道、站点等交通设施在空间上的约束，缩小乘客可能所在空间区域的范围，最终提取出乘客实际的时空轨迹。从信令记录的时空信息中提取出行轨迹的时空信息的过程如图3-8所示。

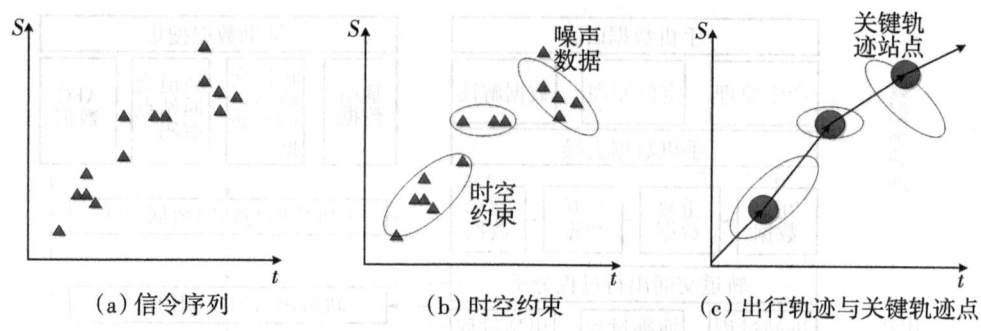

(a) 信令序列　　　　(b) 时空约束　　　　(c) 出行轨迹与关键轨迹点

图 3-8　从信令记录的时空信息中提取出行轨迹的时空信息的过程

按照单次轨道交通出行序列进站点、出站点、换乘点的识别方法，轨道交通系统内乘客出行轨迹的提取流程如图 3-9 所示。首先提取轨道交通乘客用户子集，再从乘客一日信令序列中提取单次轨道交通出行序列，在序列内部分析进站、出站点，根据进站点和出站点结果判定是否构成一次出行，根据进出站点之间的信令记录判别换乘点，根据进站点之前的记录判别出发点，根据出站点之后的记录判别目的地。通过完整的进站、出站信息记录构成单次城市轨道交通乘客出行逻辑。轨道交通乘客出行轨迹生成逻辑如图 3-10 所示。

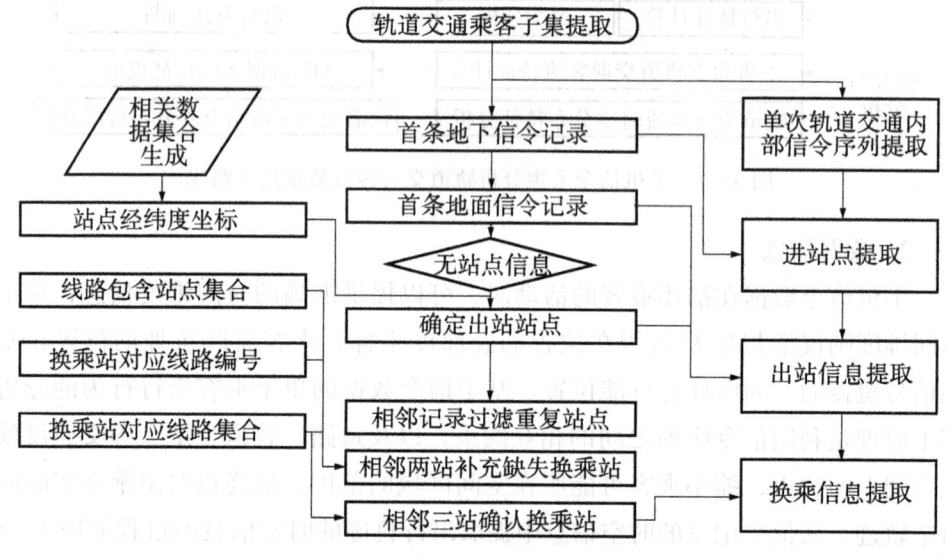

图 3-9　轨道交通乘客出行轨迹提取流程

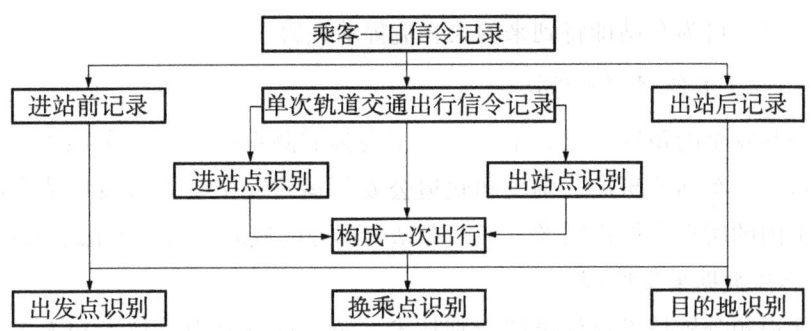

图 3-10 轨道交通乘客出行轨迹生成逻辑

3. 数据应用

由于手机信令技术对数据采集的延续性，基于手机信令技术对车站客流的感知能力，突破了城市轨道交通系统内部，是目前将系统内部和外部时空特征能够有效关联的有效技术。其局限性在于其只能够检测地下轨道车站客流及其轨迹信息。

手机信令技术对乘客数据的采集具有在时间和空间上全覆盖的特征。基于手机信令数据可以提取乘客在轨道交通出行过程中的关键轨迹，实时分析乘客状态，不同类型的分析结果可以适用于不同的场景。

（1）车站服务范围的感知。通过对车站客流来源与去向的时空分析，精细化分析车站的服务范围和吸引范围。针对各个轨道站点进行手机基站勘测，建立轨道站点内位置和基站的准确对应关系，结合信令数据的时间序列，判断筛选出从该站点进站和出站乘客群体，再根据进站和出站乘客的出行轨迹序列，以停留时间阈值为判断准则，推算出乘客出站后的目的地以及进站前的来源地，获得大样本的客流吸引和辐射点集合。

各个地点站点所覆盖区域的服务功能有所不同。例如商业集中区域偏重商业功能，白天主要为客流吸引区域，夜间主要为客流辐射区域，结合不同出行时间，可以得到客流吸引半径随时间的变化，例如上午的客流吸引半径较大，下午的客流吸引半径较小。

（2）进站异常的提前感知。分析车站对车站周边区域的吸引和辐射强度，根据相关性分析的结果，采用不同相关性、距离、用地等特征，预测短时内到达站点的客流量。当提前检测到站点周边相关性较高的区域内信令数据的变化特征，可以为车站客流量变化提供预判依据和参考。若外部关联性区域的人流量出现激增,可为车站即将到来的大客流提前预警。

3.1.1.4 智能视频分析技术

从公共安全的角度出发,车站安装了视频监测系统,基本实现了对车站区域的全覆盖。车站值班员、调度和轨道公安等运营安全管理人员均能实时调看管辖范围内的所有摄像机图像,了解车站大部分区域的实时乘客在站的情况。

1. 客流数据采集原理

智能视频分析技术也称摄像识别技术,源自计算机视觉技术和人工智能技术,其原理是在图像与事件描述之间建立一种映射关系。车站客流数据采集主要关注客流量,即乘客人数,智能视频分析技术通过从人流图像中识别出每个乘客的个体图像,统计摄像头覆盖区域的人数。由于智能视频分析识别算法的精度差异,会出现不同程度的统计误差。智能视频分析车站客流量的基本原理如图3-11所示。

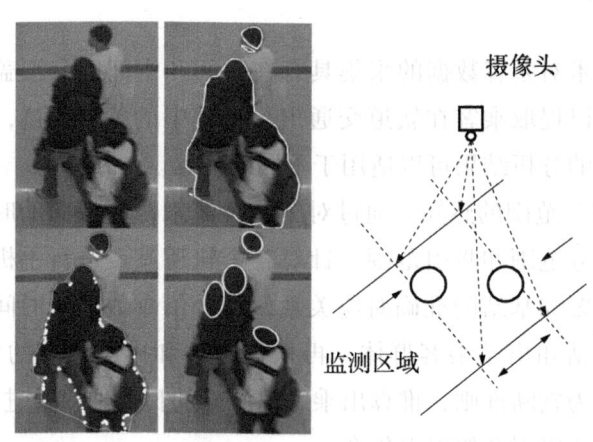

图3-11 智能视频分析车站客流量的基本原理示意图

一方面,智能视频分析技术可以通过对运动目标的检测、分类、跟踪,根据模型算法对行为进行理解与识别,可以对每个乘客个体运动轨迹进行精确检测和跟踪,实现对大范围区域的覆盖和数据采集,通过数据统计和分析得出某一断面或区域的客流量数据,进而得到客流量、客流密度等各类数据指标。另一方面,根据预定的规则进行相应的报警或处理动作,从而能在异常事件发生时及时做出判断,做到早期的侦测和防范。基本工作原理分为以下三个阶段:首先针对摄像机的视频流进行预处理;然后针对各种目标进行检测、识别、分类和跟踪；最后通过建立数据模型，对运动行为进行分析并判别异常行为，从而作出预警。运动目标的检测是视频分析技术的核心，现有的检测方法主要有帧间差分法、背景差分法和光流法三种。但是，由于受到车站空间高度、光线等因素的影响，视频技术对客流的感知也存在局限性。比如，视频终端摄像机的安装位置限制或视频质量无法完全满足智能分析图像精度要求，容易造成检测结果的偏差。

2. 数据信息

智能视频技术在乘客微观感知方面是非常重要的技术手段。如图3-12所示，目前，在车站布置的视频前端设备类型主要有普通枪机、普通球机、智能摄像机、可变焦球机、红外枪机等。

图3-12　车站布置的视频采集终端设备

车站设置不同类型的高清视频终端设备，是运营监控及智能视频分析的基础。枪式摄像机支持人体属性采集，包括上衣颜色、下装颜色、性别、戴眼镜背包、拎东西、戴帽子、戴口罩、长短袖、裤裙、发型；智能摄像机支持对运动人脸进行检测、跟踪、抓拍、评分、筛选，输出最优的人脸；球形摄像机可提供三维立体高清实时画面，通过拼接技术实现大空间的全景客流数据展示。

3. 数据应用

智能视频分析技术在轨道交通的基本应用包括入侵检测、逗留（滞留）检测、可疑物品遗留检测、逆行检测、客流量突变检测、图像异常告警及场景重组等。智能视频采集分析技术对客流的感知优势在于对乘客行为和状态的感知，特别是对车站区域客流态势，如大客流情况，以及对车站内出现乘客摔倒、拥挤等异常行为状态具有较好的感知能力。

（1）区域客流态势分析。客流态势分析是针对接收到的车站客流活动密集区域的视频信息，应用目标检测、场景建模等技术手段，基于深度学习技术，自动识别出场景中的"人"和"人群"，统计指定区域内的人群数量、人群密度等级等指标，并根据预先设定的报警等级，进行自动判断分析，最终生成区域态势密度图，辅助车站工作人员对客流的管理。智能视频态势分析结果展示如图 3-13 所示。

图 3-13　智能视频态势分析结果展示

（2）出入口客流统计。在出入口处的智能视频前端摄像机搭载人脸客流计数模块，实现客流统计的功能，而且可以实现人脸抓拍，同步至平台端，可按秒、分、小时、日等单位实时获取该出入口的客流量。智能视频出入口客流计数展示如图 3-14 所示。

图 3-14　智能视频出入口客流计数展示

（3）乘客异常行为。乘客异常行为分析是利用图像或视频来分析行为主体的行为动作。人的行为分析相对于物体检测和分类来说，因涉及对人类视觉系统更深层的理解，分析解析层面的模型方法更为复杂。目前，对车站乘客行为的检测主要集中在异常行为的检测，比如，人员扶梯逆行、人员徘徊、快速移动、打架斗殴等异常识别。

在客流量较大的换乘通道处，或是乘坐楼扶梯区域，易出现人员摔倒的现象，通过视频分析技术可及时发现，能提高车站处置的效率和效果，避免造成人员受伤范围的扩大。

闸机逃票分析也是目前智能视频分析乘客行为的另一关注的重点。针对部分违规乘客采用跟随、下钻等违规行为进出站的视频分析，结合人脸库，记录逃票人员的身份信息，包括异常行为时间、图片、短视频等，后续可导入逃票库和其他布控库在地铁进出口和闸机进行人脸布控。智能视频识别翻跨、钻越行为展示如图3-15所示。

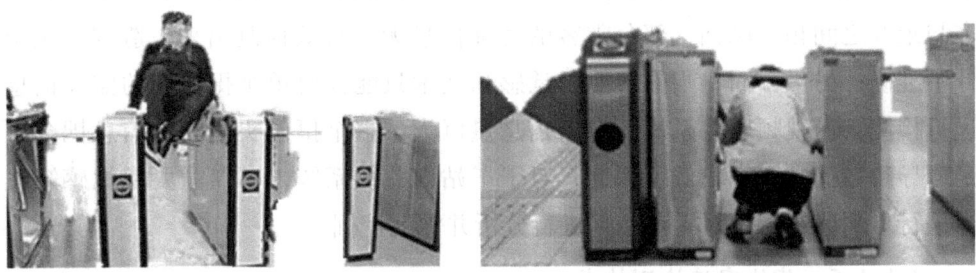

图3-15　智能视频识别翻跨、钻越行为展示

北京地铁5号线东单站首次试点应用了"双目闸机"，如图3-16所示。"双目闸机"每台闸机顶部设有一组双目摄像头，利用双目视觉技术，可精准识别与保护人和物的安全。通过双目立体视觉传感器与视觉通行逻辑控制器成像分析，对随行物品、儿童、孕妇进行精准识别与保护，保障通行者安全过闸，实现有效防夹。

图3-16　北京地铁5号线东单站双目闸机

双目闸机的"智慧"不仅仅是看和分析,还具有学习功能。通过双目深度视觉追踪识别技术和立体空间的检测技术,能够精确识别学习目标的运动习惯,对刷卡乘客进行监控和提醒,杜绝插队、闯闸等现象。增加高精度反向闯入、尾随、并行等欺诈的检测和实时影像记录取证,规范不文明乘车行为。

现有智能视觉感知技术多对视频进行逐帧分析,从而实现对整个视频的检测。但乘客异常行为是连续时间的一系列帧的综合,而现有智能视觉感知技术缺乏帧与帧之间的信息联系。因此,对于车站内监控系统,还需要进一步开发智能视觉感知技术。现有的智能视觉感知技术直接运用在车站监控系统上也面临着很大的挑战,主要体现在以下两方面:一方面,车站内来往客流繁杂,乘客与乘客之间相互遮挡,部分乘客的特征信息无法有效检测出来,造成人流统计不准确;另一方面,当前智能视觉感知技术只能针对单个摄像头的监控信息进行检测,而视频监控系统获取的信息量巨大,多个摄像头之间的信息耦合不足,导致数据利用率较低。因此,对于车站内监控系统,不仅需要视觉感知技术进行检测,还需要对检测结果进行分析并深度挖掘。

3.1.1.5 其他客流检测技术

1. 热敏传感技术

热敏传感技术的客流统计系统主要由传感器、计数器、传输网络和后端处理单元组成。通常,传感器部署在约3米高处,可检测地面约3平方米的正方形区域,通过集成光学、传感器、信号处理逻辑及电子控制技术,在60°的角度范围内,把下方人流的热气通过锗透镜转为红外辐射,实现对传感器覆盖区域的热敏检测;同时通过设置进、出基准路线来捕捉乘客的行走路径,实现对乘客在热敏传感器部署区域内的换入和换出的分类统计。

热敏传感技术适用于车站内通道的双向客流检测,尤其是对换乘客流的检测。车站可以通过在换乘通道设置热敏传感器,以覆盖双向换乘客流,实现对站内换乘客流的实时监测。通过数据收集和分析,能够实现车站通道进出客流的警示。但由于热敏传感检测系统对安装环境要求较高,同时还会受到客流情况复杂的制约,难以在车站内大面积安装推广。该技术曾在上海世博会期间用于13号线的相关车站,并在人民广场站进行了试点,试用结果表明该技术虽然在客流监测方面可以接近实时,但准确率不太理想,主要原因是热敏的红外感性装置对安装环境要求较高,且在人流复杂的车站不能有效区分客流类型,同时，该技术安装成本较高，不适用于大面积推广使用。

2. 蓝牙定位技术

蓝牙定位技术是使用蓝牙4.0的Beacon广播的功能，一般应用场合是在室内。在一定的室内区域定点布置Beacon基站，低功耗蓝牙Beacon基站不停地发送Beacon广播报文，搭载蓝牙4.0模块的终端设备接收到Beacon广播报文后，先测量出接收功率，再代入到功率衰减和距离关系的函数中，进而计算终端设备距离该Beacon基站的距离，利用多个Beacon基站的距离交叉实现定位。蓝牙定位技术原理如图3-17所示。

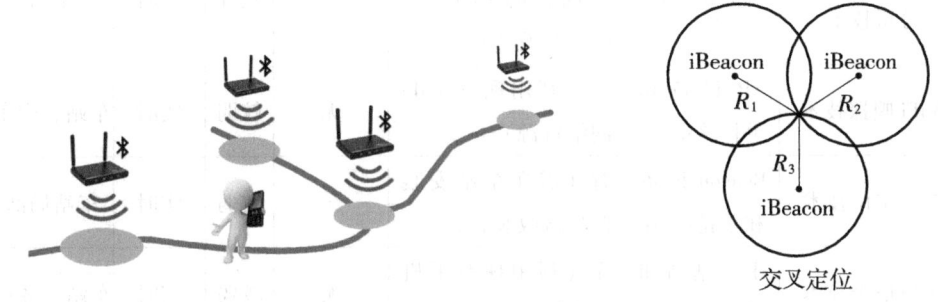

图3-17 蓝牙定位技术原理

蓝牙定位技术相比现行无线局域网技术更适用于室内定位，蓝牙定位精准度更高，定位时间更快，成本低廉。同时，随着蓝牙4.0技术规范的发布，其在电池续航时间、节能和设备种类上得到了极大的改善，对信号的刷新周期也有大幅度的提高。在轨道交通大客流预警方面，蓝牙定位技术适用于对站内客流情况的监测，例如客流分布情况、站台客流密度、换乘通道客流情况等。但是，蓝牙定位需要乘客打开移动设备的蓝牙通信功能才能实现，因此需要采取有效手段确保乘客主动参与，才能实现数据的精确采集。

3.1.1.6 客流检测技术比较

为了快速、准确地检测网络客流的实时流量与客流分布情况，各城市地铁公司都在研究与推广各种新的技术手段，如AFC系统、智能视频技术、手机信令、WiFi嗅探、热敏传感等技术类型，各项技术都存在各自的优缺点，有其不同的适用情景。

表3-3和表3-4分别呈现不同客流采集方式的比较以及不同检测技术在

轨道交通应用的适用范围。

表3-3 不同客流数据采集方式的比较

检测技术	采集设备	额外成本	对安装环境的要求	外界干扰	实时性	布设区域
AFC客流采集技术	进出站闸机	无	无	无	延时	车站
热敏传感技术	热敏传感器	价格高（需在车站安装热敏传感设备）	高	较弱	实时	车站局部
智能视频分析技术	智能摄像机	有改造成本（可利用现有的CCTV系统进行改造）	高	较强	实时	车站
WiFi嗅探技术	AP设备和手持终端	无（利用现有WiFi网络资源）	无	较弱	实时	车站、列车
蓝牙定位技术	Beacon设备和手持终端	有（需在车站安装蓝牙接收装置）	无	较弱	实时	车站局部
手机信令技术	手机基站和手持终端	无（利用现有手机信令资源）	无	较弱	实时	车站、隧道

表3-4 不同检测技术在轨道交通应用的适用范围

检测技术	客流量检测				公共安全	乘客定位服务	
	进出站客流量	换乘客流量	站台客流量	断面客流量（列车承载客流量）	乘客行为异动	轨迹定位	
						站外	站内
AFC客流采集技术	√						
热敏传感技术		√					
智能视频分析技术					√		
WiFi嗅探技术		√	√	√			√
蓝牙定位技术							√
手机信令技术	√	√				√	

不同客流检测技术在轨道交通客流检测领域都有其不同的优劣势，即使是都具备数据采集实时性特征的客流检测技术，由于数据采集范围、数据采集量

级和数据处理规模的差异，客流分析结果的延时性也存在较大差异。后续技术应用需要对高效的数据传输方式和数据处理模型进行研究，以提高数据分析结果的实时性。

不同客流检测技术适用范围也有所不同，如 AFC 技术比较适用于进出站客流统计，热敏传感技术比较适用于站内通道换乘客流统计，手机信令比较适用于宏观层面 OD 客流分析和乘客出行特征分析等。同时，各检测技术均有一定的局限性，例如存在难以适应车站的复杂环境、监测数据精度不高、设备安装成本高等多方面影响因素。

为实现对车站客流数据的精准感知，需要对多源数据进行融合。不同车站空间区域的客流特点各有不同，对客流感知的时空粒度和精度要求也存在差异，不同类型的数据在挖掘客流特点上适用于不同的场景。为实现客流的精准感知，需要分析应用潜力较大的多种技术手段，并发掘其最大的应用价值。智能视频分析、手机信令、WiFi 嗅探等技术为客流的采集提供了多种有效途径，但不同技术有其优缺点，以及适用场景存在差异。视频数据在获取区域客流数据上的优势较大，WiFi 数据可追踪乘客的轨迹信息，而 AFC 数据可以准确地获取车站的进出站客流数据，能够对视频数据和 WiFi 数据进行有效验证。因此融合以上多种技术手段，可精确地对连续时段内车站各个区域如出入口、站台、换乘通道分时段分方向的客流进行分析与可视化展示，也可对客流速度及密度进行实时的监测及统计。

3.1.2 车站设施设备感知

车站设施设备是车站重要的要素，其状态的感知是车站设施设备管理的基础。车站设施设备的感知主要依托射频识别技术、二维码、智能芯片等智能识别技术，结合设备状态传感器、在线监测装置、移动终端、巡检机器人等感知手段，构建设施设备状态全息感知体系。

3.1.2.1 设施设备在线监测

车站的设施设备在线监测主要是通过城市轨道交通综合监控系统实现对车站设备运行及状态参数的实时监控。城市轨道交通综合监控系统（integrated supervisory control system，ISCS）是一个集行车、客运和票务等相关系统于一体的系统，实现信息共享、集中监控以及自动管理功能。

2000年以前,国内各城市轨道交通线路没有全面的监控系统,只有独立的监控子系统。各子系统独立发挥作用,系统间的信息不能共享,调度指挥效率低。2003年北京在地铁13号线引入ISCS,集成电力监控系统、环境与设备监控系统和防灾报警系统,实现更多监控功能,是国内地铁行业最早采用集成系统的工程,为国内ISCS的后期发展奠定了基础。2004年深圳轨道交通1号线(罗宝线)一期工程采用简单集成模式,集成互联了4个系统。随着计算机技术和网络技术的发展,2005年广州地铁3号线开通,其ISCS突破了传统的子系统信息隔离状态,建立了大规模的综合监控系统,深度集成互联12个系统。2010年,上海地铁10号线开通,ISCS适度集成了5个系统,并互联7个系统,覆盖了轨道交通系统的大多数子系统。

城市轨道交通综合监控系统利用无线传感器网络(wireless sensor network,WSN)中的温度传感器、湿度传感器、压力传感器、速度传感器等检测设施设备和环境信息,实现对车站机电设备各子系统状态的采集,为设施设备管理提供基础。设施设备在线监测流程如图3-18所示。

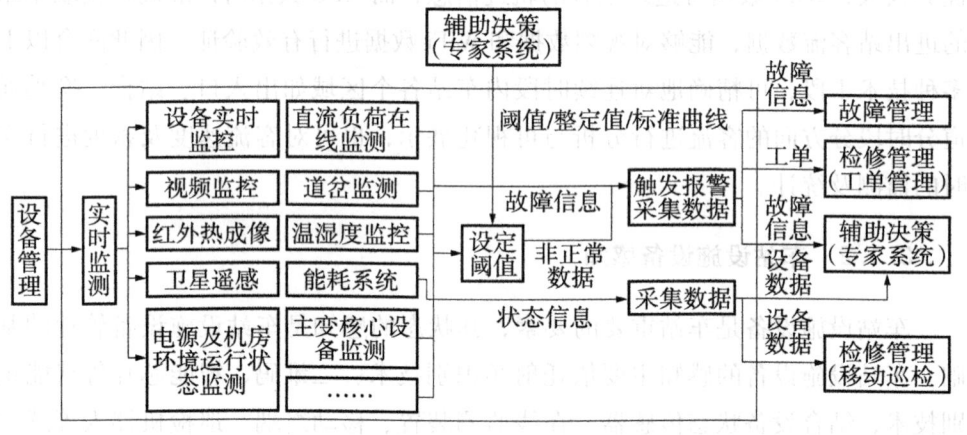

图3-18 设施设备在线监测流程

城市轨道交通综合监控系统对车站主要设施设备的在线监测内容主要包括以下6个方面。

(1)电监测。运营参数监测,例如电压、电流、频度、效率、因数、有功效率、无功效率、有功电度、无功电度等;异常监测,如过负载、过流等;针对用电量的解析和趋势分析,预估峰值时间与解析峰值负载组成。

(2) 通风空调监测。监测通风空调设施具体信息，包含各模拟数、开关数的实时数据和历史数据曲线等；监测空调水力均衡表盘的各种参数，提供能源安全应用的报警服务；送排风表盘的各类参数，监测送排风设施情况，提供相关设施报警管控服务。

(3) 给排水监测。给排水系统安全运营及状况参数的监测；通过流量计测量显示瞬时流量和累计流量。

(4) 环境监测。对接环境监测装置、温湿度传感器等环境传感器，监测内容包含 $PM_{2.5}$、PM_{10}、温度、湿度、CO_2、噪声等。根据车站环境监测数据和控制策略，实现对车站通风空调系统设备和空调水系统设备运行模式的切换控制和运行频率调节，在满足乘客舒适性要求的前提下，可降低设备能耗及提高经济效益；通过对空调冷水阀的开度调节，实现风系统与水系统的联动控制，从而降低车站综合能耗。

(5) 自动扶（电）梯监测。现场数据采集终端实时从运行的扶梯（包括自动扶梯和厢式电梯）中采集反映其所监测的相应扶梯部件运行状态的数据信息，如驱动电机、梯级、扶手带、防逆转装置、工作制动器、上下地板安全装置、水位保护装置等。

现场数据采集终端包括以下类型的传感器，以及自动扶梯控制系统的数据采集模。①转速传感器，用于采集扶梯的梯级系统、扶手系统和驱动系统中转轴的速度数据信息；②温度传感器，用于采集扶梯的驱动电机的工作环境温度、扶手带的温度数据信息；③振动传感器，用于采集扶梯的驱动电机、梯级和梯级链系统中的旋转部件以及支撑连接部件振动相关的数据信息；④水位传感器，用于采集扶梯的反映基坑内的水位数据信息；⑤加速度传感器，用于采集扶梯梯级运行加速度和扶手带驱动链运行加速度的数据信息；⑥测力传感器，用于采集扶梯的梯级链、传送链和扶手带驱动链的链条受力拉伸状态数据信息。

(6) 能耗监测：综合不同能源消耗设备监测数据，针对不同时间段、不同运营工况的能源消耗来解析能源消耗构成，实现能源消耗对比分析、能源消耗趋势分析、节能事件管控等功能。

3.1.2.2 智能巡检机器人

除设施设备在线监测外，设备日常巡检也是及时掌握设施设备状态的重要手段。设备巡检工作具有巡检对象繁多、巡检频次高、巡检工作重复枯燥等特点。传统现场作业,通常是采用人工巡检方式,受车站工作人员的体力、精力和责任心等因素的影响较大,成本高、效率低下,无法满足车站设施设备高频次精细化的要求。采用智能巡检机器人进行设施设备巡检,可实现不间断地反复巡检,并对设备用房、设备状态信息进行连续动态采集,确保第一时间发现设备用房和设备的突发情况,是未来现场设施设备巡检的发展趋势。

1. 优势

智能巡检机器人可实现自主和遥控巡检、图像遥传、智能图像识别、环境检测等功能,实现"巡检无人化";将先进的 AR 技术与现有巡检流程紧密结合,可以实现远程巡检、辅助信息显示,有效提高检修效率、减少漏检设备的数量。智能巡检机器人的优势主要体现在以下几方面。

(1) 24 小时不间断工作,可适应车站内通信、信号机房的 24 小时值守的需求;

(2) 更精准、更可靠,在特定检测能力上,如温湿度、异响、异味检测等方面,机器人的高精度传感器比人的眼耳鼻更精准可靠;

(3) 节约成本、提高效率,可替代人力进行大部分重复性劳动,节约人力成本,而且能在稳定标准下高效工作。

2. 功能

智能巡检机器人基于自主巡检技术,不需要人工辅助操作,在巡检过程中自主完成预设工作内容。自主巡检的目标一般是固定空间的不同设施设备,根据不同设施设备特点来设定对应的巡检参数,并自动调整传感器的方向和视场。巡检机器人的自主巡检功能主要包括导航定位、图像识别、信息存储与处理、巡检策略优化、电源管理、网络通信和后台管理等,如图 3 - 19 所示。

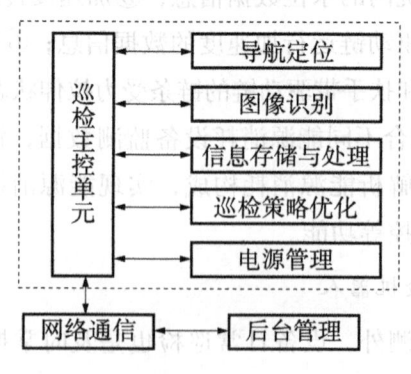

图 3 - 19 自主巡检主要功能模块

（1）导航定位。智能巡检技术对巡检机器人导航定位模块的精确性要求极高，通常采用基于多源信息融合的高精度导航定位模块。该模块的多源数据采集单元主要包括行走轮编码器、倾角传感器和霍尔计数器，采用超声波、射频识别（RFID）以及激光技术相结合的组合定位系统。

（2）图像识别。巡检机器人安装高清摄像机，采用图像识别技术，对固定设备的运行进行实时数据读取，并进行对比分析与记录，自动形成记录报表。另外，还可结合智能目标搜索优化算法以及目标伺服跟踪技术，实现对不同设备的目标搜索和识别，将视频拍摄中心对准拍摄目标，放大焦距以获取更高识别率的图像。当识别到设备异常状态时，发出预警信号，同步拍摄对应视频并存档。

（3）信息存储与处理。通过物联网技术完成巡检过程中多源数据采集工作后，采用云计算服务中心的信息存储与处理模块，能够将所采集到的设备实时运行数据、专业巡检记录，以及设备检验记录等数据信息写入数据仓库中，进行综合分析和管理。

（4）巡检策略优化。结合自主巡检过程数据的积累，通过数据挖掘技术，提取影响目标设备运行状态的关键要素，优化巡检频次及路径，提出可靠高效的巡检方案集合，使得巡检任务与巡检方案自动匹配，提高巡检效率和质量。

（5）电源管理。电源模块主要是为巡检机器人导航定位模块、图像识别模块、信息存储与处理模块以及网络通信模块等进行供电，是保证巡检任务正常运行的前提。电源管理模块的基本组成包括电源监测、电压转换、电源管控、电源保护和故障预警等。

（6）网络通信。智能巡检技术的网络通信系统主要是完成巡检机器人内部功能模块之间以及与调度控制中心之间的信息交互，网络通信数据主要包括上行通信数据和下行通信数据。其中，上行通信数据主要是自动化机房调度中心对巡检机器人下发的巡检指令，而下行通信数据则是巡检过程中所采集到的传感器监测信息、图像视频信息以及机房设备巡检状态信息等。

（7）后台管理。后台管理模块主要是对巡检机器人的管控指令、远程监控以及巡检信息进行分析、处理等，主要功能包括巡检任务制定、巡检任务下发、多信道无线通信、实时在线远程监控、巡检过程可视化、故障预警和故障诊断等。

3. 车站巡检作业中的应用

车站有大量的设备用房，且设备的布局分散，日常巡检是设施设备维护的重要环节，通常要求每日巡检，巡检次数和频率根据设施设备的重要程度不尽相同。在引入巡检机器人后可实现每日多次定时对设备用房进行巡查工作，如，温湿度、有无渗漏滴水检查等；设备检查涵盖信号、通信、电源系统等各类联锁、列车自动防护（ATP）、计轴、列车自动监控（ATS）、数据通信系统（DCS）、传输、公务、无线、电源屏、不间断电源（UPS）等机柜灯位显示、风扇、异响等。如图3-20所示，目前，国内各城市轨道交通车站都不同程度地采用了智能巡检机器人在车站设备房进行巡检作业。

（a）宁波地铁　　　　　　　　　　（b）京港地铁

图3-20　智能巡检机器人在城市轨道交通车站设备房的应用

采用智能巡检机器人的巡检主要有以下3种模式。

（1）自主巡检。调控中心根据巡检目标、时间和周期制定特定的巡检任务，智能巡检管理模式能够响应巡检任务的指令进行自动巡检。

（2）固定巡检。调控中心选择固定的设备作为巡检目标来制定巡检任务，智能巡检管理模式能够根据设定的固定巡检目标来执行该巡检任务。

（3）遥控巡检。调控中心根据后台管理模块远程手动控制巡检机器人完成指定的设备巡检任务。

3.1.3　车站工作人员感知

车站工作人员作为车站业务体系中的重要要素，采用新技术手段感知每一个工作人员的工作状态和效果，对其进行有效的管理，是提升车站整体管理水平的重要内容。现阶段，面向工作人员的智能化感知主要聚焦在基于监测的工作人员实时定位感知和基于数据融合的工作人员效能感知两个方面。

1. 基于监测的工作人员实时定位感知

实时定位感知即采用 RFID、蓝牙定位、惯性导航等技术实时监测车站人员的所在位置，自动进行岗位匹配。车站人员到达指定岗位（位置）后，系统自动识别车站人员的标识码并自动完成打卡操作；打卡成功记录及打卡时间上传至后台以供统计分析使用。车站工作人员轨迹定位界面如图 3 – 21 所示。

图 3 – 21　车站工作人员轨迹定位界面

针对地铁工作人员的不同类型，如常驻人员、机动检修人员、外协人员、保洁人员以及志愿者等其他人员，可按时间记录其活动轨迹并进行统计分析，如违规进入、串岗溜岗行为判断，工作效率分析等。在积累了一定的历史数据后，可以为车站的人员配置等提出优化建议。

2. 基于数据融合的工作人员效能感知

大数据融合平台可实现对车站各项管理业务系统的数据综合共享，即通过采集各业务系统中的人、事、物及其关联数据和信息，深入挖掘能反映员工真实绩效的相关数据，运用大数据的技术实现对数据的整合分析，并以整合分析的结果构建和完善车站各岗位工作人员的个人工作数据库。在数据积累的基础上，构建工作人员个体与群体画像，对人员工作效能表现进行客观、量化、多维度的描述，如工作能力、工作效率、工作投入、工作负荷等，实现对工作人员效能的感知，并能溯源影响工作人员效能的根本原因，通过数据间的潜在联系提升车站整体的管理水平。基于数据融合的车站工作人员效能感知如图 3 – 22 所示。

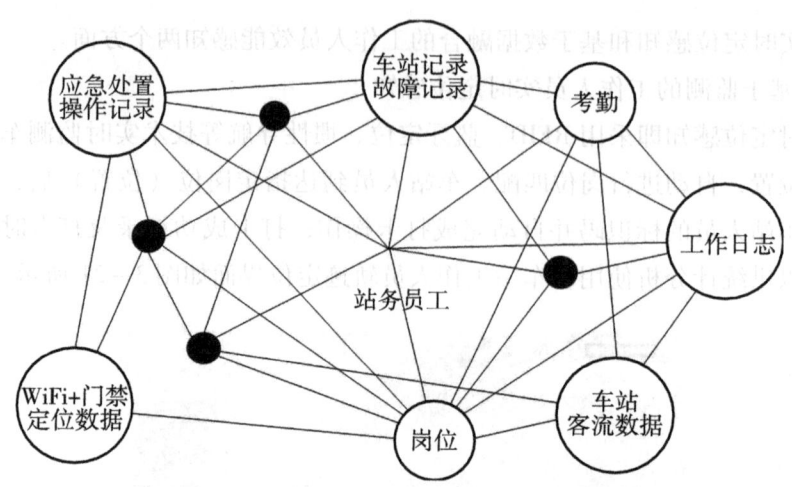

图 3-22 基于数据融合的车站工作人员效能感知

3.2 多源数据融合分析技术

数据融合是以产生智能决策为目标将多种数据源中的相关数据提取、融合、梳理整合成分析数据集（analytic dataset）。这个分析数据集是一个独立且灵活的实体，能包容多源数据，可随数据源的变化重组、调整和更新。多源数据融合作为一种特殊的数据处理手段，主要用于融合不同类别、不同结构的数据。数据融合技术实际上是人类综合处理行为的模拟与扩充，充分利用了各传感器节点的观测信息或局部决策信息，对观测对象、整个系统可能的发展方向作出估计，从而得出更为准确可靠的决策。

多源数据融合技术的目的是整合各种数据信息，融合不同数据源的特征，提取比单个数据更统一、更好、更丰富的信息。与单数据源分析相比，多源数据融合具有以下突出优势。

（1）增强分析的适应能力。多源数据有一定的冗余度，当若干数据源出现异常时，仍然可以进行降维分析。

（2）提高分析的可信性。由于有多个数据对单一指标或事件进行确认，因而可以提高分析的可信度。

（3）增加了感知空间的维数。多源数据可以描述被测对象多个互补的特征，辅助决策功能更全面。

一方面，数据分析技术一直处于快速发展阶段；另一方面，车站运行和管理过程中产生了大量的数据，数据资产丰富，具有多源异构、时空跨度大、动态多变、异质性、高度随机性、局部性和生命周期较短等特征。车站大数据应用最重要的方向是数据"加工能力"的提高。只有充分融合各类数据进行价值分析，获得能够支撑规律发现、机理分析和对策方案自动生成的数据条件，才能从系统性的角度为管理提供有效依据。

多源数据融合是未来轨道交通运营实现数据驱动管理升级的必经之路，但同时也面临巨大的挑战，不仅仅是在跨技术领域的模型研究，更在于多专业、跨纬度、强协同管理机制的设计。

3.2.1 车站业务数据类型

车站业务数据类型和数据结构均呈现多元化特征，既有静态数据，也有动态数据。静态数据包含基础车站空间数据，设施设备属性数据，管理的标准、计划等在一段时间内相对稳定的数据等。动态数据包含专业数据、客流数据、环境数据、安全数据、财务数据、资源配置信息、客运服务信息、指标数据等在时空维度上变化的数据等。

1. 车站客流数据

通过 AFC 客流采集、智能视频分析、手机信令、WiFi 嗅探、热敏传感等技术能够获取宏观和微观不同时空精度的数据，包括客流量数据、指标和乘客个体信息等。车站客流数据包括以下 3 个方面。

（1）进出站实时客流数据、累计客流数据；

（2）重要监控区域（站厅/站台/换乘通道）的客流密度、分布、流速、路径；

（3）重点监控部位（进站闸机、自动扶梯）的乘客行为分析。

2. 车站设施设备运行状态数据

车站机电设备运行状态数据包括运行状态数据、监控数据、维护数据、过程记录数据等。

（1）车站（含相邻隧道区间）通风、空调、给排水、照明、电梯扶梯、管理卷帘门等设备运行状态和故障报警信号，包括监控数据和维护数据。车站设施设备运行记录示例如图 3-23 所示。

(2) 车站消防设施设备运行状态及火灾报警信号,包括监控数据和维护数据。

(3) 站台门开闭状态及故障报警信号,包括监控数据和维护数据。

(4) 列车到发站时间信息。

(5) 车站主要用电回路和重要机电设备能耗监测数据。

(6) 系统本体设备状态及故障报警信号。

(7) 集成子系统设备状态及故障报警信号。

```
29/04/2020 08:29:32,SCADA_ATC_open_command flag is Clear,SCADA_信号系统开门命令 清除标记,2,PEDC,1
29/04/2020 08:29:32,SCADA_ATC_close_command flag is Set,SCADA_信号系统关门命令 设定标记,2,PEDC,1
29/04/2020 08:29:32,SCADA_ASD_all_open_summary flag is Clear,SCADA_所有活动门完全打开 清除标记,2,PEDC,1
29/04/2020 08:29:32,SCADA_IR_Relay_Operated flag is Set,SCADA_光幕联锁继电器动作 设定标记,2,PEDC,1
29/04/2020 08:29:36,SCADA_ASD_Closed_and_locked flag is Set,SCADA_所有活动门关闭且锁紧 设定标记,2,PEDC,1
29/04/2020 08:29:58,SCADA_ATC_close_command flag is Clear,SCADA_信号系统关门命令 清除标记,2,PEDC,1
29/04/2020 08:30:20,SCADA_ZC_Authorization flag is Clear,SCADA_ZC授权 清除标记,2,PEDC,1
29/04/2020 08:32:04,SCADA_ZC_Authorization flag is Set,SCADA_ZC授权 设定标记,2,PEDC,1
29/04/2020 08:32:23,SCADA_ATC_open_command flag is Set,SCADA_信号系统开门命令 设定标记,2,PEDC,1
29/04/2020 08:32:23,SCADA_ASD_Closed_and_locked flag is Clear,SCADA_所有活动门关闭且锁紧 清除标记,2,PEDC,1
29/04/2020 08:32:29,SCADA_Any_IR_Beam_Detection flag is Set,SCADA_某个光幕探测到物体 设定标记,2,PEDC,1
29/04/2020 08:32:30,SCADA_ASD_all_open_summary flag is Set,SCADA_所有活动门完全打开 设定标记,2,PEDC,1
29/04/2020 08:32:30,SCADA_IR_Relay_Operated flag is Clear,SCADA_光幕联锁继电器动作 清除标记,2,PEDC,1
29/04/2020 08:32:41,SCADA_ATC_open_command flag is Clear,SCADA_信号系统开门命令 清除标记,2,PEDC,1
29/04/2020 08:32:41,SCADA_ATC_close_command flag is Set,SCADA_信号系统关门命令 设定标记,2,PEDC,1
29/04/2020 08:32:41,SCADA_ASD_all_open_summary flag is Clear,SCADA_所有活动门完全打开 清除标记,2,PEDC,1
29/04/2020 08:32:47,SCADA_Any_IR_Beam_Detection flag is Clear,SCADA_某个光幕探测到物体 清除标记,2,PEDC,1
29/04/2020 08:32:47,SCADA_ASD_Closed_and_locked flag is Set,SCADA_所有活动门关闭且锁紧 设定标记,2,PEDC,1
29/04/2020 08:32:47,SCADA_IR_Relay_Operated flag is Set,SCADA_光幕联锁继电器动作 设定标记,2,PEDC,1
29/04/2020 08:33:09,SCADA_ATC_close_command flag is Clear,SCADA_信号系统关门命令 清除标记,2,PEDC,1
29/04/2020 08:33:32,SCADA_ZC_Authorization flag is Clear,SCADA_ZC授权 清除标记,2,PEDC,1
```

图 3-23 车站设施设备运行记录示例(SCADA 系统)

3. 车站环境数据

车站环境数据包括不同区域的不同类型的环境参数。比如,车站公共区温度、湿度、二氧化碳浓度、可吸入颗粒物浓度;车站设备用房温度、湿度、有毒气体浓度;车站管理用房温度、湿度、二氧化碳浓度;室外空气温度、湿度;车站公共区光照度。

4. 车站运行记录数据

车站还存有以下大量的文本数据,如车站的运行记录、车站的故障记录等。

(1) 车站的运行记录主要记录了车站内设备的工作记录,包括设备的工作时间、工作状态等。

(2) 车站的故障记录主要有设备故障的日期、时间、设备类型、设备号、故障内容、故障原因、处理情况、修复时间等。车站故障记录示例如图 3-24 所示。

（3）车站人员考勤记录、委外人员进出记录、施工出入登记数据。

（4）巡查巡更记录、人员定位数据。

（5）工作日志数据、故障报修及确认数据、投诉处理和回复数据等。

（6）运营设备操作记录等。

日期	时间	车站	设备类型	设备号	故障描述	报修人	故障原因	处理情况	修复时间	更换备件名称	备注
12月24日	7:15	***	TVM	V07	不能补币	值班员	补币箱坏	更换修复	7:30	补币箱	车站报修
1月8日	6:30	***	TVM	V11	不识币	值班员	硬币识别器坏	更换修复	6:40	硬币识别器	车站报修
1月22日	14:10	***	TVM	V11	不出币	值班员	硬币板坏	更换修复	14:30	硬币板	车站报修
12月21日	12:00	***	TVM	V01	卡硬币	值班员	硬币识别器未放到位	取出复位	12:15	无	车站报修
12月23日	7:45	***	TVM	V01	卡纸币	值班员	纸币识别器卡纸币	取出修复	8:05	无	车站报修
12月25日	20:45	***	TVM	V08	纸币找零故障	值班员	卡纸币	更换修复	21:10	无	车站报修
12月28日	8:00	***	GATE	G53	系统故障	值班员	程序卡死	重启修复	8:20	无	车站报修
1月2日	8:00	***	GATE	G51	单程票读不出	值班员	单程票读卡器故障	更换修复	8:15	无	车站报修
1月5日	14:30	***	GATE	G53	读卡器故障	值班员	读卡器卡死	插拔修复	14:45	无	车站报修
1月9日	7:10	***	TVM	V06	分币器卡住	值班员	分币器卡币	取出修复	7:30	无	车站报修
1月13日	17:40	***	TVM	V05	分币器卡住	值班员	分币器卡币	取出修复	18:00	无	巡检修复
1月16日	19:00	***	TVM	V10	分币器故障	值班员	卡硬币	更换修复	19:30	无	巡检修复
1月18日	6:40	***	GATE	G102	宽通道程序错误	值班员	程序卡死	重启修复	7:00	无	车站报修
12月24日	9:40	***	BOM	B174	无法加值	值班员	无法加值	重启设备修复	10:10	无	车站报修
12月27日	9:53	***	BOM	B175	客显屏不亮	值班员	客显屏不亮	插拔电源修复	10:21	无	车站报修
12月30日	14:15	***	BOM	B173	客显屏不亮	值班员	客显屏不亮	插拔电源修复	14:45	无	车站报修
1月1日	10:41	***	BOM	B164	无法加值	值班员	无法加值	重启设备修复	11:15	无	车站报修
1月5日	18:45	***	BOM	B162	无法加值	值班员	无法加值	重启设备修复	19:15	无	车站报修
1月10日	6:22	***	BOM	B175	客显屏不亮	值班员	客显屏不亮	插拔电源修复	6:52	无	车站报修
1月10日	8:08	***	BOM	B174	客显屏不亮	值班员	客显屏不亮	插拔电源修复	8:32	无	车站报修
1月13日	17:45	***	BOM	B162	死机	值班员	死机	插拔电源修复	18:10	无	车站报修
1月16日	13:46	***	BOM	B173	客显屏不亮	值班员	客显屏不亮	重启设备修复	14:40	无	车站报修
1月22日	8:15	***	TOC	TOC	鼠标失灵	值班员	鼠标失灵	重启设备修复	8:45	无	车站报修

图 3-24 车站故障记录示例（AFC 设备）

3.2.2 多源数据融合层次

数据融合按照在处理层次中的信息抽象程度不同，可以把融合层次大致分为数据层融合、特征层融合、决策层融合，由低到高，逐步实现数据的交互深度。

1. 数据层融合

该层次的数据融合是最低层的融合，是在对原始传感信息未经或经过很少处理基础上进行的。只有在感知终端设备采集信息具有配准性的情况下，即所检测的物理量相同，才能进行数据层直接融合，否则，数据融合只能在特征层或决策层中进行。

数据层融合的优点是可以充分利用原始信息，能够提供比其他层次更详细的信息。但是该层对信息的处理量较其他层次大，处理代价高，实时性差，而且对融合所使用的信息配准性要求很高，融合的方法较大程度上依赖于感知终端设备及采集信息的特点。该层典型的融合技术为经典的状态估计方法，如卡尔曼滤波。

2. 特征层融合

特征层的融合是指从感知终端设备原始信息中提取典型的特征信息，对多个感知终端设备的采集信息值进行特征提取，并综合为一组特征向量进行融合。该层次的融合兼备原始信息层和决策层的优、缺点，具有较大的应用范围。该层典型的融合技术主要为模式识别技术，如人工神经网络、模糊聚类方法等。

3. 决策层融合

决策层的融合是以某一目标属性为基准，对多源数据信息进行融合，以得到整体一致的决策结果，是融合中的最高层次。该层次的融合将数据信息进行了高度抽象，对原始信息采集的一致性要求大大降低，具有较好的容错性。但由于该方法需要对原始的采集信息源进行预处理，以获得初步的决策结果，因此融合信息的处理量较大。该层典型的融合技术主要有经典推理理论、Bayes 推理方法、Dempster-Shafer 证据理论、加权决策方法（投票法）等。多源数据融合层次性能比较如表 3-5 所示。

表 3-5 多源数据融合层次性能比较

比较内容	数据层	特征层	决策层
信息量	大	中	小
信息损失	小	中	大
容错性	差	中	好
抗干扰性	差	中	好
对传感器的依赖性	大	中	小
融合方法	难	中	易
预处理	小	中	大
分类性质	好	中	差
系统开放性	差	中	好

3.2.3 多源数据融合模型

数据融合模型主要包含特征提取、数据关联处理、目标识别、状态估计和评估决策等步骤，其中特征提取和分类是基础，实际融合是在目标识别和参数估计阶段完成。数据融合过程可分为两个步骤，与不同的信息抽象层次相对应。第一步是低层次处理，包括像素级融合和特征级融合，输出的是状态、特征和属性等；第二步是高层次处理，即决策级融合，输出的是抽象结果，如态势评估等。通用数据融合模型如图3-25所示。

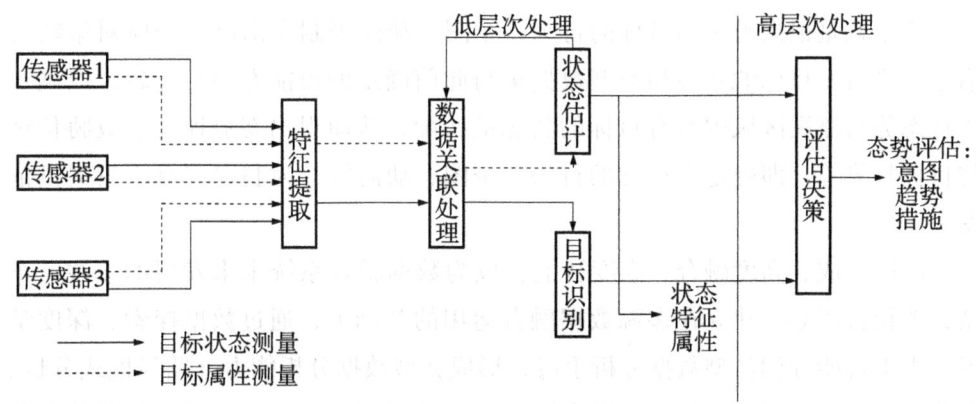

图3-25　通用数据融合模型

1. 特征提取

由于各数据信息具有一定的时间性和空间性特征，特征提取的目的是统一不同采集来源的数据信息的时间和空间参考点，即进行时间校准和空间坐标变换，以形成数据融合所需要的统一的时间和空间参考点。

2. 数据关联处理

数据关联处理或数据相关处理的作用是判别不同时间与空间的数据是否来自同一个被观测目标。每次扫描结束时，相关单元就将收集到的多个采集源的新观测值与其过去的观测值进行相关处理，利用多个采集源观测结果对目标进行估计时，要求这些观测结果来自同一个被观测目标。

3. 目标识别

根据多个采集源的观测结果形成一个多维的特征向量，其中每一维代表目标的一个独立特征。如果已知被观测目标有多个类型及每类目标的特征，则可将实测特征向量与已知类型的特征进行比较，从而确定目标的类别。识别就是目标属性的估计与比较，其估计结果建立在已知目标类别的先验知识基础上。

4. 状态估计

状态估计也称为目标跟踪。当新的采集观测结果进入融合模型后,将新的观测结果与数据融合系统原有的观测结果进行融合,根据观测值估计目标参数,如位置、速度、温度等,再进行相关处理。

5. 评估决策

决策就是根据被观测目标的行为、企图、动向等制定出己方的应对策略与措施。将所有目标的状态和类型数据集与此前确定的可能态势相比较,以确定哪种态势与监视区域内所有目标的状态最匹配,从而得出态势评定、威胁估计与目标趋势等,即确定出目标的行为、企图、动向等,为制定应对决策提供依据。

高度集成、高度融合、高度智能将成为数据融合系统未来发展的主线。车站智能化管理必然建立在多源数据融合运用的基础上,通过数据探索、深度学习、人工智能等创新型数据分析手段,形成新型数据分析能力(路径模式分析、图分析、文本分析、大数据可视化等),实现跨专业、跨部门、跨网络的信息共享和深度挖掘应用,以完成对运行、安全、监管、资源优化配置等整体态势的评估分析与预警。城市轨道交通车站智能化管理的数据应用过程如图 3-26 所示。

3.3 智能决策技术

智能决策是提升管理能力的最终表现。运营管理者以数据为依据,从数据中提取真正的价值,并准确地与业务目标关联,实现对系统状态、客流趋势、安全风险、管理绩效、服务质量等的分析、评估、判断和预测,做到循证决策、量化决策、趋势决策。智能决策技术都是结合人工智能技术形成的,除专家系统这种典型的人工智能技术以外,还有神经网络、机器学习、遗传算法以及自然语言理解等多种人工智能技术。

3.3.1 基于规则推理的决策技术

基于规则推理(rule-based reasoning,RBR)的决策技术是基于行业规则进行业务决策,这些规则来源于行业知识,用于描述特定条件下所要执行的动作,并且定义了相关动作对于数据的影响。基于规则推理决策的核心模块主要包含知识库、数据库、推理引擎，如图 3-27 所示。

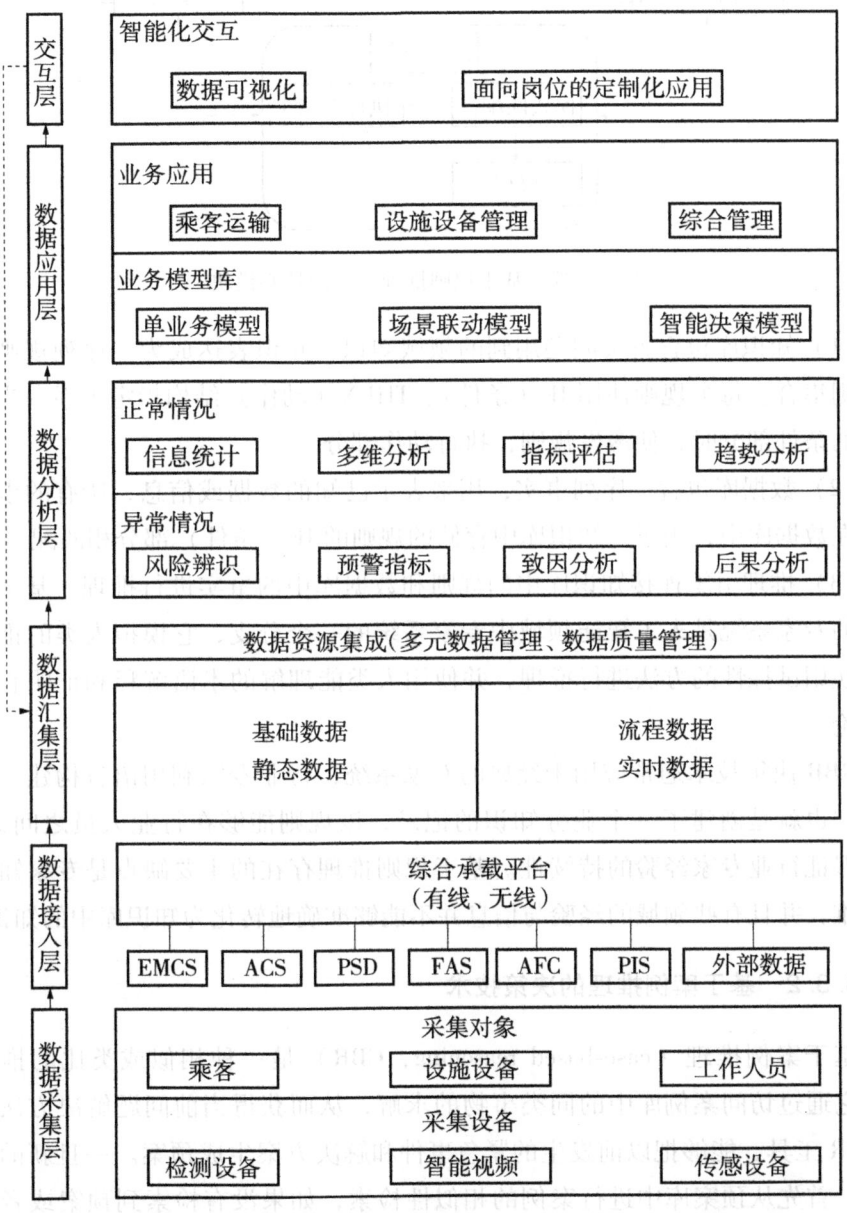

图 3-26　城市轨道交通车站智能化管理的数据应用过程

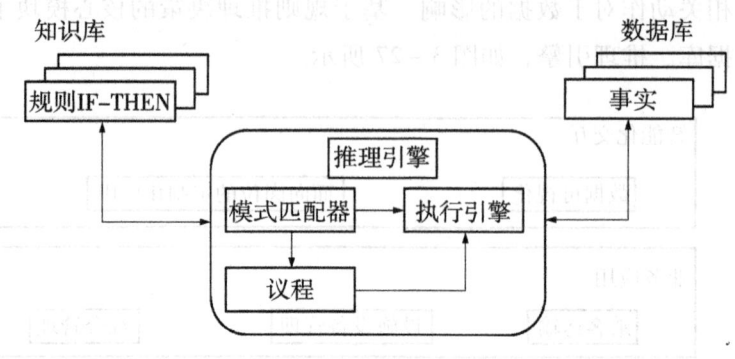

图 3-27 基于规则推理决策的核心模块

（1）知识库包含解决问题用到的领域知识，知识表达成为一序列规则，形成规则集合。每个规则使用 IF（条件）、THEN（动作）结构指定关系。当满足规则的条件部分时，便激发规则，执行动作部分。

（2）数据库包含一序列事实，用来表示已知的数据或信息，所有的事实都存放在数据库中，用于与知识库中存储的规则的 IF（条件）部分相匹配。

（3）推理引擎连接知识库中的规则和数据库中的事实进行推理。基于规则推理的专家系统是人工智能领域中专家系统的一个分支，它模拟人类的推理方式，使用试探性的方法进行推理，并使用人类能理解的术语解释和证明它的推理结论。

RBR 决策技术通常应用于经典的专家系统，行业专家利用语言构建一个规则时，也就是创建了一个业务知识的记录，该规则能够在行业人员之间共享，可以保证行业专家经验的持续性。基于规则推理存在的主要缺点是专家知识获取困难，并且有些领域的经验与信息并不能够准确地转化为知识库中的知识。

3.3.2 基于案例推理的决策技术

基于案例推理（case-based reasoning，CBR）是一种相似或类比的推理方法，它通过访问案例库中的同类事物的求解，从而获得当前问题解决方法。通过 CBR 工具，能够把以前发生的紧急事件和解决方案生成预案。一旦新的事件发生，首先从预案库中进行案例的相似性检索，如果没有检索到预案或者检索到的预案匹配度很低，再采用系统对紧急事件进行规则推理，然后把推理结果重新存入预案库。基于案例推理的基本步骤主要包括案例检索、案例复用、案例修改/调整、案例存储，如图3-28所示。

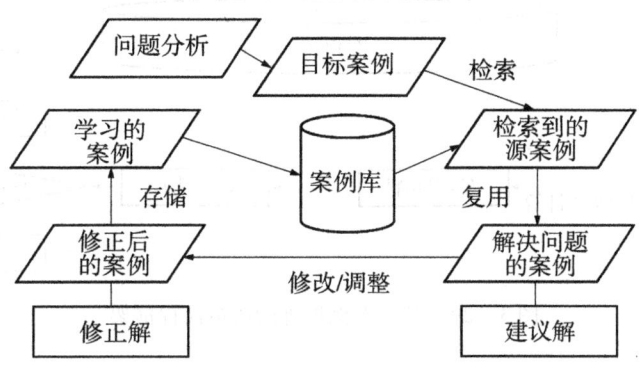

图3-28 基于案例推理的基本步骤

（1）案例检索是推理中最重要的步骤，它的主要任务是计算案例库中的历史案例与问题案例的匹配程度，从而获得与新问题最相似的可参考历史案例。当目标案例出现类似问题时，需要依据案例特征属性和检索算法从案例库中检索出和目标案例相似度最大的案例，依据案例库中可选案例的决策方式为目标案例的决策提供参考。通常这个过程由识别、引用、匹配、选择4个步骤来实现。在检索之前一般通过聚类分析缩小案例索引范围，然后按照一定相似度算法，找到和目标案例在特征属性上最为接近的源案例，为目标案例决策提供依据。

（2）案例复用指在获取的案例中复用相似案例的解决方案来解决新问题。案例复用可以是拷贝相似案例的解决方案，或者通过分析相似源案例对象的信息，来判断它与目标案例之间的不同，适当地调整后再复用历史源案例的相关部分。

（3）案例修改/调整指当通过案例复用过程得到的解决方法不适用实际情况时，需要采取一些方法修正案例中部分内容，使修改后的案例能适应实际需求。

（4）案例存储指对目标案例进行归纳，录入案例库，增加案例库的多样性，为提高案例库的检索价值奠定基础。无论案例执行结果成功或失败，都可以积累经验和教训。

根据案例推理的基本步骤，应用于决策辅助时，基于案例推理的决策流程框架如图3-29所示。

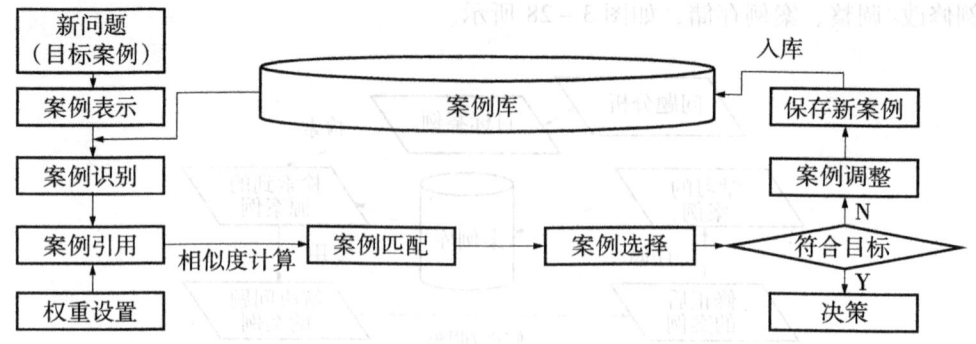

图 3-29　基于案例推理的决策流程框架

推理需要知识，不同的推理方法需要的知识是不同的，CBR 需要的是历史经验，RBR 需要的则是领域专业知识。在某些领域中，规则知识难以获取，或者没有规则，如故障诊断领域，这时规则推理就失去作用。在一些没有成熟规则知识的领域，RBR 应用于决策支持有一定的难度，CBR 在这些领域则得到较为广泛的应用。与 RBR 相比，CBR 具有以下优点：

（1）CBR 的知识是过去发生过的案例，知识比较容易获取，可以建立较为丰富的知识，适用于没有模型的领域；

（2）CBR 是从案例库中检索出相似案例，推理方法简单，实现起来简单；

（3）案例库可以不断增长，即使仅有少量案例，案例推理系统也可以运行；

（4）案例推理具有学习能力，在推理失败时，通过手动加入规则或者通过自学习获得规则，可总结失败经验，提高后继的推理能力。

3.3.3　基于数据驱动的决策技术

随着智能化和数据时代的到来，对于知识的获取已经不完全依赖于专家经验，可以从数据出发，挖掘得到数据背后的价值信息，用数据来驱动决策。数据驱动是利用各种数据采集手段获取到数据，再将数据加工组织转化为信息，将信息进行分析、整合和提炼，最终训练生成能够自动决策的模型的过程。

基于数据分析深度的应用层次来看，数据驱动由浅入深分为监测—分析—挖掘—赋能 4 个层次，如图 3-30 所示。就决策而言，分析和挖掘是决策的依据，赋能是决策的指引。

第3章 城市轨道交通车站智能化管理的关键技术

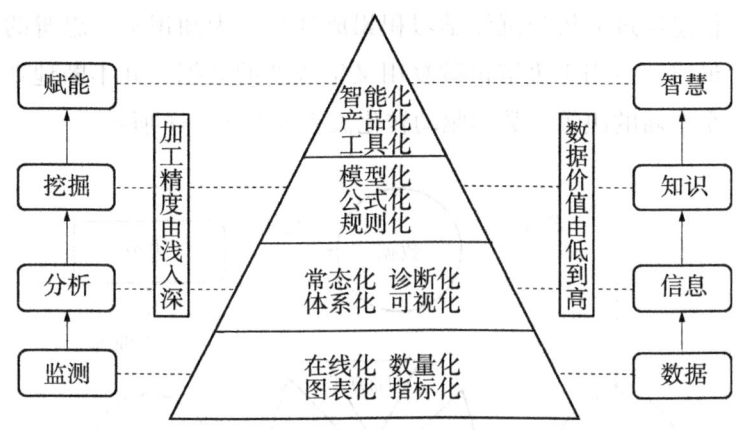

图3-30 数据驱动层次

（1）监测是数据驱动的最浅层次，即用数据记录实际发生的事实，将客观世界数字化和互联网化。这个层次的数据通常以原始的、粗粒度的形式（如数据包、日志等）呈现，数据的价值未被充分发掘出来。这个层次对应的关键词有指标化、数量化、在线化、图表化。

（2）分析指利用各种分析工具进行有限数据的加工。在这个层面上，业务主体能利用数据开展常态化的、有一定思维框架的数据分析，通过数据诊断问题、发现问题，运用数据可视化技术来展现数据分析的结果。这个层次对应的关键词是常态化、体系化、诊断化和可视化。

（3）挖掘指在分析的基础上更前进一步的深度数据加工处理。在这个层面上，业务主体已经能游刃有余地利用一些复杂算法对数据进行深度加工和处理了，比如利用经典的机器学习算法建立数据挖掘模型等。此时，数据的价值能得到较为充分的挖掘和释放。这个层次对应的关键词是模型化、公式化和规则化。

（4）赋能是数据驱动的最深层级，也是最能体现数据价值的层级，即"赋予之具备某种能力"。数据在此阶段真正成为一种生产要素融入实际业务中，为业务运营注入新鲜血液和强劲动力。数据分析服务、数据建模和挖掘的过程将实现全面的自动化、标准化，数据经过程序化的加工后能形成各种数据产品和智能工具，能大大提高人们的洞察力和决策力。此时，数据已经不止于数据，数据的价值得到空前的放大。这个层次对应的关键词是智能化、产品化和工具化。

数据驱动是一个闭环过程，通过为数据建立索引，以消除不确定性为目的生成信息，信息经过分析与沉淀学习积累成知识，为知识赋予思辨的能力并转化为智慧，最终智慧用于决策再被复用又生成新的数据，并不断地迭代，螺旋上升完成一个个新的决策。数据驱动转化流程如图3-31所示。

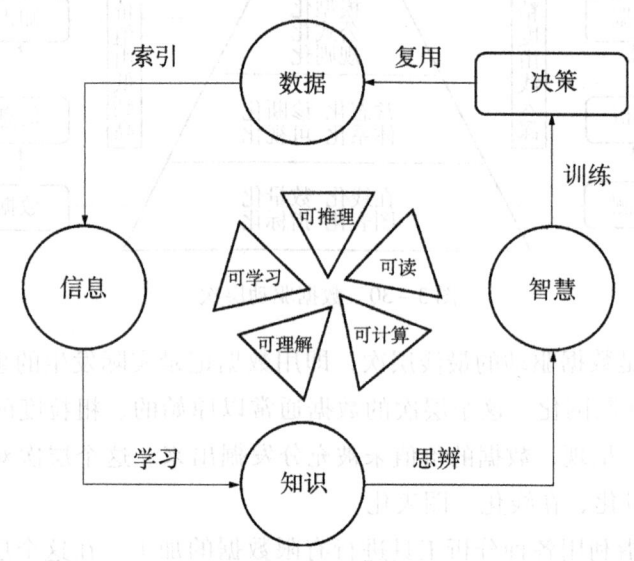

图3-31 数据驱动转化流程

数据的采集、管理、分析以及可视化是数据驱动的重要组成部分，这几个部分贯穿整个数据驱动流程。

（1）数据采集即数据获取，是指从特定数据生产环境获得原始数据的过程。数据采集无论是从技术上还是采集数据内容上都得到了极大的丰富。智能化数据环境自适应的数据采集技术在各个领域的研究与应用都已经取得了一定的进展；数据采集内容也从传统的单纯数值形式，增加到包含文本、图像、视频等多种形式。

（2）数据管理主要是指应用计算机软硬件技术实现数据的有效收集、储存、处理和应用。大数据时代，面向数据应用的数据管理方式取代了传统的人工管理、文件系统、数据库系统等形式的数据管理。同时，数据管理对象不仅包括流程、表单和项目等，元数据、档案、日志等也成为数据管理的基本对象。

（3）数据分析是数据驱动的核心步骤，是根据数据应用场景需求，对数据加以详细研究和概括总结的过程。数据分析决定了数据所发挥的价值的大小。

传统的统计分析、数据挖掘等数据分析方法，已无法适应大数据分析的需求。大数据分析面临着新的挑战，数据量的不断增加必然带来数据价值的增加，但也会增加数据中的噪声，这就需要在数据分析之前对数据进行预处理，清洗掉噪声数据。大数据的预处理工作是一个十分具有挑战性的任务，对硬件和软件都是极大的考验。同时，大数据的分析强调实时分析，对算法和算力都提出了新的要求，算法也需要不断更新迭代。

（4）数据可视化是利用人脑智能和人眼的感知能力，实现对数据的交互式可视表达，将难以直接显示的数据转换为图形、符号等，高效传递有用信息。通过这种数据视觉表征的方式，将数据中隐藏的信息，包括信息的各种属性，以某种概要形式展现出来。

基于通用的数据驱动决策流程，针对车站智能化管理构建数据驱动管理的一般性模型，车站数据驱动的决策流程如图3-32所示。通过数据采集、预处理、整合等数据标准处理程序，根据业务需求建立深度分析模型，形成不同预设功能的数据结果来指导现场业务开展，或辅助业务管理决策。在此过程中，数据驱动还以一条隐秘的主线拓展管理决策的边界，单纯从大数据挖掘的角度进行探索性数据分析，对一些指标或结果给出提示性信息，为管理决策提供更丰富的信息来源。车站设施设备管理数据驱动模式要发挥大数据的创新价值，满足系统性、精细化、动态化的管理需求，引领自动运行、自主决策趋势，仍然需要在实时数据、联动模型、数据-业务互动机制等重要方面有所突破。

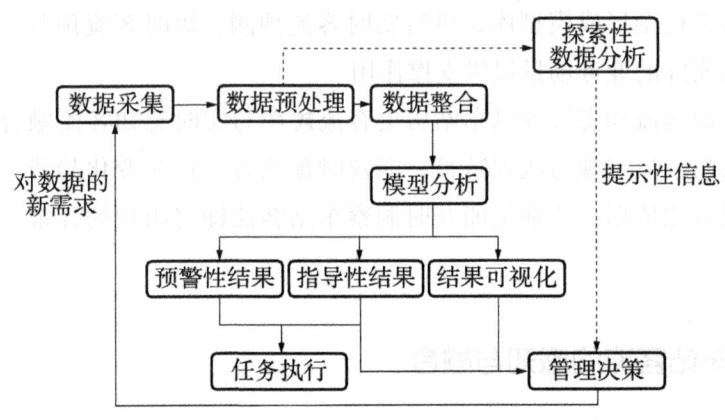

图3-32 车站数据驱动的决策流程

第4章 基于多源感知的城市轨道交通车站客流动态管理

客流是车站运营管理的重中之重。整体而言，常规的车站客流管理仍然比较粗放，主要根据对 AFC 系统进出站客流历史数据的分析来制订车站客流管理计划；对于车站内部各区域客流的管理，主要是以长期经验为依据，进行不同时段客流管控。车站客流的智能化管理趋势主要是基于量化评估预测的精细化客流管理和基于实时感知的动态化客流管理。

随着感知技术和智能化技术的快速发展，在客流多维感知方面，智能视频分析、手机信令、WiFi 嗅探等技术能够更直观、全面地感知车站内部客流总量、不同区域客流密度分布及发展态势，增强了客流感知的实时性和精准度，为客流日常组织和实时预警提供了更丰富的数据基础。

车站精细化客流管理利用各类技术采集的数据进行深度挖掘与融合。基于乘客出行行为数据、进出站时间、位置数据等微观、宏观特征详细深入地剖析客流规律，构建针对不同类型的出站、入站客流流向，根据实际的业务和主题构建各种客流模型形成模型库，进行实时客流预测、短时客流预测、中长期客流预测，为实际的业务场景提供支撑作用。

车站实时客流动态管理以车站历史客流规律与实时感知客流融合分析为基础，掌握实时客流宏观与微观特征，能及时预测客流短时变化趋势，为车站客运组织提供量化依据，特别是能及时洞察车站客流即将出现的异常，作出快速应急响应。

4.1 车站客流的感知与融合

车站客流数据的实时精准感知是车站进行客流处置决策的基础。对于车站这一复杂封闭环境，客流信息类型复杂多样，包括车站各区域的行人流量、密度、速度以及个体的走行轨迹。传统模式对车站客流信息的采集主要以 AFC 数据为主，对区域客流的感知主要以历史经验和视频监测为主，客流感知的精细化和精确度不足。数据驱动模式下对客流感知的实时性和精细化程度提出了更高的要求，需要从中观甚至微观个体角度捕捉乘客出行轨迹，实时精确地采集各区域客流数据，并从个体轨迹入手把握车站客流变化趋势，为客流的精细化分析提供有力支持。客流实时感知需求如表 4-1 所示。

表 4-1 客流实时感知需求

客流数据来源	AFC、WiFi 嗅探数据、视频监测数据
客流感知数据	客流量、密度、速度、时空轨迹
客流感知维度	分区域、分方向、分上下行
客流感知水平	实时动态监测
客流感知粒度	多粒度：30、15、5、3、1 分钟

4.1.1 客流感知的主要内容

对车站客流安全状态信息的准确获取和客流变化趋势的准确判断是提升车站运营效率和安全的关键。客流感知的主要内容包括客流量、客流密度、客流移动速度、乘客移动轨迹和客流异常状态等。

1. 客流量

客流量是指单位时间内通过某一点（某一横截面）的总人数。客流量既是车站客流吞吐能力的指标，也是客流集散安全的指标。

为了保证客流的正常集散，需要保证某区域客运服务设备的流量小于该设备的通行能力，不同客运服务设备之间的通行能力应该相互匹配。当设备或者区域的流量大于其通行能力时，大量乘客聚集得不到疏导，将不可避免地出现排队现象，客流通过效率随之下降，行人整体缓慢前进，安全风险开始出现。客流的监测和采集，一般应该布置在不允许乘客长时间停留的客运服务设备及区域，如车站的出入口、楼扶梯、通道、站台以及列车车门等位置。

2. 客流密度

客流密度即单位面积上的平均乘客数量，一般用区域人数与区域面积的比值表示，也可以用某一区域中乘客所占面积与整个区域面积的比值表示。其中区域面积通常指水平投影面积，单位可用人/m^2表示。客流密度一般用于反映乘客需要停留或等待的设备或服务状态，例如站台、列车内、安检区域、闸机区域、楼扶梯区域、自动售票机前等。

3. 客流移动速度

客流移动速度是指形成客流的乘客个体平均速度，单位可用 m/s 表示。高密度人群不意味着一定会发生客流踩踏事故等风险事件，但高密度拥挤且出现速度的突变，则极易引起踩踏事故，如果出现客流速度的巨大波动，可能会引发安全风险。

4. 乘客移动轨迹

乘客的移动轨迹信息，是指乘客在轨道交通网络内部途经点的时空信息集合，可以体现乘客在站内的走行、网络中换乘等过程。站内走行轨迹是指乘客在车站内途经的节点和设施设备的时空集合，是研究站内乘客微观出行行为的基础，也可以作为分析客流安全状态的关键基础。

5. 客流异常状态

客流异常状态监测的主要对象包括乘客个体、乘客群体和环境三个方面。正常运营状态下，针对车站可能出现的乘客个体异常，包括乘客摔倒、区域逗留时间过长、剧烈运动等情况进行监测；针对车站群体，对群体出现的区域人数异常、滞留、拥挤、踩踏等情况进行监测；针对车站环境，对环境空间中可能出现的影响乘客安全的风险隐患，如异物侵袭、火灾等异常情况进行监测。

4.1.2　客流感知的主要区域

1. 出入口

出入口是衔接城市轨道交通系统和外部交通的纽带，是乘客从外界进入城市轨道交通系统的起始点，也是城市轨道交通与其他交通出行方式的接驳点，是大量客流产生、聚集、消散的关键节点。

出入口处容易引发客流安全风险，一方面是由于乘客在快速到达目的地的心理驱动下，希望快速进出站，尤其是高峰时段，容易忽略安全风险；另一方面，出入口是外部开放空间向车站内封闭空间过渡的位置，通行能力在出入口位置被快速限制，容易导致人群排队和拥挤。影响出入口客流安全状态的指标是进站客流量和出入口客流密度，须密切监测出入口的客流集聚和异常状态，避免因客流拥挤或突发事件引发的安全风险。

2. 站内通道与重要服务设施

通道是乘客进出站或者换乘另一线路的走行区域，主要包括进出站通道和换乘通道两种类型。通道的导向性强，易于疏导与组织。在站内通道中布设有各种面向乘客服务的重要设施，比如自动扶（电）梯、楼扶梯、闸机等。

对于进站通道，通道内的客流密度与乘客的到达规律密切相关，也与通道的前后衔接设施有关。如楼扶梯处，由于乘客在此处通行速度较慢、拥挤严重、可控性弱，容易成为整个通道通行能力的瓶颈。因此，进站通道应重点监测楼扶梯设施起终点处的客流密度和速度。对于出站通道，出站流量具有一定的周期性，此周期随着列车的到达时间间隔而改变。此外，站台上下行方向列车到达时间存在时间差，当时间差较小时，两趟列车的出站客流在出站通道形成合流，通道的客流密度变化较大。因此，出站通道应重点监测站台出站设备、楼扶梯入口处及出站闸机处的流量和密度。

对于换乘通道，存在单向换乘通道和双向换乘通道两种类型。单向换乘通道对不同换乘方向的乘客实现空间上的分流；双向换乘通道内，双方向的乘客是混行的，会产生对向走行的客流，当换乘站衔接两条线路的列车同时到达时，两个换乘方向的客流在换乘通道内形成交织。由于换乘通道的流量可控性差，必须重点监控，因此，需准确获取换乘通道内的客流流量、密度及速度。

3. 站台

站台作为乘客上下车和临时候车的场所，是出行的关键节点。站台上的客流状态变化主要受乘客到达站台客流量和列车到发时刻的影响。乘客在站台上的行为很容易受到与其邻接的楼梯、扶梯等设施的影响，也是轨道交通系统客流运动最复杂的场所。根据站台客流监测的需求，站台需要监测的内容包括站台的客流密度、站台乘客走行速度、上下车人数、站台滞留人数和时间等。

（1）站台的客流密度。站台的客流密度是衡量站台客流拥挤程度最关键的指标。特别是无屏蔽门的站台，在高峰时段，候车人数多、密度大，在乘客候车过程及上下车过程中，极易发生危险。因此，需获取站台候车区客流密度指标，为客流组织及安全应急工作提供及时、准确的信息。为及时有效地辨识站台客流的危险多发地点，实现站台重点区域的智能监控和站台客流密度的动态监测，需获取站台乘客的行为特征及站台客流的分布规律，以便于优化等候区客流密度采集的采集技术、采集地点和采集方案。

（2）站台乘客走行速度。站台乘客走行速度是衡量站台拥挤程度的一个重要指标。在密度较低时，人们以期望速度行走，平均速度在 1.2～1.5m/s 之间。随着密度的增加，走行速度随之降低，当人群密度在 1.5～4 人/m^2 之间时，速度曲线变得较为平缓，人群自由速度变为堵塞流。当人群密度达到 4 人/m^2 时，随着密度的继续增大，人群会停滞不前，速度下降为 0。因此，可以通过监测速度判断人群的密集程度，当数据显示人群速度逐渐减小，达到一定的阈值时，则可能发生因人群密集所致的事故。

（3）上下车人数。上下车人数是指一趟列车在该站上车人数和下车人数。上下车人数是研究乘客上下车行为的重要参数，也是研究列车运输能力与客流需求匹配的重要依据。

（4）站台滞留人数和时间。站台滞留人数指在列车车门关闭时，无法上车的乘客人数以及排队人数，它反映当前站点客流密度及列车的满载率。站台滞留人数可以通过统计客流密度的变化情况得到，分析各行车间隔组成的时间周期内最小的客流密度对应的客流人数，即为滞留人数。滞留时间长短是反映客流在站台停留时间的关键指标，反映了列车运输能力与客流需求的匹配程度。站台滞留时间决定了乘客的滞留次数，滞留次数往往更能体现列车能力与站台客流的匹配程度，滞留次数越多，表明列车的能力与站台需要上车客流的需求差异大，需要重点关注。

4.1.3 基于 AFC 数据的融合感知

AFC 系统的客流数据是城市轨道交通客流分析的主要数据来源，也是目前最成熟可靠的数据来源。AFC 数据记录了每位乘客在城市轨道交通内出行 OD 的时空信息，但其具有一定的"模糊性"。虽然通过 AFC 数据可以直接推出每位乘客的旅行时间和 OD 起讫点，但无法直接推出旅行时间各时间成分，包括进站走行时间、乘车时间、换乘等待时间等。当一组 OD 在网络中存在多条路径时，也无法识别唯一的出行路径，因此，必须辅以相应的数据融合技术，利用轨道交通系统内其他数据源，提升数据精度。AFC 数据与相关数据的融合如图 4-1 所示。

第4章 基于多源感知的城市轨道交通车站客流动态管理

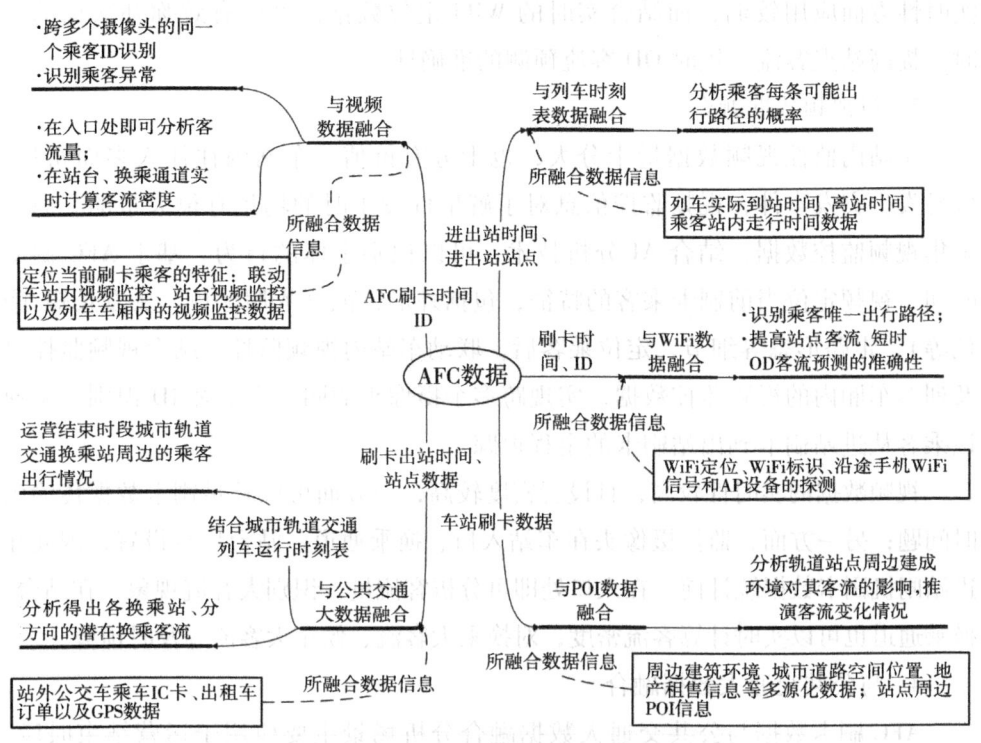

图4-1 AFC数据与相关数据的融合

1. 与列车时刻表数据融合

对于一条AFC数据记录来说，如果该记录的OD间存在多条出行路径的情况，这些出行路径都可能是乘客的实际出行路径，但每条出行路径作为实际出行路径的可能性会有差异，具有不同的概率。AFC进出站时间、进出站站点结合列车时刻表记录的列车实际到站时间、离站时间，以及乘客站内走行时间数据，可以分析乘客每条可能出行路径的概率，其中概率最大路径即为满足进出站时间、站点约束的最有可能的出行路径。

2. 与WiFi数据融合

指定空间范围的客流数量统计，AFC数据可以作为WiFi数据样本覆盖率的有效验证。由于WiFi数据在统计层面的准确度取决于开启WiFi信号的手机设备数量以及AP布点的位置，因此，在采用WiFi数据研究时更应关注的是随时间的实时变化，以便有效识别异常的趋势。

另一方面，基于刷卡数据上传过程存在半小时及以上不等的延时，因此在实时性方面应用较弱，而结合实时的 WiFi 定位数据，可以有效弥补数据的延时，提高站点客流、短时 OD 客流预测的准确性。

3. 与视频数据融合

车站内监控视频数据量十分大，也十分有价值。车站内往往人多而密集，极易发生突发事件，视频监控信息对了解事件发生时的场景有很大帮助。通过采集视频监控数据，结合 AI 分析技术，可以识别个体的行为。基于 AFC 刷卡时间，视频定位当前刷卡乘客的特征，包括外形特征（衣服颜色、头发长短/颜色等）、走路形态等细节，定位乘客后，联动车站内视频监控、站台视频监控以及列车车厢内的视频监控数据，实现跨多个摄像头的同一个乘客 ID 识别，实现该乘客从进站刷卡到出站刷卡的全程追踪。

视频数据的实时性较高，且设置密度较高，一方面可以补足刷卡数据传输延时问题；另一方面，监控摄像头在车站入口、换乘通道、站台均有设置，因此在进站闸机刷卡数据统计前，在入口处即可分析客流量，识别大客流现象，在站台、换乘通道也可以实时计算客流密度，对换乘大客流、候车大客流等及时预警。

4. 与公共交通大数据融合

AFC 刷卡数据与公共交通大数据融合分析场景主要应用于运营结束时段。在运营结束时段，线网中 OD 间出行路径的可达性会随时间的推移不断减小，常会导致乘客虽然能够在起始站购票进站，却无法在换乘站成功搭乘后续线路列车到达目的地完成出行的情况，从而引发一系列的服务投诉，降低了轨道交通服务水平。

当在换乘站乘客无法搭乘末班列车时，只能出站选择公交、出租车等交通方式到达目的地。因此基于刷卡出站时间、站点数据，结合站外公交车乘车 IC 卡、出租车订单以及 GPS 数据，可以得到运营结束时段城市轨道交通换乘站周边的乘客出行情况，并结合城市轨道交通列车运行时刻表，分析得出各换乘站、分方向的潜在换乘客流。基于潜在客流需求，对运营结束时段的列车运营计划进行协调优化，提升运营服务水平。

5. 与 POI 数据融合

POI（point of interest）通常称作兴趣点，泛指互联网电子地图中的点类数据，包含名称、地址、坐标、类别 4 个属性，涵盖兴趣点周边建筑环境、城市道路空间位置、地产租售信息等多源、多维度的数据。AFC 刷卡数据结合站点周边 POI

信息,分析车站周边建成环境对其客流的影响,推演客流变化情况,可为轨道交通客流预测方法优化和轨道交通车站周边项目发展等提供依据和支撑。

4.1.4 基于微观数据的融合感知

热敏传感技术、智能视频分析技术、WiFi 嗅探技术、蓝牙定位技术、手机信令技术等感知技术可以实现对车站客流微观层面的感知。对客流更精细化的感知对接自动旅客捷运(APM)系统、ATS 系统、乘务管理系统、运管平台、地理信息系统(GIS)信息、CCTV 系统等专业系统,可以为城市轨道交通各系统提供针对性更强的客流数据基础。以下从数据层、特征层和决策层三个层级解析微观多源数据逐层融合。不同层次微观客流数据融合框架如图 4-2 所示。

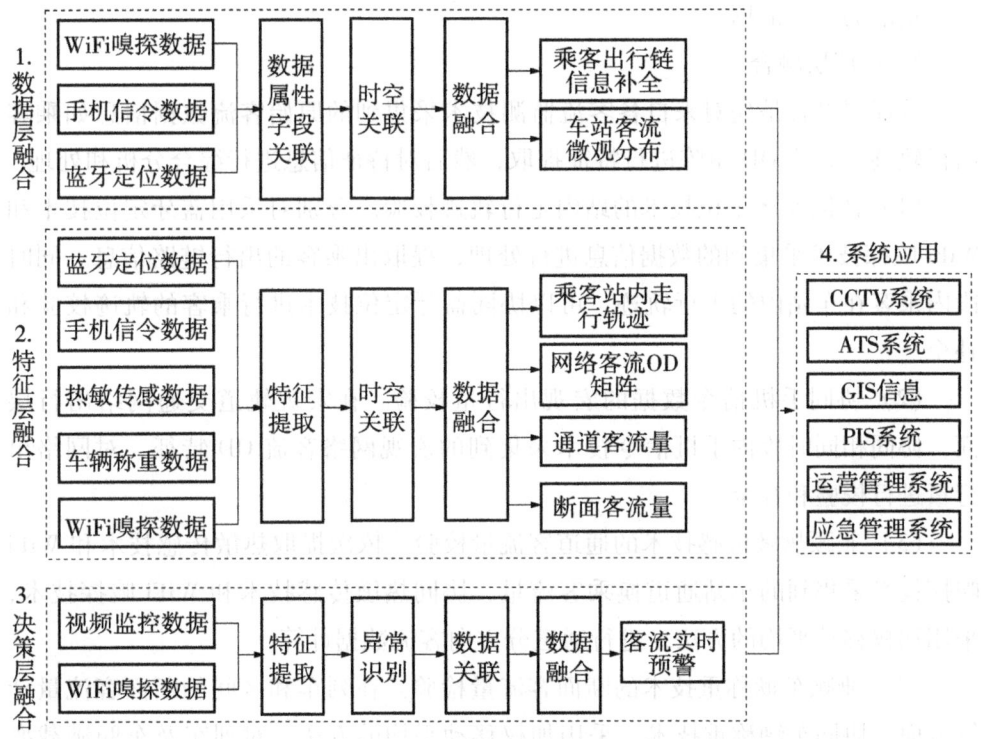

图 4-2 不同层次微观客流数据融合框架

1. 数据层融合

数据层融合是直接在采集到的原始数据层上进行融合,即在各种客流监测技术采集到的原始客流数据未经预处理之前就进行数据的综合分析。这种融合方式，需要在数据采集源的属性字段中能够找到不同采集源之间的相关联属性字段。基于通信技术的微观客流采集技术如蓝牙定位技术、WiFi嗅探技术和手机信令技术，在采集到的数据字段中可以通过特定的认证识别码进行关联，具备进行数据层融合的条件。

（1）乘客出行链信息补全。乘客出行链路的还原，一直是客流微观分析的难点，通过数据级层面的数据融合，能够识别出乘客从进站到出站，特别是换乘乘客的完整链路，并精细化匹配到车站的出入口。

（2）车站客流微观分布。车站客流的分布是评估车站设施设备运用的重要依据，目前基本还是以仿真手段来模拟车站客流的分析。通过对微观乘客出行链路的还原，还可以聚类分析不同车站区域的客流量，为车站各业务管理提供实时精准的客流依据。

2. 特征层融合

特征层融合是先对来自各客流监测技术采集到的原始客流数据信息如乘客出行轨迹、客流OD矩阵进行特征提取，然后对特征信息进行综合分析和处理。

（1）协同蓝牙定位技术的站内走行轨迹校验。分别对采用蓝牙定位技术和WiFi嗅探技术采集到的数据信息进行处理，提取出乘客的出行链路信息。同时段内乘客在车站内的走行轨迹，可以协同蓝牙定位技术进行乘客的轨迹校验和补全。

（2）协同手机信令数据的宏观出行量校验。在宏观轨道交通网络出行层面，协同相同时段内手机信令技术采集到的宏观网络客流OD特征，对网络出行量进行校验和补全。

（3）兼顾热敏传感技术的通道客流量校验。依次提取热敏传感技术和WiFi嗅探技术采集到的车站通道换乘客流量，协同热敏传感技术和WiFi嗅探技术，采用加权移动平均的方法，进行通道分方向客流数据计算。

（4）兼顾车辆称重技术的断面客流量检验。在列车和区间的断面客流量计算方面，协同车辆称重技术，采用加权移动平均的方法，对列车及车厢满载率进行协同计算。

3. 决策层融合

决策层融合是一种高层次的融合，它以具体决策问题的需求为导向，基于WiFi嗅探技术等微观检测技术，充分利用从检测对象中提取出来的各类特征信息,如客流量、OD 矩阵、客流密度、客流速度、走行轨迹,采用关联处理方法进行决策层融合以实现地铁运营决策,主要应用场景体现于客流实时预警。协同视频监控技术的客流实时预警,采用人工智能算法,如神经网络算法、支持向量机算法等,构建视频数据与地铁运营异常事件之间的映射关系,实现客流预警决策的智能输出。

车站实时客流管理的重点是防范车站大客流风险。车站大客流具有典型的时空聚集性,大客流的演变实质上是每位乘客在网络上运动过程以及乘客与列车交互影响的结果。获取实时、准确和全面的客流出行时空数据可分析乘客出行规律,准确把握客流实时分布状态,预测未来时段客流趋势,是提高协同管控决策时效性和有效性的基础保障。客流时空数据同时具有乘客出行时间和空间属性,传统 AFC 数据仅记录了乘客 OD 和进出时刻,随着 WiFi 嗅探、视频监控、手机信令等新技术的应用,乘客的微观出行时空过程能够从不同粒度、层面和视角得到记录。客流微观时空数据具有个体连续、精准刻画、广域观测和实时反馈等优点,蕴含着丰富的语义信息,为精准化的客流状态评估和预警提供了新的技术手段。

4.2 车站客流风险实时预警及处置

从车站客流精细化管理的角度出发,车站客流实时预警要素可以从时间、空间、位置、对象和内容 5 个方面进行分析,如表 4-2 所示。

表 4-2 车站客流实时预警要素

时间	空间	位置	对象	内容
早晚高峰时段、平峰时段、大型活动的进场和退场高峰、突发事件发生时	站外	出入口	客流密度、异常行为、身份特征	乘客到达特定出入口的数量和时刻
	站内	站台	客流量、客流密度	车站客流不断聚集,预计发生大客流的具体时刻、位置和等级
		楼扶梯	客流密度、客流流速、排队长度	
		安检、闸机	客流密度、排队长度	
		站厅、通道	客流流向、客流密度、客流流速、异常行为	

为满足大客流预警的需求，轨道交通需要建立综合实时客流监测体系实现对客流的检测和监视，以系统化的方式选择适用的检测技术，并实现多种检测技术的有效集成，满足多样化客流监测需求。车站不同的区域，包括站台、站厅、换乘通道等，根据不同区域客流指标，选择不同的检测技术。

4.2.1 客流预警指标

根据客流预警的预警对象、适应场景及指标特征，将客流预警指标划分为承载能力指标、设施设备能力指标、安全性指标和波动性指标4类，如表4-3所示。

表4-3 城市轨道交通客流预警指标及适应条件

指标类型	预警对象	指标特征	适应场景
承载能力指标	车站预警	车站客流聚集量	整体车站报警
设施设备能力指标	设施设备预警	客流参数指标（客流量、客流密度、客流速度）、高密度持续时长、通行效率	拥挤监测
安全性指标	设备预警	速度变化率、高密度辐射范围、人群压力	踩踏事故监测
波动性指标	设备预警	密度变化率	突发客流监测

1. 承载能力指标

承载能力指标属于车站整体拥挤水平或安全水平的指标，反映了车站的客流聚集量，由于站台上下车处监测困难，实际很难获得准确的车站乘客聚集量，因此该指标属于预测性预警。

2. 设施设备能力指标

设施设备能力指标反映了单个设备上的客流状态，过高的密度、过低的速度均反映了客流的异常状态。客流参数指标反映了单个设备的能力利用情况，对设备设施流量的监测，不仅要考虑入口断面流量，还要考虑出口断面流量，二者的差值可以反映设备的实际客流占用状况；由于瞬间高密度和持续高密度对车站设备的影响有很大区别，因此，将高密度持续时长作为监测指标，该指标也能够支持决策人员对瞬间高密度报警是否需要处置进行进一步确认；通行效率反映潜在的乘客拥挤，其定义是乘客实际速度与期望速度的比值，其取值

范围为 [0，1]，该值越接近 1 表明通行效率越高。

3. 安全性指标

安全性指标主要反映拥挤造成踩踏事故的可能性。在拥挤的人群中出现速度的突变极易引起踩踏事故，这主要由速度变化率来描述。高密度辐射范围则从拥挤的规模上反映了人群的安全性，大规模的高密度人群比小规模的高密度人群更易引起事故的发生。

4. 波动性指标

波动性指标反映了客流规模随时间的变化情况，持续监测车站出入口等区域的密度变化率，可以比较准确及时地判断突发大客流的产生，从而触发突发大客流预警，这对启动大客流预案，保证车站的安全运营具有重要意义。

车站内主要服务设施的服务水平量化分析可以直观地反映车站重要区域的局部客流量的状态和发展趋势。比如，用行人密度和单位宽度流率在楼梯通道和步行通道服务水平的阈值来定义客流拥挤指数。不同客流拥挤指数对应的楼梯通道、步行通道及排队和候车区的服务水平如表 4-4 所示。

表 4-4　不同客流拥挤指数对应的楼梯通道、步行通道及排队和候车区的服务水平

客流拥挤指数	楼梯通道服务水平		步行通道（进出站口）服务水平		排队和候车区服务水平
	行人密度/(人·m^{-2})	单位宽度流率/(人·m^{-2}·min^{-1})	行人密度/(人·m^{-2})	单位宽度流率/(人·m^{-2}·min^{-1})	行人密度/(人·m^{-2})
A	≤0.71	≤23	≤0.43	≤33	≤1.11
B	0.71~1.11	23~33	0.43~0.71	33~49	1.11~1.43
C	1.11~1.43	33~43	0.71~1.11	49~66	1.43~3.33
D	1.43~2.50	43~56	1.11~2.00	66~82	3.33~5.00
E	>2.50	变量	>2.00	变量	>5.00

4.2.2　客流预警方法

目前针对客流异常的严重程度、采取紧急预案的时机和等级的判断通常取决于工作人员的工作经验，既缺少对客流趋势的准确把握又缺乏统一的量化决策标准。如果无法准确有效地监测和确定客流异常值，当车站客流激增时可能会扰乱城市轨道交通的正常运营，不仅会降低客流组织策略的合理性和灵活性，

还会因没有及时从源头上解决客流异常事件而引发严重的安全事故。因此，客流动态分级预警需要解决的关键研究问题如下。

（1）依据增量更新的客流时空序列聚类特征，设计出一种能够实时识别出异常发生时刻、位置和严重程度的客流分级预警方法；

（2）从主动安全管理和出行效率的角度，设计出与客流管控策略相匹配的客流异常监测量化指标、分级报警组合指标集合及阈值。

因此，客流预警有客流异常识别与客流风险评估预警两个过程。通过多维度的客流预测及组合模型和算法，根据实时客流数据对下一时间粒度下的客流状态进行预测并根据相关指标进行预警，对于及时发现车站潜在客流风险、及时采取客流控制措施、降低车站大客流风险具有重要的意义。

4.2.2.1 车站实时客流异常识别

从车站客流数据中提取出历史特征，可以完整、客观地反映车站客流在时间上的常态波动规律，是客流异常识别的对照基础。车站客流数据历史特征提取总体流程如图4-3所示。

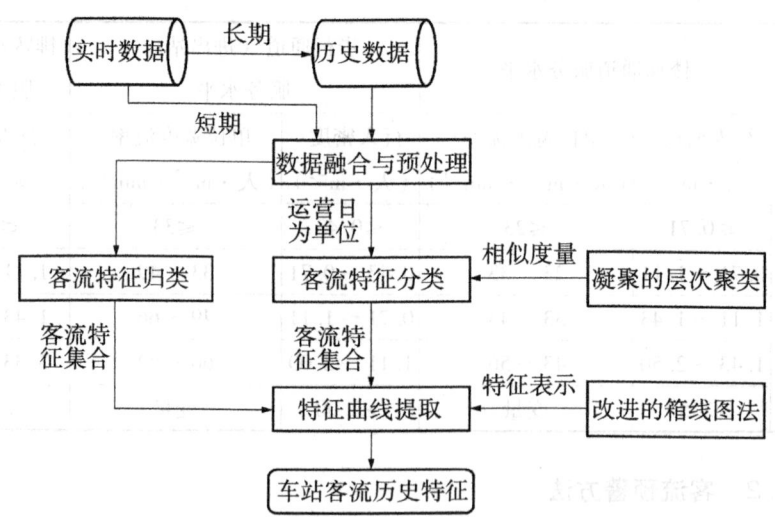

图4-3 车站客流数据历史特征提取总体流程

在对车站客流数据进行融合和预处理的基础上，以运营日为单元，基于客流的规律性对客流特征进行分类，形成客流特征类别集合，在每一类客流特征中提取特征向量，最终得到车站客流历史特征向量。同时，鉴于客流监测系统的实时性，还需要考虑不断新增的车站多源数据的影响，采取长短期的历史特征向量更新算法进行数据更新。

车站实时客流异常识别的目标是基于客流指标体系和车站客流历史特征，将获取的实时客流数据进行指标计算和分级异常识别，并根据分级异常识别标准，识别出客流异常的类型与异常的程度，无异常时继续监测，有异常时进行分级异常提醒，给车站管理人员提供辅助决策。车站实时客流异常识别流程如图4-4所示。

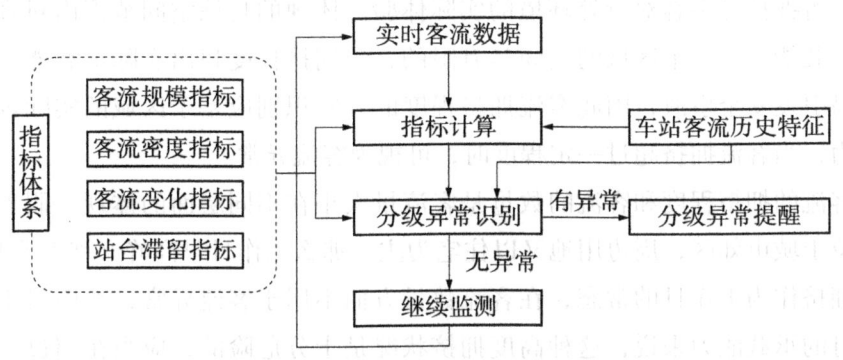

图4-4 车站实时客流异常识别流程

车站内客流的状况时刻都在变化，乘客的聚集与疏散受到许多因素的影响，车站实时客流异常识别分析的目的就是从车站管理者角度出发，根据车站客流特性梳理出车站实时客流异常识别的关注重点和反映的客流问题，综合考虑指标的完整性和数据的可用性，提出4类异常识别指标及异常识别思路，为指标的量化计算和分级异常识别设计奠定基础。车站实时客流异常识别主要有如下指标。

1. 客流规模指标

某一时刻下某个区域的客流人数体现了该区域范围内乘客的绝对数量，可以最为清晰直观地反映当下的客流规模。然而客流量的大小不能简单地认为达到某种规模就是客流量大或客流量小，由于客流的不均衡性，在不同时段、不同车站内客流量可能很大或很小，但并不能因此认为该情况下客流数量是异常的，客流数量的异常应当是与正常情况相对而言的。

因此，客流数量的异常识别应当基于历史数据统计划定一个正常的波动范围，超过正常范围的波动可视为客流异常。当客流人数增加到一定程度，车站管理者需要予以关注，继续增加并超过一定阈值时，车站管理者需要采取一定措施进行客流管控；而当客流人数显著少于正常情况时，车站管理者同样要引起重视，充分了解客流降低的原因，及时做好相应准备，很有可能因突发事件积压的客流在之后某个时间集中爆发。

2. 客流密度指标

如果说客流数量是客流绝对量的大小，反映了客流规模状况，那么客流的拥挤程度则是客流在该区域相对量的大小，反映了客流密度状况。某个区域的客流是否拥挤是乘客对所处环境的实际体验，体现的是该空间范围内对客流的客观承载能力。一个区域的空间是有限的，当拥挤程度超出实际承载能力界限时容易引发安全事故，因此客流拥挤程度的异常识别应基于区域的实际客流承载能力，当客流拥挤超过一定程度时，可视为客流异常。

客流的拥挤程度和客流的数量是客流量大小在不同层面的体现。假若某个车站位于城市郊区，周边用地又以住宅为主，那么工作日早高峰必然非常拥挤，这种拥挤作为工作日的常态，在客流数量方面不属于客流异常，然而对于该车站本身的承载能力来说，这种高度拥挤状况是十分危险的，应当在超过一定程度时反映出客流的异常。

3. 客流变化指标

乘客过多、过密、增长过快都是大客流的特性，对于车站管理者而言这些都是需要重点关注的情况。乘客过多过密可以反映在客流数量和拥挤程度上，而增长过快则是一种客流的变化趋势。客流反常的激增和骤降都是危险的信号，一旦持续时间过长必然导致客流量的异常，因此识别客流变化趋势的异常也是对未来可能产生的客流量异常进行预先判别，提醒车站管理者提高警惕、做好客流管控的准备。

同样，若想识别客流变化趋势的异常，也需要有对应的正常情况作为比较的基准。若当前客流变化趋势与基准客流变化趋势的差异达到一定程度并持续一段时间后，就应当视为客流变化趋势的异常，车站管理者应及时提高警惕，对未来可能会出现的客流异常做好准备。

4. 站台滞留指标

客流的不均衡性常常会产生运输能力与客流需求不匹配的情况，高峰时段部分线路超负荷运行，由于站台客流的集中性，站台常常是客流拥堵的高发区域。车厢拥挤、乘客留乘等现象使得乘客吊车门、车门故障等事件频发，一旦受到突发事件影响导致列车发生长时间延误，还会造成站台甚至整个车站的客流积压，给车站的运营安全带来极大的威胁，及时识别站台客流的异常对于车站客流管理来说非常重要。

并不是所有的站台拥堵都属于客流异常。由于客流的高度震荡性，候车和下车会产生大量短时逗留的乘客，并在楼扶梯口或车门处引发小面积的客流拥堵，而这种短时性、小面积的客流拥堵属于正常现象，很快就会在楼扶梯和列车的疏散下自行缓解，无需引起车站管理者的关注。真正引起站台大面积拥堵、需要重点关注的是长时间滞留的乘客，一旦乘客留乘次数过多，则说明此时列车的运输能力不足，若候车乘客继续增加，则很有可能导致大客流积压。因此识别站台客流的异常应当重点关注站台上长时间滞留乘客的比例，当滞留比例超过一定程度时，车站管理者需要对这种客流异常予以高度重视。

4.2.2.2 车站客流风险等级评估

客流预警的级别划分应以不同级别导致的客伤风险（用客伤事件发生概率表示）以及报警后应当采取的措施为依据，与已有的相关技术标准相统一，并满足各级别之间易区分易记忆的要求。

客流规模、客流拥挤的覆盖范围（一般用局部、大面积等表示）、客流滞留比例、客流流动速度4个标准可以作为客流预警级别的划分参考依据。对单个设备（如站台）的预警可以用一个或若干个指示进行定级；对整体的预警（如车站）则需要不同设备和不同指标之间的配合。对于城市轨道交通车站而言，尽管站台拥挤程度一般，但站厅和进站通道的滞留超过一定标准时，该车站仍具有较高的拥挤风险，报警级别应适当提高。对于换乘车站，还需考虑关联车站的站台客流状态，当关联车站达到了一定级别的预警，换乘车站也应根据情况产生报警。

借鉴国内外客流预警相关的经验，将城市轨道交通客流预警级别划分为4级，其中第4级为一般性预警，其余3级为操作性预警，具体级别的判定标准则根据预警对象不同划分。挖掘车站在不同条件以及不同日期类型下的时空特征建立车站客流历史特征数据库，结合车站历史客流特征和车站不同区域特征，可以建立车站大客流分级指标及预警阈值。车站客流预警级别主要根据进站口、站厅、站台3级客流的总体状态进行划分。城市轨道交通车站客流预警级别如表4-5所示。

表4-5 城市轨道交通车站客流预警级别

级别	含义	标　　志	客伤风险/%	措　施
4级	大客流征兆	进站口流量持续增加，站厅售票排队持续增加，站台无滞留乘客，通行顺畅	≥60	一般性预警，站外信息告知和状态监控
3级	局部大客流	进站口流量持续增加，站厅售票排队持续增加，通行缓慢	≥80	临时加开列车
2级	大面积大客流	进站口流量持续增加，站台有滞留乘客，通行缓慢，站厅客流密度较大	≥90	限流
1级	大客流爆满	站台客流爆满，同时两列车通过后客流无明显减少，进站楼梯口大量排队，进站口客流持续增加，站厅客流爆满	≥95	截留

客流预警结合历史数据与车站实时监测数据，以客流量和客流密度为关键指标，关注客流秩序，预测车站内乘客客伤风险等级，进行客流集聚安全程度的动态评估。根据预测评估结果，车站应当及时向公共安全管理部门和轨道交通运营管理部门发出预警和信息报告。发生大客流时，公共安全管理部门和轨道交通运营管理部门应当分别针对客流安全评估等级和预警等级，实施对应级别的客流疏导措施。大客流危险消除时，宣布解除预警，适时终止相关措施。

4.2.3 基于案例推理的大客流处置决策流程

目前的大客流处置决策依据主要以经验为主，主观性较强，缺乏一定的科学性且难以保障客流处置的效率。通过对历史客流的分析，探究大客流形成过程及传播规律，在此基础上，根据实时感知的客流数据对车站状态进行评估，识别其异常状态的类型及可能的影响范围和持续时间对车站客流状况进行分级，可以有效支撑大客流处置决策的制定和实施，如确定限流等级，启动限流方案等。大幅降低车站工作人员人工监视、判断和处置的工作量，全面提升车站客运管理的自动化、智能化水平。

城市轨道交通车站大客流处置以大客流预案体系为基础，当大客流事件发生时，往往存在事件前期信息不充分、外部影响不确定和约束条件较多等情况，辅以案例推理模型，能实现快速事件分析和影响预判，自动输出相似案例，能够为处置决策提供智能化支持。基于案例推理的大客流处置决策技术流程如图 4-5 所示。

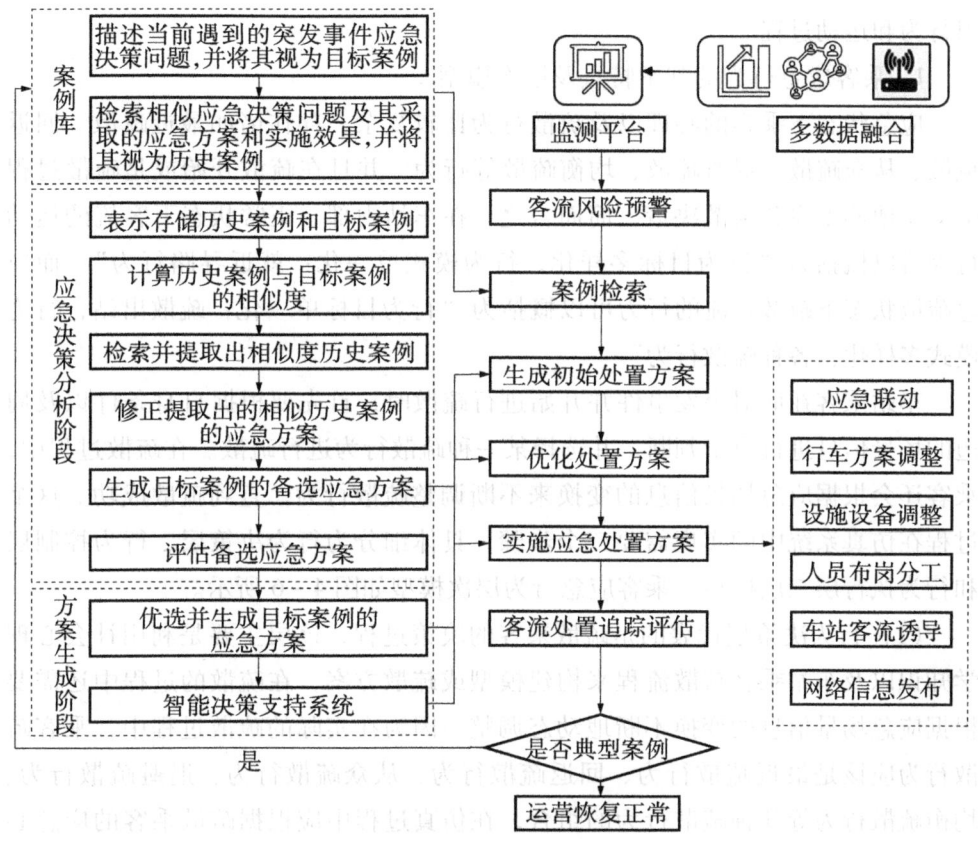

图 4-5　基于案例推理的大客流处置决策技术流程

4.3　应急工况下车站客流仿真技术

仿真技术是以相似原理、信息技术、系统技术以及应用领域相关的专业技术为基础，以计算机和专用设备为工具，用系统模型对实际或设想的系统进行动态试验研究。仿真技术是研究车站客流疏散过程的重要方法，通过仿真技术可以获得人员疏散过程特征和撤离时间，为车站应急疏散处置措施提供参考。

4.3.1 车站客流应急行为及仿真模型

考虑到车站内部的客流运动复杂特性，通常以车站内不同客流密度下的乘客运动行为特性为基础，构建人群仿真模型，重现轨道车站内乘客运动的自组织行为和运动过程。

1. 乘客应急行为的基本特点及层次模型

应急状态下乘客的心理以及疏散行为比较复杂，存在诸如最近疏散、回返疏散、从众疏散、退避疏散、均衡疏散等行为，并且在疏散开始或是疏散过程中动态地调整应急疏散决策。简而言之，在车站内部，正常状态下客流的运动行为可以概括为"行为目标多样化，行为模式单一化：就近寻路行为"；而应急疏散状态下疏散客流的行为可以概括为"行为目标单一化：疏散出站；行为模式多样化：各种疏散行为"。

车站乘客在面对突发事件并开始进行疏散时，首先要根据自身条件以及周边的场景信息进行决策判断，并选择某一种疏散行为进行疏散。在疏散过程中，乘客还会根据应急场景信息的变换来不断调整疏散行为，直到疏散成功。这个过程在仿真系统中的实现需要三个步骤，具体细分为行为决策层、行为控制层和行为执行层三层模型。乘客应急行为层次模型如图4-6所示。

（1）行为决策层代表的是疏散乘客的决策过程，该层主要是利用社会心理学知识以及车站乘客疏散流程来构建模型或疏散方案，在疏散的过程中还需要根据应急场景信息的变换不断地动态调整。因为在实际的疏散过程中，乘客疏散行为应该是最近疏散行为、回返疏散行为、从众疏散行为、退避疏散行为、均衡疏散行为等几种疏散行为的组合，在仿真过程中应根据疏散乘客的应急心理模型来选择乘客的疏散行为。该模型可以仿真乘客在疏散过程中动态切换各种疏散行为，进而将各种疏散行为有机地组合到一起，实现对疏散行为的最高控制。

（2）行为控制层首先需要针对车站的具体环境来构建应急疏散流程，然后要保证仿真乘客的疏散行为符合真实应急场景下的疏散行为特征。这一部分的工作主要是深入分析城市轨道交通车站的疏散业务流程以及疏散行为特征，并将其固化成稳定的疏散方案或是疏散行为模型。

第4章 基于多源感知的城市轨道交通车站客流动态管理

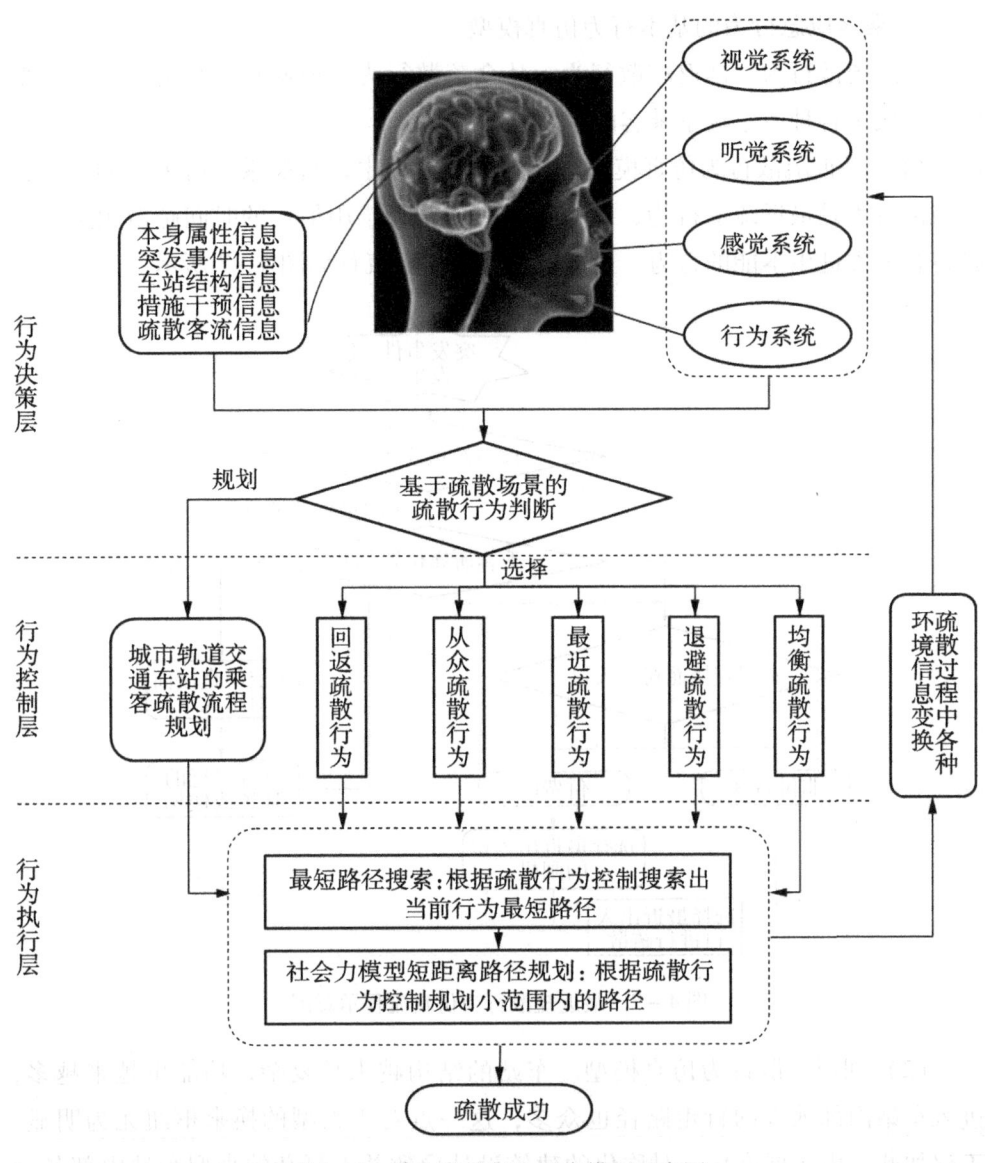

图 4-6　乘客应急行为层次模型示意图

（3）行为执行层主要是利用 A * 算法、社会力模型等模型方法，在疏散特征满足的情况下进行单纯的路径搜索以及避让路径规划。A * 算法以及社会力模型也是常态客流仿真的主要技术手段。

2. 乘客应急行为的基本行为仿真模型

最近疏散行为、回返疏散行为、从众疏散行为、退避疏散行为、均衡疏散行为构成了各种应急场景乘客的主要疏散行为。

（1）最近疏散行为仿真模型。应急疏散过程中，疏散乘客所采取的最直接的疏散行为是最近疏散行为，即选择最短的路径、用最短的时间疏散出去，这是符合人类逃生本能的行为。最近疏散行为仿真流程如图4-7所示。

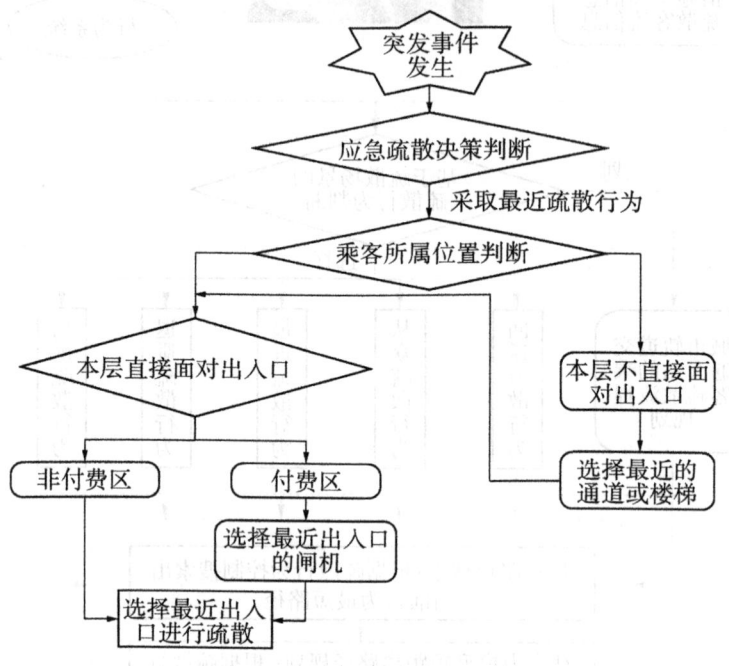

图4-7 最近疏散行为仿真流程示意图

（2）回返疏散行为仿真模型。车站的结构越来越复杂，功能也越来越多，进入车站内部乘客的行走路径也众多，这一点对于大型的换乘枢纽尤为明显。不仅如此，由于标准化、对称化的建筑设计导致并不复杂的小型车站内部各个方向都极其相似，乘客身处内部经常分不清方向。所以在应急疏散过程中，各类客流有可能会选择自己先前采用的路径、闸机或出入口疏散，这样做更有安全感和把握，即回返行为。回返疏散行为仿真流程如图4-8所示。

第4章　基于多源感知的城市轨道交通车站客流动态管理

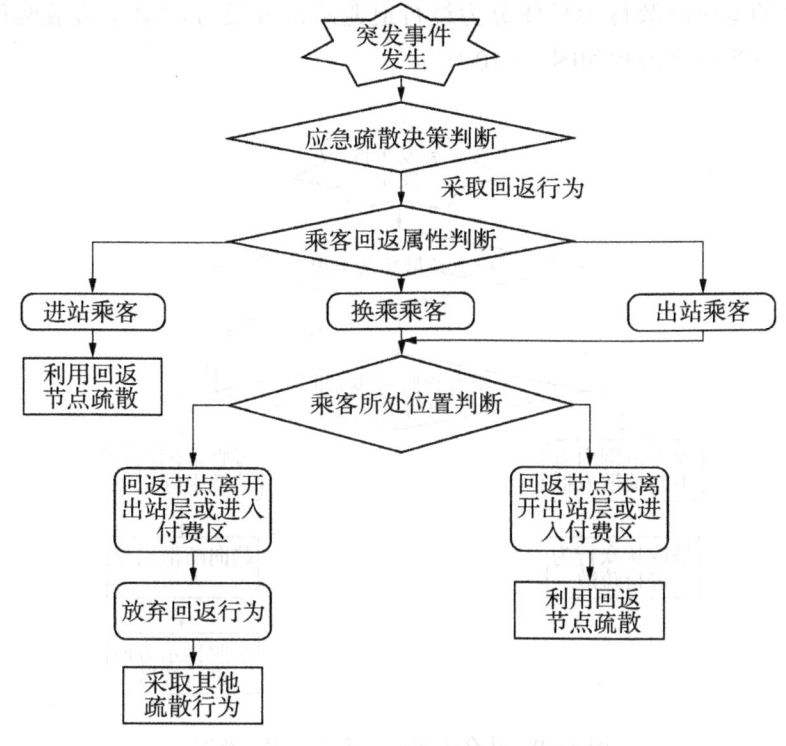

图 4-8　回返疏散行为仿真流程示意图

（3）从众疏散行为仿真模型。基于大众心理，在应急状态下乘客很有可能会选择跟从其他的疏散乘客进行疏散。跟从其他人会使疏散乘客具有很强的安全感，自然而然由个体从众行为涌现出群体疏散行为。除此之外，疏散引导人员给人的安全感更强，疏散乘客更容易跟随疏散引导人员进行疏散。

从众疏散行为仿真模型主要是模拟在实际的应急场景中没有明确临时疏散目标的疏散乘客，这些乘客经常会选择从众行为进行疏散，该行为在应急场景中的实现需要考虑个体差异和从众行为模式，从众疏散行为仿真流程如图4-9所示。

（4）退避疏散行为仿真模型。退避疏散行为是疏散乘客除最近疏散行为外最直接的行为。疏散乘客最简单的疏散思想就是避免直接接触危险源，如火灾发生源等。退避疏散行为和最近疏散行为一起组合构建成乘客应急疏散最主要的背景行为。

退避疏散行为仿真模型主要是模拟直接面对突发事件源乘客的疏散行为。

· 107 ·

这些乘客的退避疏散行为具体分为绕行退避疏散和反方向退避疏散两种情况，退避疏散行为仿真流程如图4-10所示。

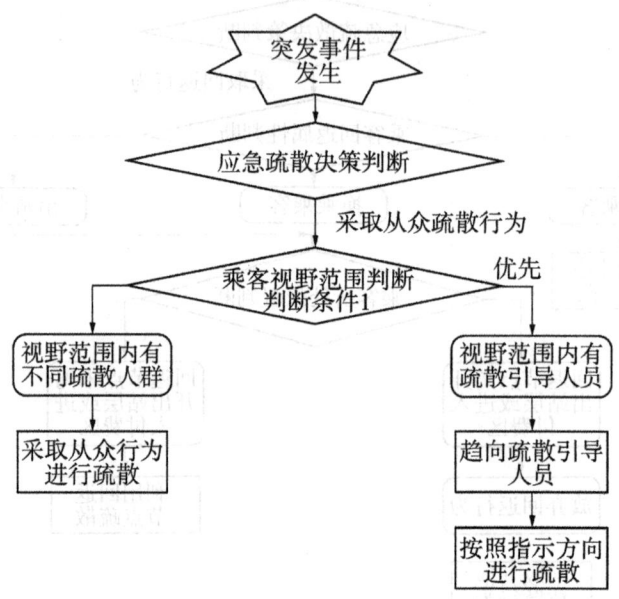

图4-9 从众疏散行为仿真流程示意图

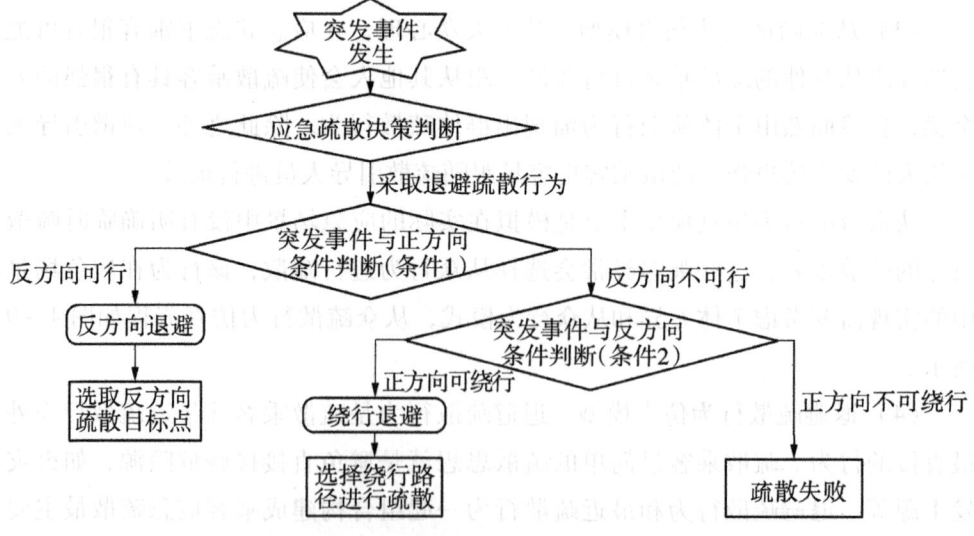

图4-10 退避疏散行为仿真流程示意图

（5）均衡疏散行为仿真模型。乘客在疏散过程中，如果面对多个选择时，比如，不同的疏散出口或楼梯等，会对不同的疏散选择进行权衡，选择疏散速度最快的一个进行疏散。当某一个疏散出入口或疏散楼梯聚集乘客较多，而其他疏散设施乘客较少时，这种均衡选择行为尤为明显。均衡疏散行为的主要目的是放弃当前最近的疏散目标而选择较远处的更优疏散目标。均衡疏散行为仿真流程如图4-11所示。

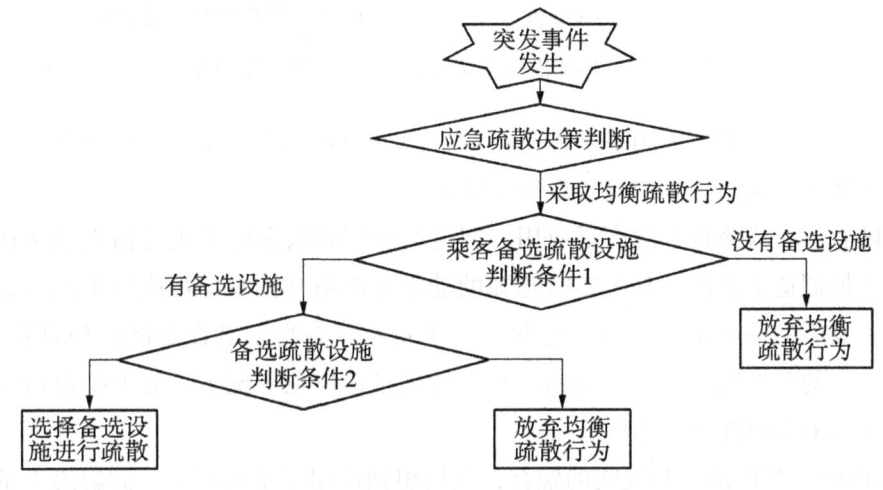

图4-11 均衡疏散行为仿真流程示意图

4.3.2 动态客流仿真技术的探索

动态数据驱动应用系统（dynamic data driven application system，DDDAS）是一种全新的仿真应用和实时感知模式，旨在将仿真和现场实时感知有机结合，使仿真可以在执行过程中动态地从实际系统接收数据并作出响应，且仿真结果可以动态地控制实际系统的运行，为实时处置提供决策支持。通过DDDAS，仿真和实时感知之间构成了一个相互协作的、共生的动态反馈控制系统。传统模式与动态数据驱动应用系统对比如图4-12所示。

DDDAS模式的提出使得仿真应用从论证、设计等实时性要求较弱的领域扩展到控制、预测和决策等具有明确的实时性和可靠性要求的领域。信息实时注入基于仿真的决策支持系统，使仿真系统基于最新态势快速推演各种行动方案，根据推演过程及结果，分析和评估行动方案，动态匹配、优选、调整和制定行

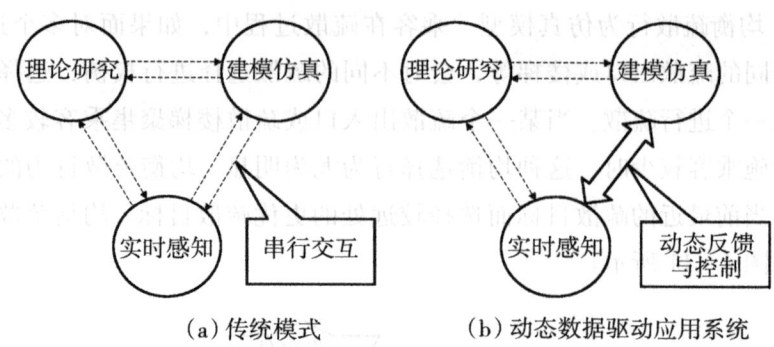

图4-12 传统模式与动态数据驱动应用系统对比

动方案,进一步实现无预案条件下行动方案的快速动态制定,将信息优势转化为决策优势,提高决策的有效性和实时性。

随着客流检测技术的广泛应用,客流微观实时数据的采集为仿真系统注入实时数据创造了条件。基于实时感知的动态客流仿真技术,将成为车站客流仿真技术发展的一个重要方向,将开创一个新的具有高度潜在功能的仿真模式,构建新型的具有增强功能的应用系统。特别是在应急工况下,能大幅提高应急决策支持的实时性和实用性。

DDDAS强调仿真和现实的融合,从构想到应用系统的形成,需解决大量复杂的问题,既包括仿真应用、算法和动态支撑环境的研究,又包括感知方法及感知系统的研究。目前对通用理论与方法的研究较少,在环境系统、危机管理、工程、制造、军事等领域有较为广泛的应用,但在轨道交通车站客流仿真领域的应用仍处于探索阶段。

4.4 案例

各城市轨道交通在车站客流监测方面都做了大量的研究和实际应用探索。无论是在多源采集技术还是应用平台建设方面,都有值得借鉴的方法和思路。本节根据公开发表的文献和资料选取了如下具有典型意义的案例,其中,"某城市基于多源数据融合的人员综合监测及运营管理系统"案例提供了较为完整、系统的车站客流监测数据融合应用思路和方法;"郑州地铁的智能客流预测平台"案例聚焦预测层面的应用,并取得了较好的实际应用效果;"深圳地铁高新园站智能客流监测预警系统试点"案例聚焦单个车站的应用,不仅为车站管理提供数据支持,更将应用延伸到乘客信息服务。

4.4.1 某城市基于多源数据融合的人员综合监测及运营管理系统[①]

针对城市轨道交通车站人员综合监测与运营管理需求,运用智能视频分析、移动终端检测、超宽带(ultra wide band,UWB)定位及多源数据融合等多种技术,搭建基于多源数据融合的轨道交通人员综合监测及运营管理系统,在某城市轨道交通车站试点应用。

1. 系统构成

该系统由现场前端采集设备、数据传输网、后端处理中心子系统构成,如图4-13所示。

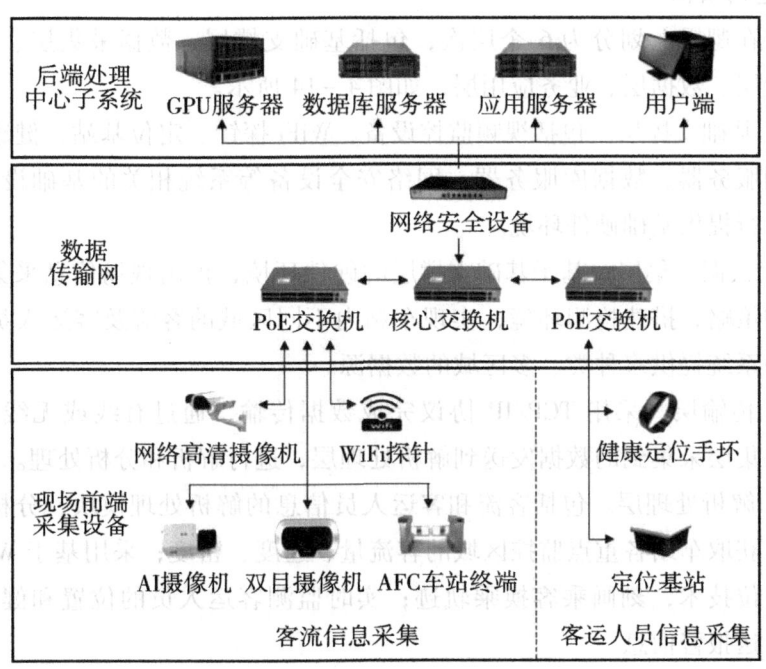

图4-13 系统构成示意

---

① 李璐,王爱丽,王子腾,等. 基于多源数据融合的城市轨道交通人员综合监测及运营管理系统研究[J]. 铁路计算机应用,2021(10):47-53.

（1）现场前端采集设备。包括视频监控设备［网络高清摄像机、双目摄像机、人工智能（artificial intelligence，AI）摄像机］、WiFi 探针、自动售检票（automatic fare collection，AFC）系统车站终端、定位基站、健康定位手环等，实时采集客流信息以及客运人员位置、健康状态信息，并可向客运人员传递报警提示信息。

（2）数据传输网。包括以太网供电（power over ethernet，PoE）交换机、核心交换机、网络安全设备等，提供数据传输通道，将现场前端采集的各类信息传输至后端处理中心子系统。

（3）后端处理中心子系统。包括图形处理器（graphics processing unit，GPU）、数据库服务器、应用服务器、用户端等，具备视频智能分析、数据存储管理、客流信息分析、客运人员位置及健康状态分析等多种应用功能。

2. 逻辑架构

系统在逻辑上划分为 6 个层次，包括基础支撑层、数据采集层、传输层、解析处理层、数据层、业务应用层，如图 4-14 所示。

（1）基础支撑层。包括视频监控设备、WiFi 探针、定位基站、健康定位手环、应用服务器、数据库服务器、网络安全设备等系统相关的基础设施设备，为系统运行提供基础硬件环境。

（2）数据采集层。基于基础支撑层的硬件环境，提出现场信息采集设备部署方法和策略，搭建检测环境，实现车站内不同区域的客流及客运人员信息的采集，为系统提供多种类、多区域的数据源。

（3）传输层。采用 TCP/IP 协议完成数据传输，通过有线或无线的方式，将数据采集层采集到的数据发送到解析处理层，进行解析和分析处理。

（4）解析处理层。包括客流和客运人员信息的解析处理模块，分析客流视频数据，获取车站各重点监控区域的客流量、速度、密度；采用基于 WiFi 的移动终端定位技术，刻画乘客换乘轨迹；实时监测客运人员的位置和健康状态，并及时发送报警信息。

（5）数据层。采用 MySQL 数据库技术，实现客流及客运人员基础信息的存储、管理、查询及统计分析。

（6）业务应用层。包括多个业务应用功能模块，实现客流及客运人员状态的综合监测、预测预警及应急管理，为车站运营决策、信息共享、协同管理等提供支持。

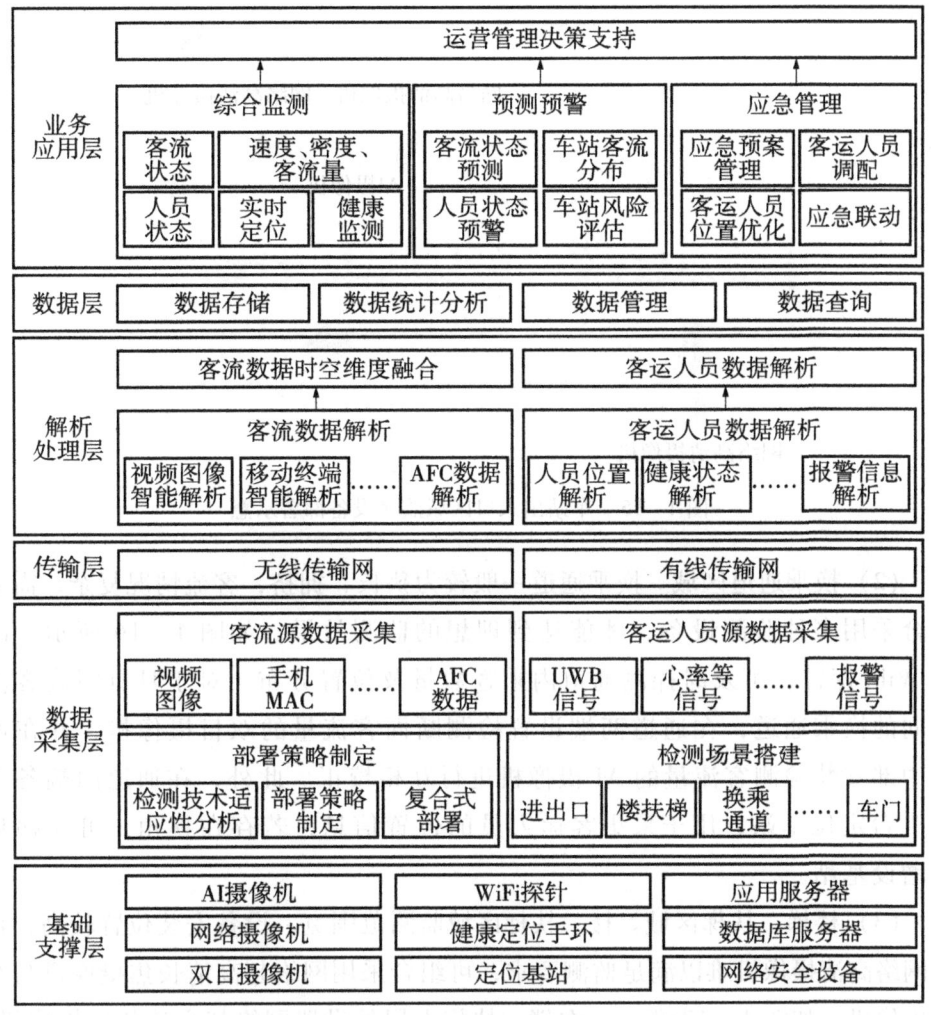

图 4-14 系统逻辑架构

3. 重点区域设备部署

结合城市轨道交通车站客流流线及客运人员业务需求，考虑在车站出入口、换乘通道、楼梯、扶梯、站台等重点区域部署客流及客运人员监测终端设备。

（1）车站出入口区域。车站出入口处客流流线较为简单，主要监测进出站客流量、排队人数及出入口处隔栏传物等乘客异常行为。如图 4-15 所示，在车站出入口处安装网络高清摄像机，用于监测进出站客流情况及隔栏传物等乘客不安全行为；并结合 AI 摄像机检测结果，进行互相校正。

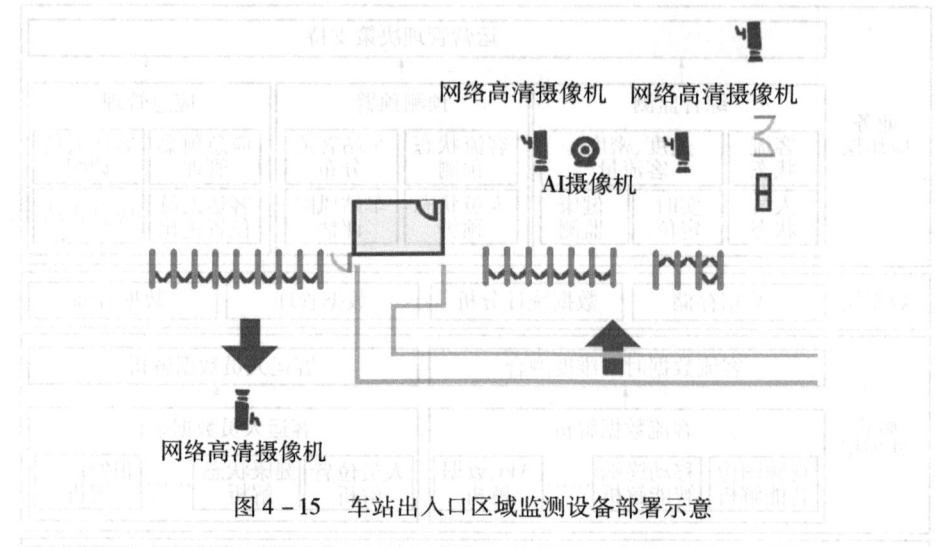

图 4-15 车站出入口区域监测设备部署示意

（2）换乘通道区域。换乘通道一般较为狭长、拥挤，客流情况复杂，需要组合采用多种监测设备，才能达到理想的监测效果。如图 4-16 所示，部署 WiFi 探针，可及时探测通道内乘客数量及位置分布。对于具有明确客流方向的换乘通道，在通道两端设置检测断面客流量的双目摄像机，并在通道中部安装检测客流量的 AI 摄像机进行互相校正。此外，在通道两端各安装 1 台定位基站，用于采集客运人员的位置信息；若存在拐角，可在拐角处增设基站。

（3）楼梯、扶梯区域。楼、扶梯区域监测范围宽，设备安装位置较高，普通网络高清摄像机难以满足监测要求，可组合采用网络超高清长焦摄像机与双目摄像机。如图 4-17 所示，在楼、扶梯上层处设置网络超高清长焦摄像机，可检测上下行楼梯及扶梯客流量；在楼、扶梯下层处设置双目摄像机，以探测楼、扶梯断面客流量。根据楼、扶梯区域形状设置定位基站，此处定位基站采用二维平面定位来采集客运人员的位置信息。

（4）站台区域。站台通常层高有限，因设备安装条件受限，为精准检测旅客乘降量，组合采用网络高清摄像机和双目摄像机；在每个车门处垂直安装双目摄像机，可精准检测各车门上、下车人数，同时在通道设置网络高清摄像机或 AI 摄像机，检测各车门的排队人数及聚集密度。根据站台区域的形状、面积及信号遮挡情况，考虑定位基站设备的具体设置方案；站台区域一般部署 4 台以上的定位基站,并采用二维平面定位,以获取各岗位客运人员的位置信息,如图 4-18 所示。

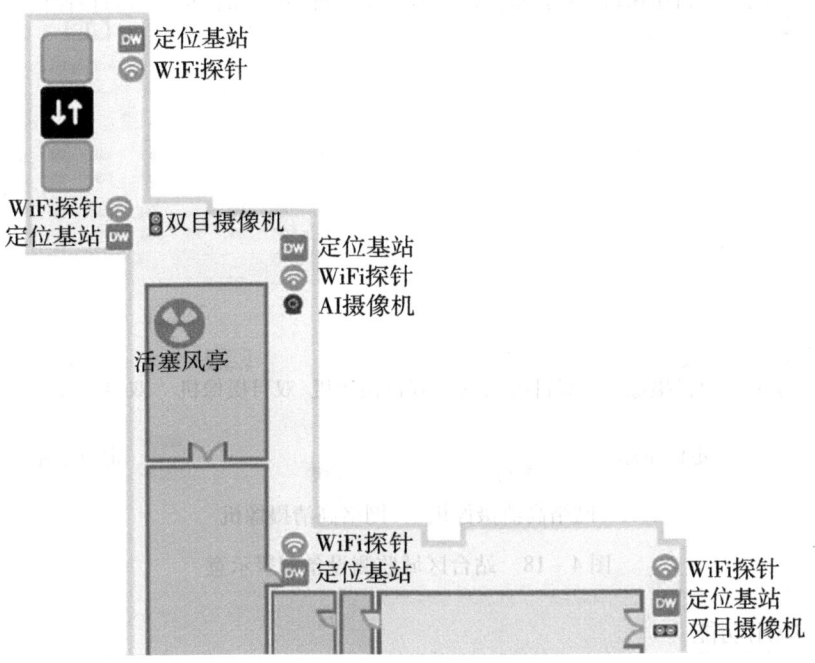

图 4-16　换乘通道区域监测设备部署示意

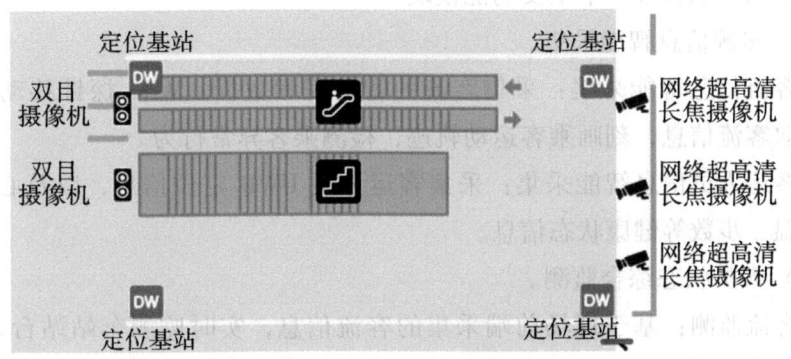

图 4-17　楼、扶梯区域监测设备部署示意

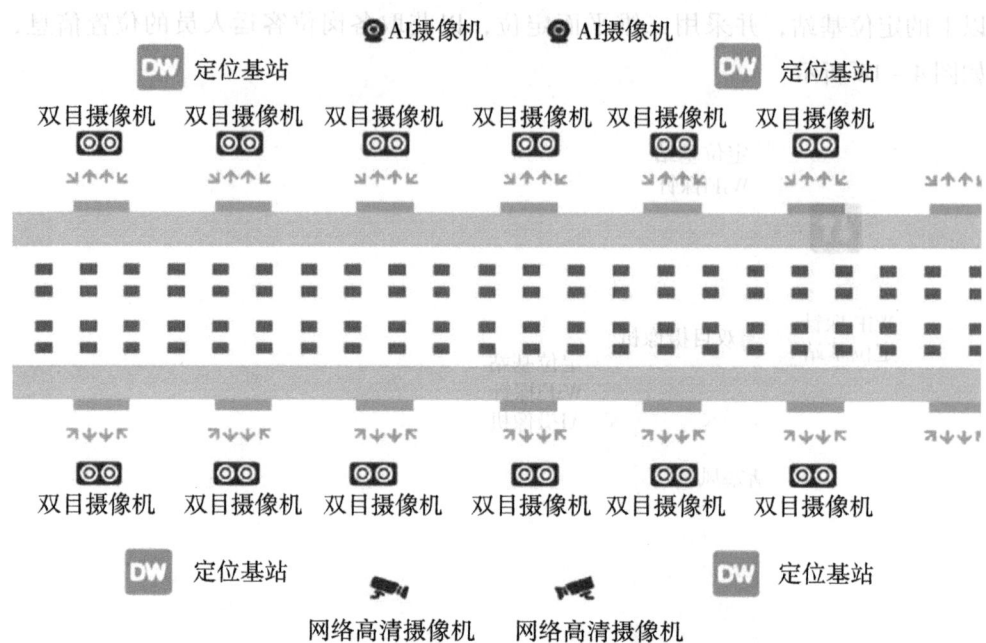

图 4-18 站台区域监测设备部署示意

4. 应用功能

系统应用功能包括多源信息智能采集、人员状态综合监测、人员状态预测预警、车站应急管理 4 个主要功能模块。

（1）多源信息智能采集。

①客流信息智能采集：采集客流的智能视频数据、WiFi 探针移动终端数据，获取客流信息，刻画乘客运动轨迹，检测乘客异常行为。

②客运人员信息智能采集：采集客运人员 UWB 定位信息，以及心率、血压、体温、步数等健康状态信息。

（2）人员状态综合监测。

①客流监测：基于现场前端采集的客流信息，实时监测车站站台、楼梯、扶梯、换乘通道、出入口等重点监控区域的客流量、密度、速度、拥挤度等客流情况，及乘客异常行为报警等信息，并在车站电子地图上展示；在电子地图上显示客流信息采集设备的分布，并实时监测其工作状态。

②客运人员监测：在电子地图上动态显示客运人员位置分布，实现客运人员轨迹追踪、健康状态监测、异常行为报警等；在电子地图上显示客运人员信

息采集设备的分布，并实时监测其工作状态。人员状态综合监测用户界面如图 4-19 所示。

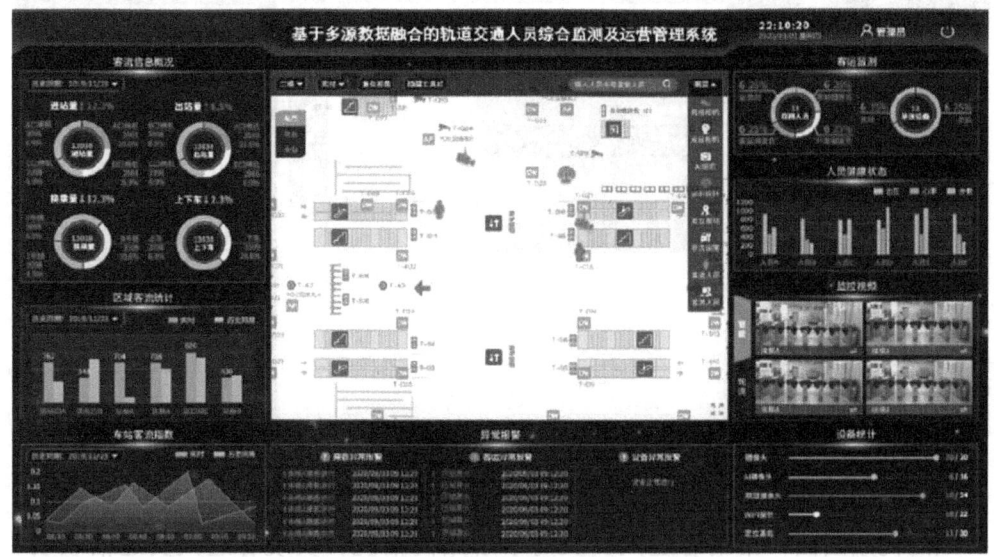

图 4-19 人员状态综合监测用户界面

（3）人员状态预测预警。

①客流状态预测：以历史客流数据为基础，实现站厅、站台、通道等不同区域的客流状态预测，将预测结果与实际、历史同期客流情况进行对比分析。

②车站风险评估：构建车站出入口、站台、换乘通道等不同区域的服务水平划分方法，实现对不同区域拥挤度的参数阈值、颜色显示设置，实现不同区域的风险等级评估；设定车站整体及各关键区域的预警阈值，当超过阈值时弹出客流报警提示；可在电子地图中显示区域的客流报警点，并提示报警消息。人员状态预测预警用户界面如图 4-20 所示。

（4）车站应急管理。

①应急预案管理：构建典型场景下的客运组织方案及数字化预案，支持查看与匹配；从客流安全、换乘便捷、设施能力和服务水平等方面，对客运组织方案进行分析与评价。

②应急处置：根据客流报警生成客流控制策略，通过手环呼叫报警地点就近的客运人员，指示其赶赴报警地点，迅速展开应急处置；快速调取指定监控

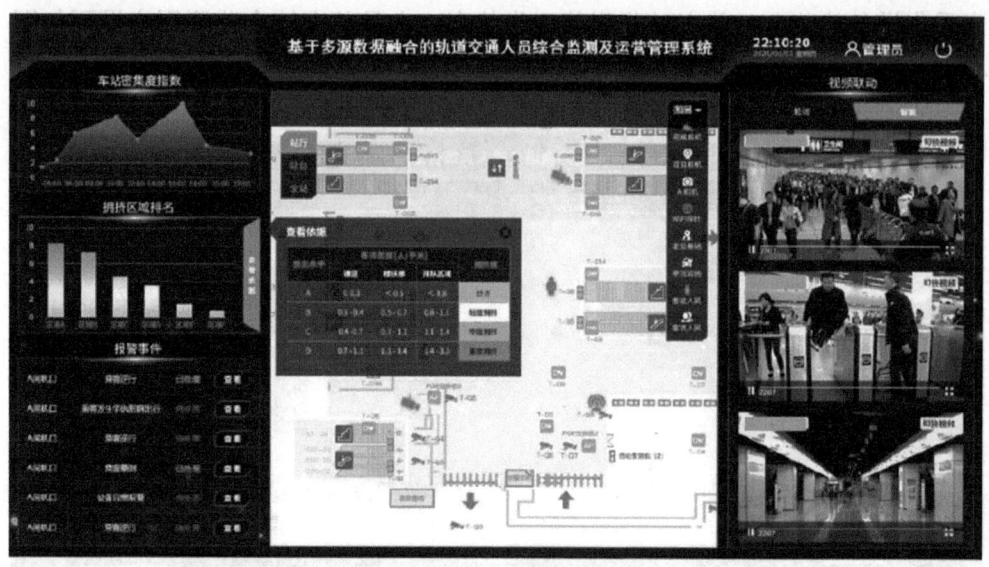

图4-20 人员状态预测预警用户界面

区域的视频画面，帮助客运人员及时了解站内情况，实现客运人员通信联动、视频监控联动和辅助指挥调度等功能，辅助客运人员高效率完成应急处置任务。

5. 关键技术

（1）多源数据融合。

①原始数据预处理：车站内安装有多种智能视频、WiFi探针等信息采集设备，这些设备型号制式存在差异，且受设备安装环境及信息采集设备故障等因素的影响，部分原始数据存在异常或缺失，需要对其进行时间同步、空间匹配、缺失填补等预处理。

②多源数据融合：为实现轨道交通车站客流动态全面感知，客流检测采用智能视频检测、基于WiFi的移动终端检测等多种检测方式，将采集到的原始数据进行预处理后，针对多源客流数据进行融合处理，主要对客流量进行融合。

（2）客流监测、预警与应急管理。

①客流监测与预警：系统持续监测车站各区域实时进出站流量、每分钟进出站增量、当日进出站总量等各种指标。其中，客流拥挤度可综合反映轨道交通客流分布状况、风险程度，参考《美国公共交通通行能力和服务质量手册（第2版）》，结合现场采集客流数据及调查数据，运用K-Means聚类分析的方法，利用SPSS软件对某客运车站的出入口、站台、换乘通道等关键区域的客流

密度进行分析,确定拥挤程度等级划分及客流密度阈值。根据车站关键区域的拥挤度等级划分,系统可对车站关键区域的客流拥挤程度实施有效监测及预警。

②应急管理支持:当车站出现突发大客流等事件时,依据关键区域拥挤度等级阈值自动报警,并采用清晰直观的图表和醒目的颜色及标识,提醒客运人员快速响应。

(3)车站运营组织方案评价。

为了定量分析和评价客运组织方案的实施效果,主要从客流安全、换乘便捷、设施能力和服务水平4个方面定义评价指标,包括站台最大客流密度、平均换乘时间、设施能力负荷度、平均通行速度,建立一套衡量车站客运组织方案有效性的标准。

4.4.2 郑州地铁智能客流预测平台

基于大数据云平台,郑州地铁于2020年底上线了智能客流预测平台,能够实现多源数据融合、客流预警预测、车站客流风险评估、乘客画像、灵活查询等功能和服务,郑州地铁智能客流预测系统构架如图4-21所示。具体来看,智能客流预测平台的功能和服务可以总结为以下3点。

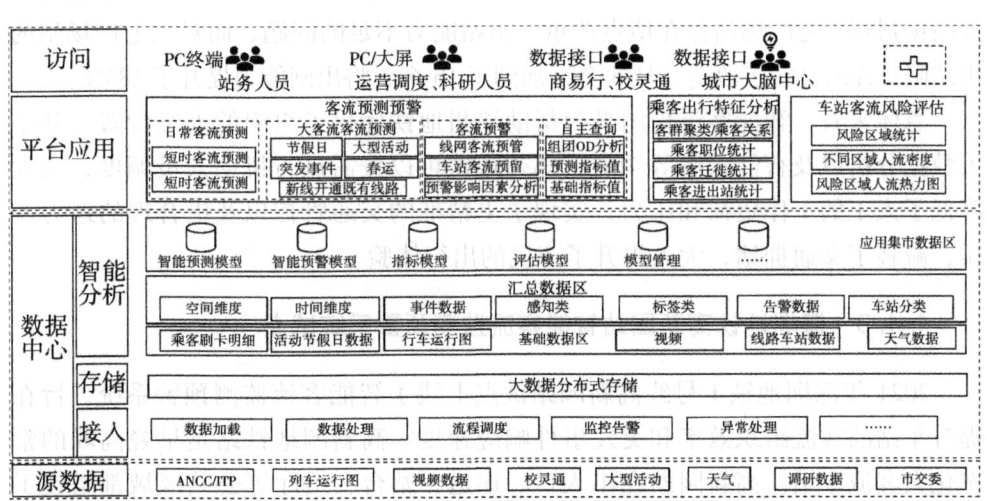

图4-21 郑州地铁智能客流预测系统构架①

---

①李亚军,李昱见,秦义展. 基于大数据和人工智能技术的地铁客流数据效益挖掘与提升[J]. 城市轨道交通,2022(9):46-49.

1. 数据更多源

智能客流预测平台不仅接入内部乘客数据，还融合天气、节假日、球赛、展会等外部数据，通过 AI 建模，能够对站点客流、线路客流、线网客流、断面客流等进行精准预测。基于平台生成的预测结果可服务地铁业务部门的业务决策。例如，智能客流预测平台如果预测到某个地铁站点未来一段时间会出现大客流情况，业务中心可调配更多机动站务人员到该站点，提前做好准备。

2. 精选化分析

智能客流预测平台能够基于大数据分析，精准呈现某一时段内客流流向，基于流向信息，地铁运营人员可采取更精细化的管控措施，以减轻大客流情况对乘客的影响。

智能客流预测平台上线，运营人员可基于系统精准了解到车站的主要客流流向，可从乘客始发车站或者沿途车站就开始采取客流控制，避免大量乘客汇集在同一站点导致不得不采取升级管控的措施。

3. 数据可视化

智能客流预测平台还能以热力图的形式实时反映各个地铁站的拥挤情况。根据热力图可精准看到车站的布局结果和拥挤的堵点，从而采取措施进行客流疏导。例如，郑州地铁 3 号线于 2020 年底开通，在此之前，郑州地铁通过热力图提前预判到二七广场站存在堵点严重、出站能力不足的问题，而对二七广场站的出站闸口提前进行了改造，从 5 个增加到了 16 个，将出闸能力提升了 183%。

总体来看，智能客流预测平台帮助郑州地铁优化了组织的人员配置。基于大数据分析以及智能预测等功能，郑州地铁可以按需进行机动人员调度，大大降低了人工的工作负荷和压力，实现了更精准的交通管控以及更合理的运力安排，减轻了交通拥堵，大大提升了市民的出行体验。

4.4.3 深圳地铁高新园站智能客流监测预警系统试点

2021 年深圳地铁 1 号线高新园站试点上线了智能客流监测预警系统，旨在提升车站的客流组织效率和突发事件响应速度。高新园地铁站是早晚高峰的常态化大客流车站。高新园站在出入口、通道、站台、站厅等公共区域都增设了高清摄像头，可通过视频画面分析实时统计客流数据，并输出显示可视化图表，相比以往通过闸机进出统计客流的方式更为细化。同时，当客流增加时，该系统能实时提醒客服人员及时进行客流疏导。深圳地铁大客流监测及预警系统界面如图 4-22 所示。

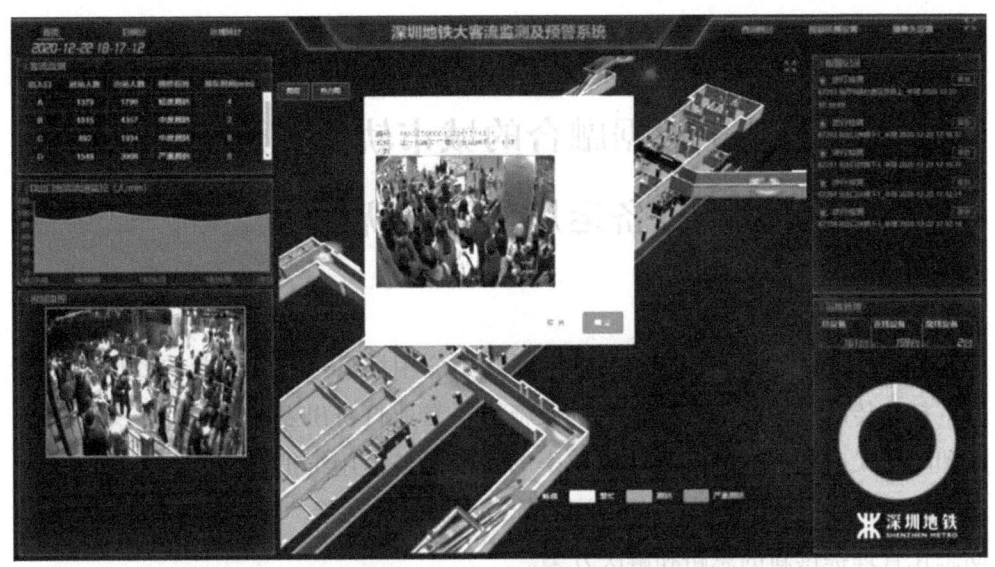

图 4-22 深圳地铁大客流监测及预警系统界面

如图 4-23 所示,高新园站还在 D 出入口加装了显示屏,面向乘客展现车站各出入口和通道的实时客流监控画面,当车站进站限流排队时,乘客可通过出入口显示屏的信息来灵活选择进站口,有效降低单一出入口客流压力。以往面对通勤大客流,该站采用人工观察站厅和通道的标记的方式确认乘客排队的长度,从而判断是否启动或取消客流管控。通过大客流监测及预警系统可更快速、准确地研判客流情况,更高效地组织客流。

图 4-23 高新园站 D 出入口的实时客流监控画面

深圳地铁大客流监测及预警系统还可对车站内发生的异常事件进行监测和自动预警。当有人员在扶梯上逆行、摔倒等突发事件发生时,车站内的高清"眼睛"会通过画面分析第一时间自动报警,相比以往人员巡站和乘客求助而言,工作人员可更迅速到场处置。此外,该系统还可针对乘客物品遗失、人员走丢等情况,通过视频追踪快速寻回。

第 5 章 基于数据融合的城市轨道交通车站服务设施设备运用与维护优化

本章主要从数据融合的层面，探索基于应用场景构建跨专业的数据融合应用，打破传统设施设备管理单纯从设施设备专业自身出发的模式，在更大的空间和时间尺度构建兼顾可靠性和效率的设施设备运用维护模式，摒弃粗放式管理，以闸机、电梯等乘客服务设施设备为重点研究对象，为设施设备的精细化、动态化管理提供新的思路和解决方案。

5.1 需求分析

车站设施设备的正常高效运转是确保车站日常管理的关键。车站乘客服务设施是指直接面向乘客、为乘客提供接触式服务的设施，比较典型的设施包括闸机、自动扶梯、站台门等，这类设施的一个显著特征是与客流量和乘客出行行为密切相关。随着车站客流感知内容和层次的丰富，这类设施设备的运用与维护可以通过跨专业数据融合，制定针对不同运营场景、不同运营时段的差异化方案，从车站全局思考设施设备管理的效率，挖掘效益潜能。

1. 通过微观数据解析以适应管理的精细化需求

目前在车站设施设备管理中往往只关注某个单一专业设施设备的状态指标，这类指标从最终结果或表象来反映设施设备状态，产生的提示或预警信息通常表征一个问题现象，而不能表达问题背后的原因。一个问题的发生可能由不同原因引发，将数据分析深入归因的数据特征上，不仅仅停留在设施设备自生的零部件指标的分析，快速定位原因，则需要更微观层面的数据分析来支撑。

车站乘客服务设施的使用状态伴随着客流的波动而发生变化且与其他非站内设施密切相关。比如，站台门系统的维护工作与列车运行计划直接相关，列车运行计划决定了站台门开闭的固定次数和固定损耗；同时又与每个站台门的乘降客流量大小有关，客流越大，站台门的非正常开闭概率就大，碰撞损坏的可能性也就越大。正是由于设施设备间存在这种复杂又微观的关联关系，因此需要通过微观数据分析来辅助管理者更精细、更精准地实施应对策略。

2. 结合实时数据反馈以适应管理的动态化需求

目前车站设施设备管理，特别是维护管理还是以计划维修为主，维修的及时性和有效性都有很大的提升空间。在全寿命周期数据分析的基础上，结合实时数据的反馈，管理者对计划性管理内容进行实时调整、修正、补充，以快速适应环境的不断变化。将车站设施设备管理从计划性维修模式向与状态性匹配的动态维修模式转变，目标是生成一个更加灵活、有针对性的维护方案，以提高维护效率，降低维护成本。

实时数据分析一方面为现实状态的掌握提供全局性的视角，另一方面为动态调整提供定量化依据。更有价值的实时数据反馈是在应急工况下的车站设施设备的联动模式。比如，在车站突发大客流的工况下，车站的出入口、闸机、自动扶梯、站台都将进入非常态的运行模式，可以通过各类设施设备的实时状态数据的融合分析，动态调整设施设备运行方式，以达到各设施设备匹配的最优运行模式，实现整体大客流处置最高效率。

5.2 关键业务过程分析

车站设施设备管理是围绕着设施设备的关键业务过程展开的，重点内容主要包括设施设备的配置、运用和维护。

5.2.1 设施设备配置

车站设施设备在投入运营使用前，需要确定所需配置的数量以及安装的位置。闸机和电梯等典型的乘客服务设施设备的配置主要考虑车站规模、车站客流分布、车站客流组织流线等关键因素，配置的结果是运用与维护的基础数据。

1. 闸机配置

新建车站和运营车站闸机配置的流程略有不同，如图 5-1 所示。

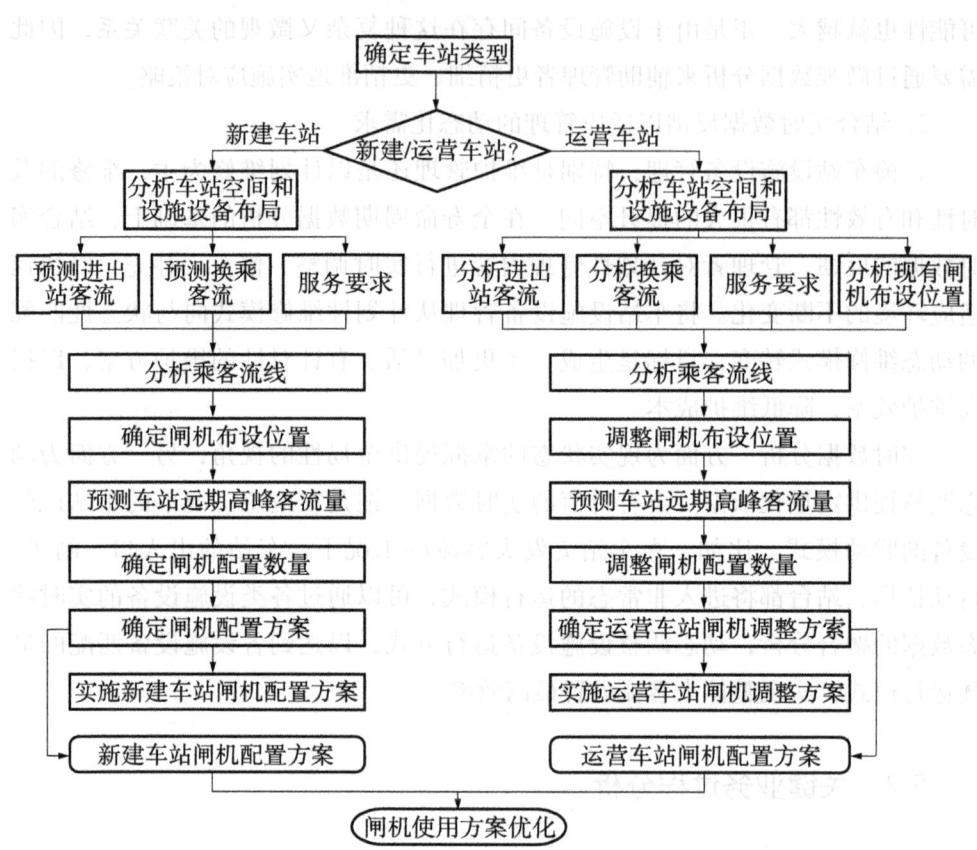

图 5-1 闸机配置流程

2. 电梯配置

车站电梯配置在非付费区和付费区两个区域。对于非付费区，电梯主要实现出入口处乘客的输送功能；对于付费区，电梯主要实现站台层和站厅层之间旅客的输送功能。车站电梯的配置以客流为标准进行判别后，需确定布置位置和类型，具体流程如图 5-2 所示。

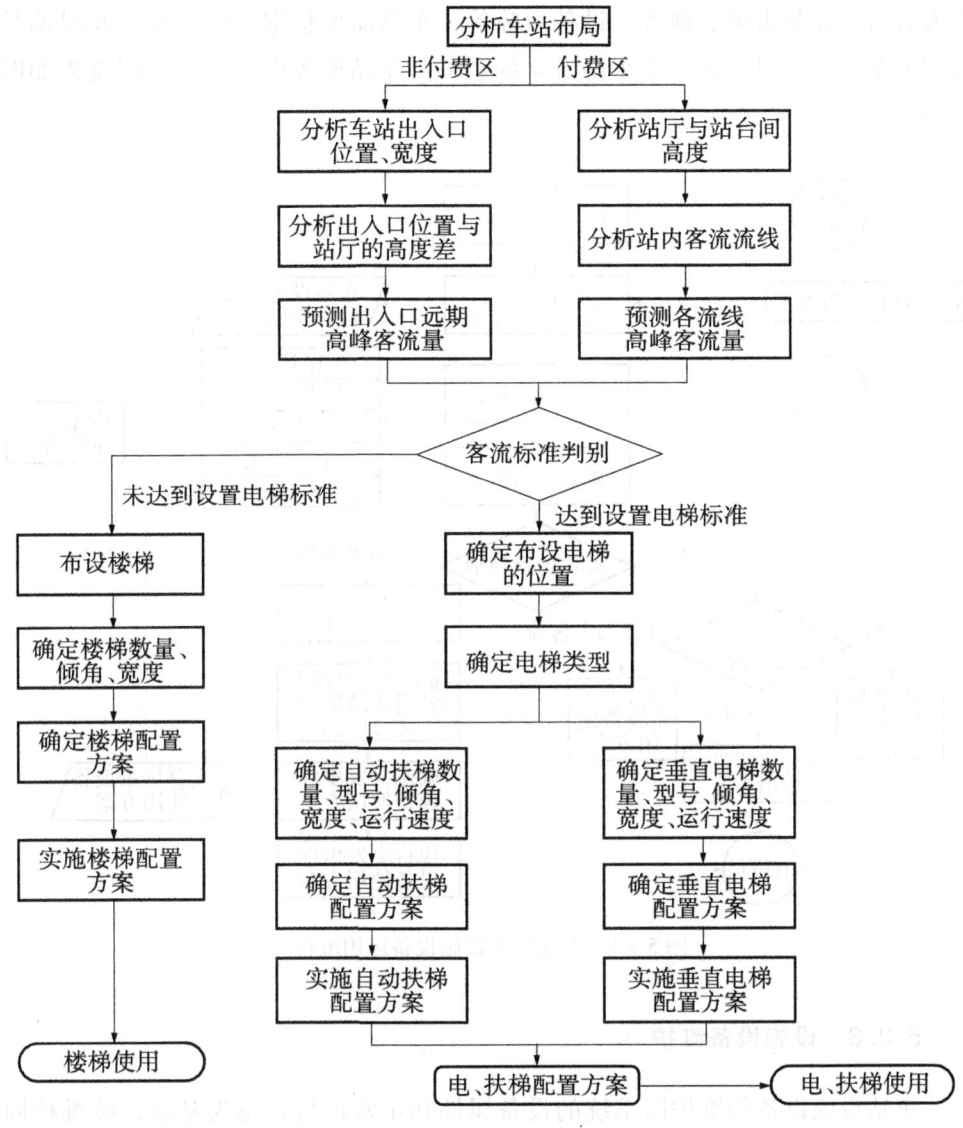

图 5-2　电梯配置流程

5.2.2　设施设备运用

车站服务设施设备的运用与车站客流强度密切相关,在不同运营场景下,车站设施设备的运用方式不尽相同。对于可预测客流,比如平峰、高峰和可预知的大客流,根据客流强度的大小确定不同的运用方案;而对于不可预知的突发大客流，比如火灾、地震、设备故障等，车站需要根据实际情况，及时调整运用方案，以应对大客流给车站带来的影响。车站服务设施设备运用流程如图5-3所示。

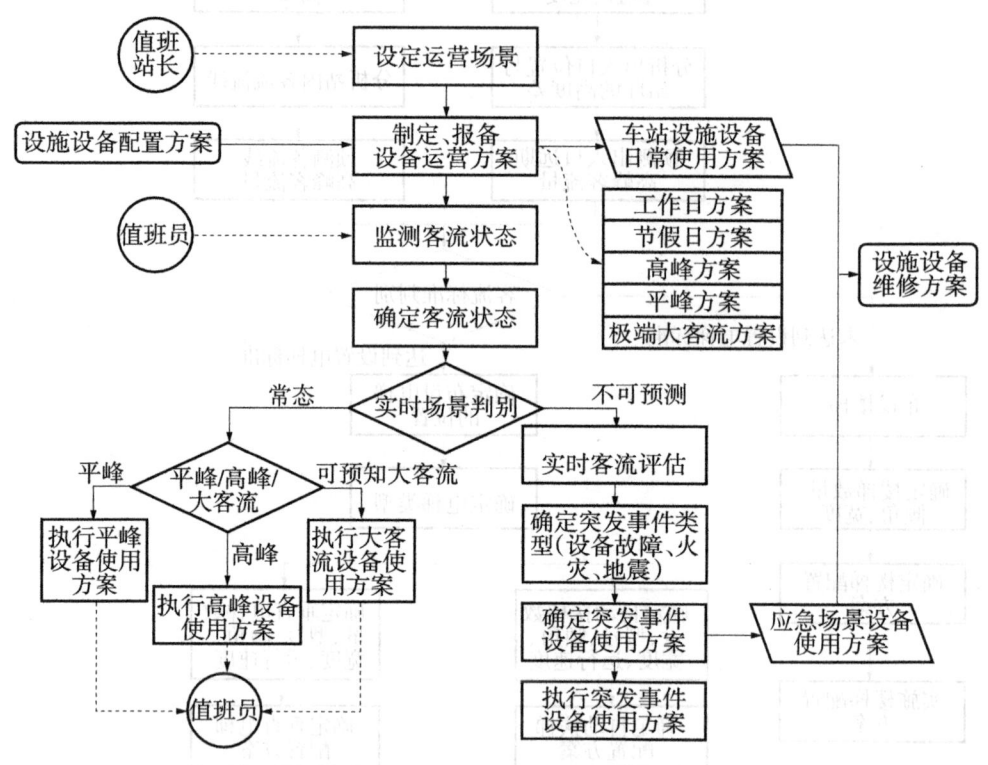

图5-3 车站服务设施设备运用流程

5.2.3 设施设备维护

车站设施设备的维护以系统的设备属性和正常运行状态为基础，按维护周期进行检修。以闸机和自动扶梯为例，在实际工作中，闸机检修大体可分为日检、双周检、季度检、年检、阶段检、故障修六种；自动扶梯的检修可分为双周检、月检、双月检、季检、半年检、年检、故障修七种。根据要求和时间的不同，分别进行设备的维护保养、局部检查、维修和替换部件模块以及全局检查等。具体维护流程如图5-4所示。

第 5 章　基于数据融合的城市轨道交通车站服务设施设备运用与维护优化

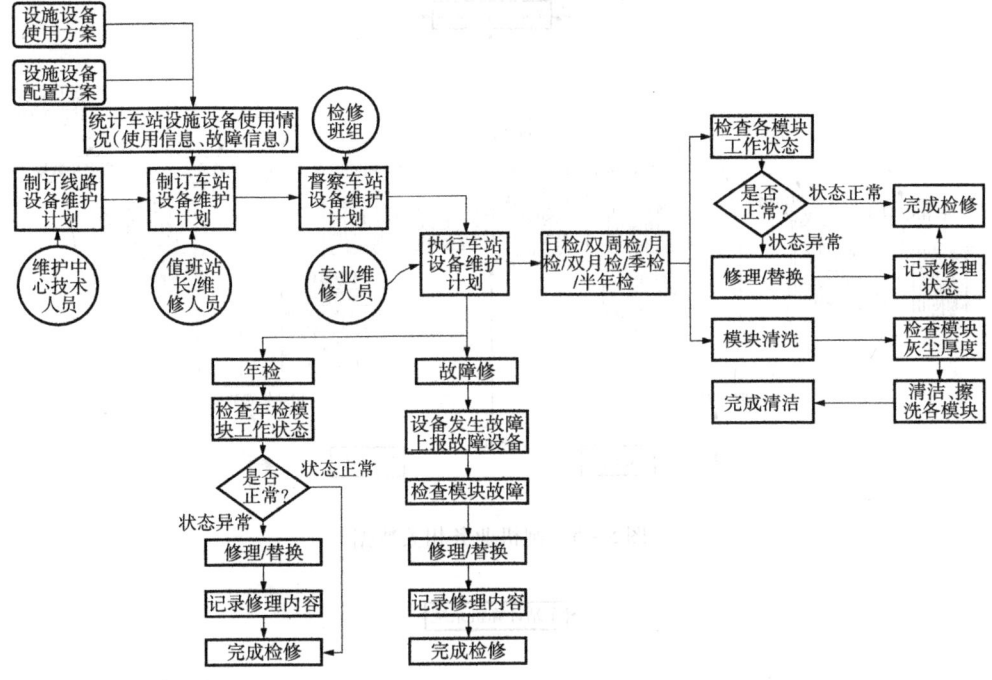

图 5-4　车站设施设备（闸机、自动扶梯）维护流程

5.3　业务数据

城市轨道交通各专业系统保存有大量的原始数据和各种业务数据，记录了业务的真实过程。利用这些数据构建以某类设施设备为核心的数据集合，在此基础上为设施设备数据画像提供相关维度数据。

5.3.1　相关数据

设施设备运用与维护业务的相关数据覆盖设备状态、运行参数、维护管理等各个方面。以闸机和自动扶梯为例，闸机业务和自动扶梯的相关数据分别如图 5-5 和图 5-6 所示。

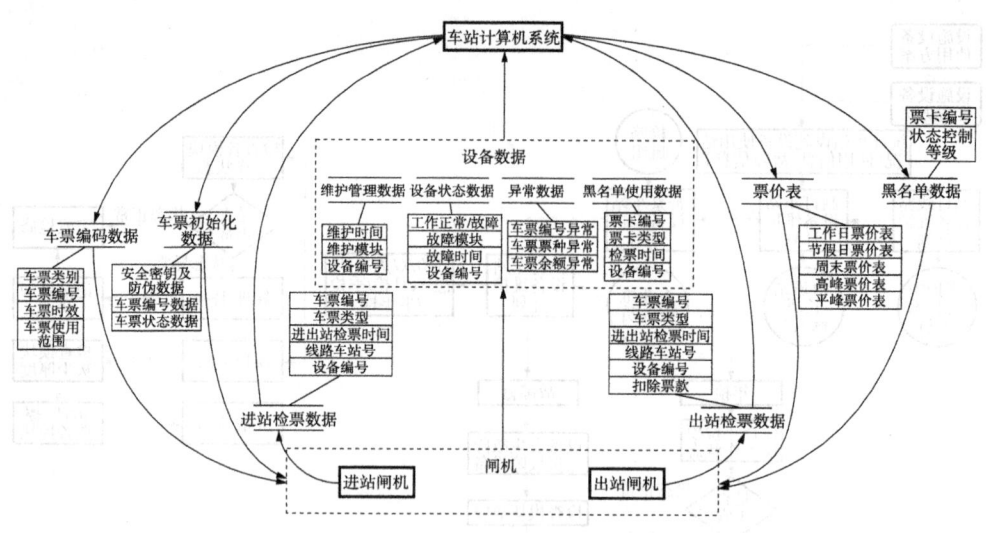

图 5-5 闸机业务相关数据

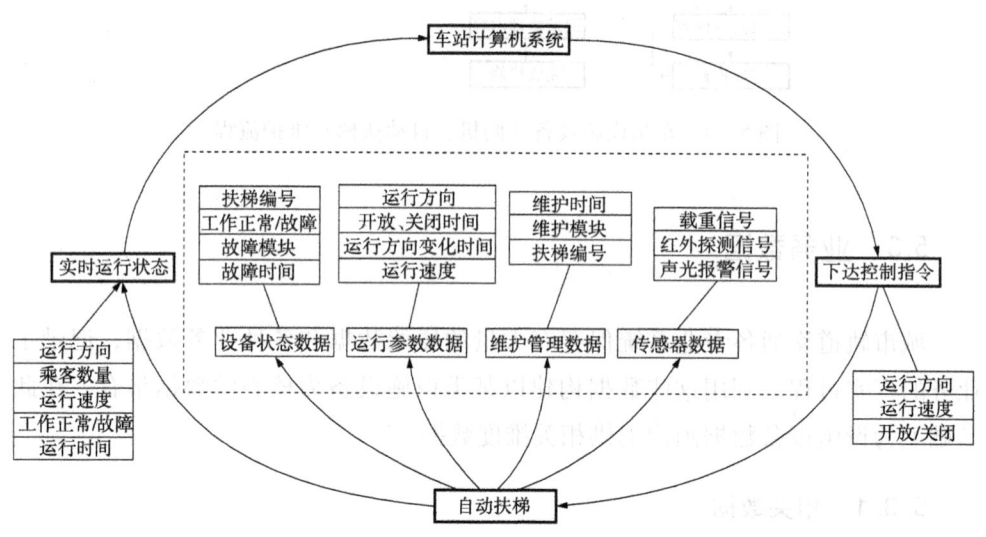

图 5-6 自动扶梯业务相关数据

5.3.2 数据画像分析

数据画像是一种抽象出数据信息全貌的手段，通过清洗、聚类、分析等手段对数据资源进行系统的整合，将数据抽象成标签，在标签模型上构建大数据画像类的交互式分析应用，可以自由灵活地分析这些对象各种属性与行为之间的关联性从而最终实现业务价值。设施设备通过构建全面、精准、多维的数据画像，可以从设施设备运作所产生的数据中得出设备的健康状况，从而发挥预警监控的功能。

结合典型业务数据和设施设备的特点，设施设备数据画像基本要素构成主要包括基本信息、运营属性、工作状态、内置参数、性能指标、关联乘客信息等，如图5-7所示。

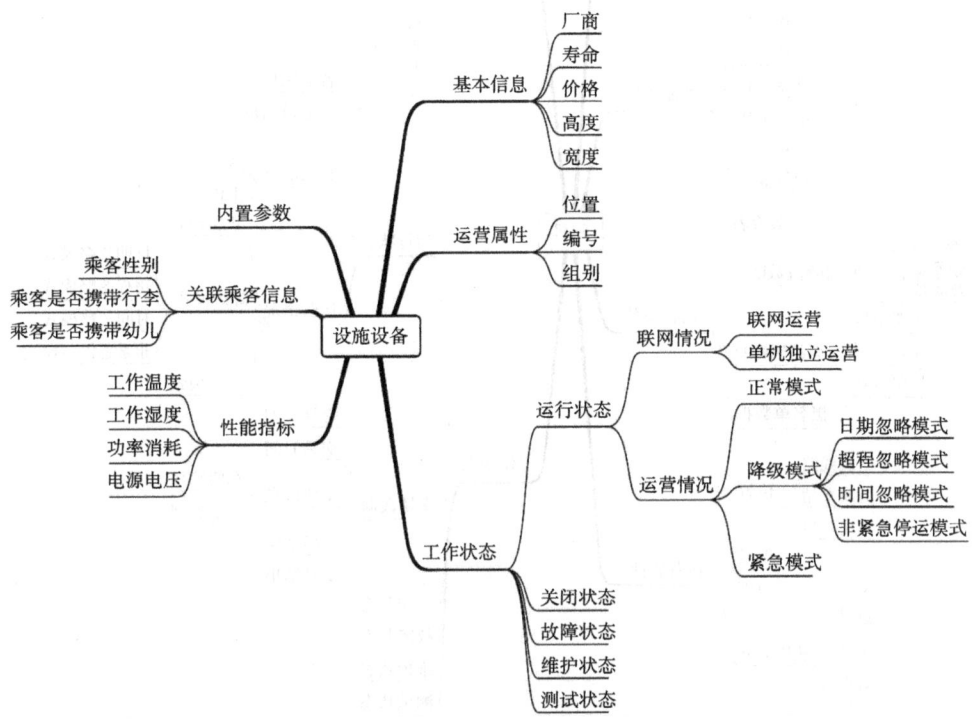

图5-7 设施设备数据画像要素构成

根据闸机的基本信息、运营属性、工作状态、内置参数、性能指标、关联乘客信息等，刻画闸机基本画像，如图5-8所示。

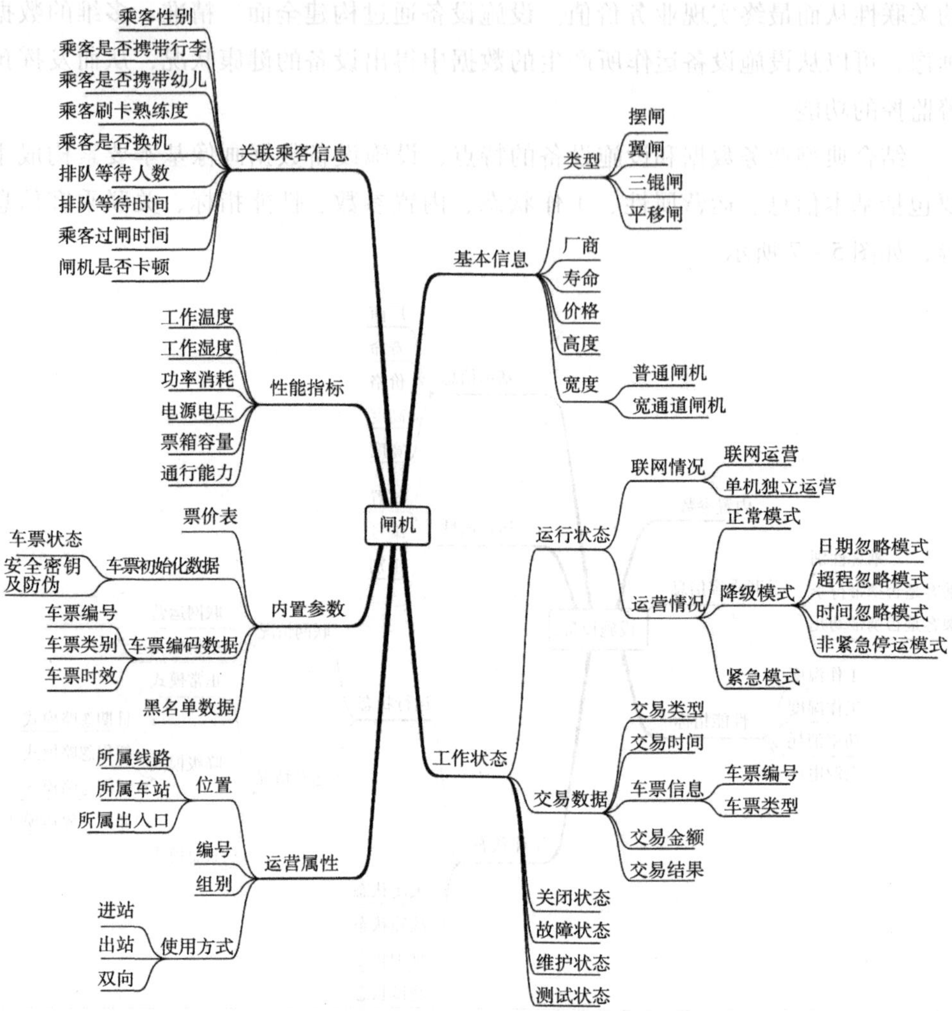

图 5-8 闸机基本画像

根据自动扶梯的基本信息、运营属性、工作状态、内置参数、性能指标、关联乘客信息等，刻画自动扶梯基本画像，如图 5-9 所示。

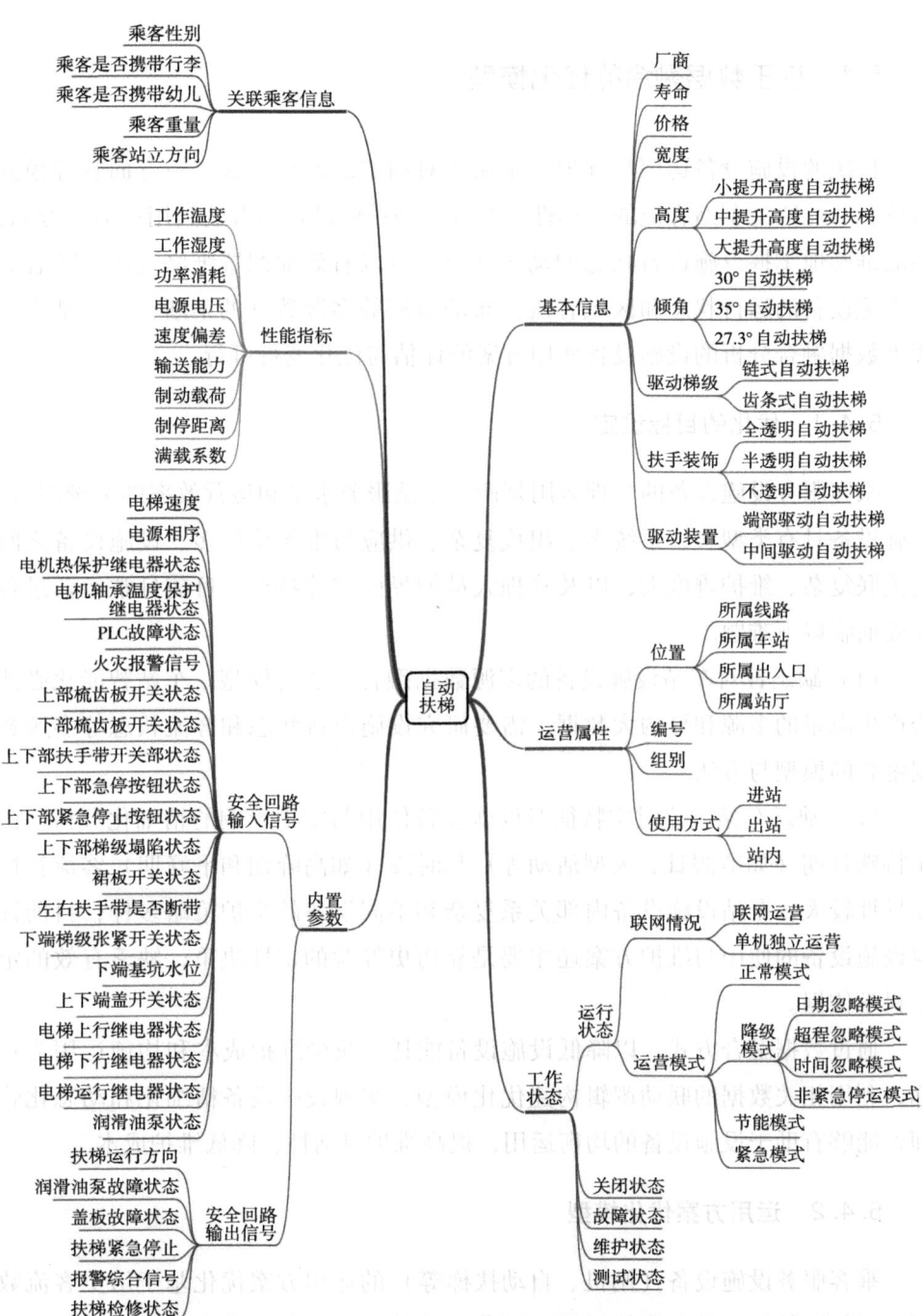

图 5-9 自动扶梯基本画像

5.4 基于数据融合的优化模型

传统的设施设备运用与维护多采用相对固定的预设模式。一方面管理模式粗放，不能匹配车站客流的波动性，难以达到设施设备的有效利用；另一方面，不能准确地掌握设施设备状态的动态变化，难以有效地配置维修资源。随着大量设施设备的运行状态和区域客流分布的监测等多源数据的不断积累，结合多源大数据融合分析的设施设备使用方案的评估与优化变得可行。

5.4.1 优化的目标设定

乘客服务设施设备的合理运用是衡量车站服务水平和运营效率的关键因素。设施设备具有类型多、系统多、组成复杂、供应与维保单位多、设施设备之间的关联复杂、维护难度大，以及管理人员的界面多等特点。目前日常运营过程主要面临以下难题。

（1）缺乏针对车站设施设备的多源数据融合方法与模型。车站智能化必然会产生海量的多源和异构大数据，需要研究设施设备状态和客流状态等多源数据融合的模型与方法。

（2）缺乏车站客流时空特征对设施设备使用与维护影响的精细化分析。由于特殊日期（如节假日、大型活动等）与时段（如高峰期和平峰期）客流特征差异性较大，车站设施设备内部关系复杂和不同设备的维护策略多样，目前针对设施设备的使用与维护方案还主要是靠历史经验的定性决策，缺乏有效的定量科学依据。

通过数据融合方式，以降低设施设备能耗、减少维护成本和均衡运用为目标，利用相关数据的联动逻辑构建优化模型，实现设施设备精细化和动态化管理，能够有助于设施设备的均衡运用，提高维护灵活性，降低维护成本。

5.4.2 运用方案优化模型

乘客服务设施设备（闸机、自动扶梯等）的运用方案优化基于历史客流数据、运行图数据、设备维保记录、运营环境等信息，考虑乘客排队长度、乘客排队时间、设备利用率范围、设备投入最大和最小数量等约束条件，以设备运用均衡、运营成本最少、服务水平最高等为优化目标，通过构建多约束、多目标的整数规划模型，最后求得设备的分时段运用方案，包括设备的运用时段、开放数量、开放方向等。车站设施设备（闸机、自动扶梯）运用数据融合优化模型如图 5-10 所示。

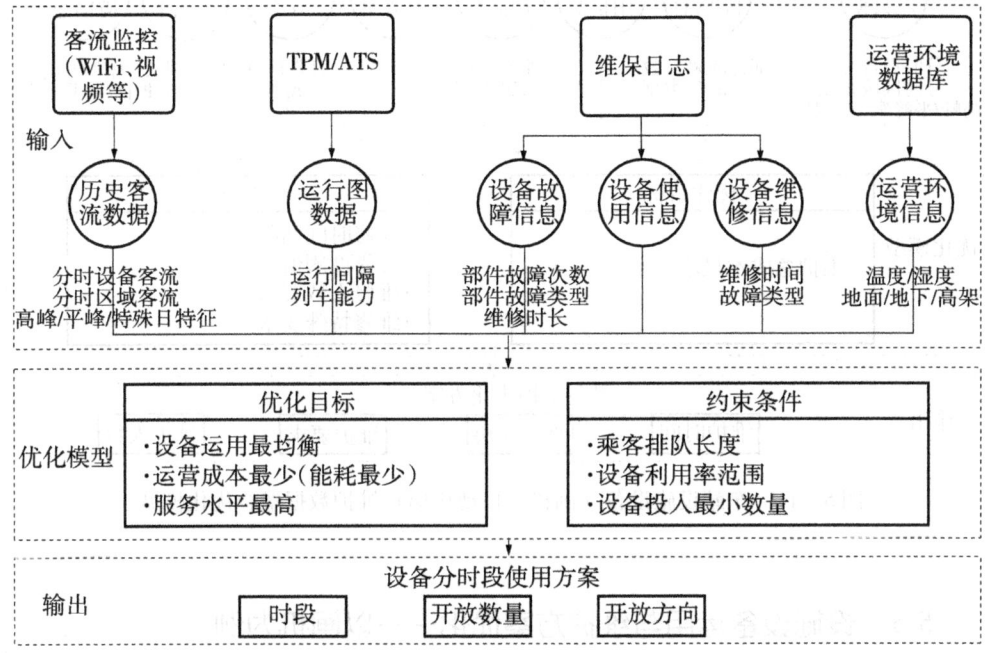

图 5-10　车站设施设备（闸机、自动扶梯）运用数据融合优化模型

5.4.3　维护方案优化模型

乘客服务设施设备（闸机、自动扶梯等）的维护优化方案基于历史客流数据、设备维保记录、运营环境等信息，考虑检修时间间隔、可靠度阈值、维修人数要求、维护特殊要求等约束条件，以维护总成本最小为优化目标，通过构建整数规划模型，最后求得设备的维护优化方案。车站设施设备（闸机、自动扶梯）维护数据融合优化模型如图 5-11 所示。

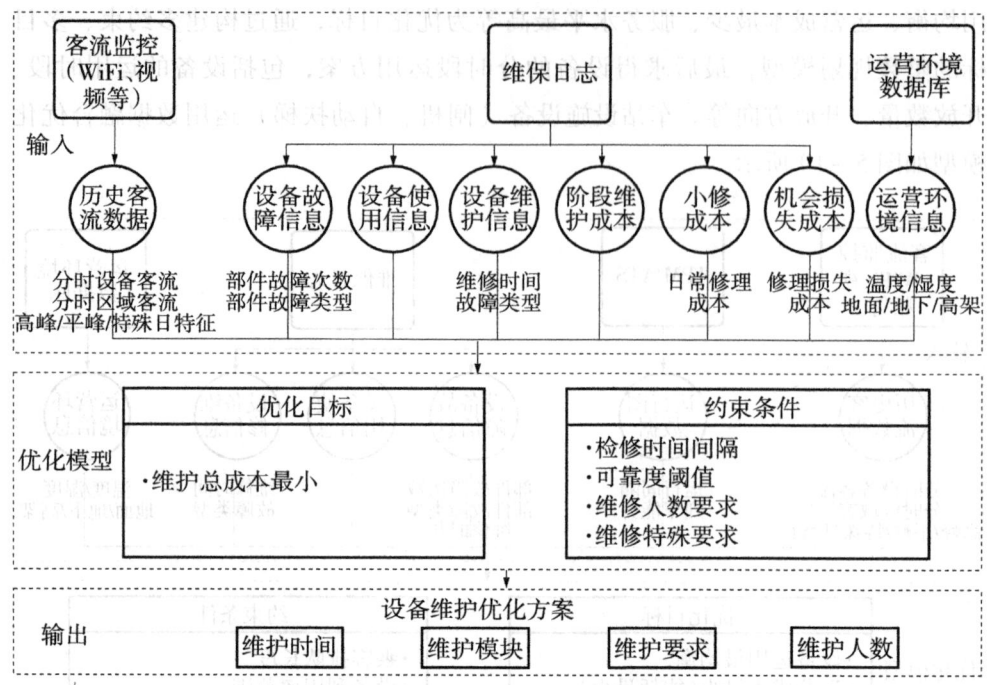

图 5-11 车站设施设备（闸机、自动扶梯）维护数据融合优化模型

5.5 设施设备运用与维护方案优化——以闸机为例

通过客流宏观和微观数据与乘客服务设施设备工作状态数据融合，可以根据客流动态匹配设施设备分时运用方案，在提高设施设备利用率的同时，提高设施设备的有效使用周期。以 AFC 系统中的闸机为例，在车站客流时空分布精准感知的支持下，闸机设备的日常运行方案可以依据分时分区域客流数据进行制定。特别是在实时客流监测预警情况下，根据实时客流量和流线情况，在大客流发生之前，闸机设备提前根据预警信息做好调整措施，将有效提高应急响应能力，降低客流积聚风险。

5.5.1 客流对闸机运用的影响分析

车站布置的闸机类型主要为三杆式和门扉式，也可以根据客流集散需要设置单向或双向闸机。车站闸机的选择受到车站客流规模、周边用地、承载功能等因素的影响。车站根据车站客流整体和不同时段流量、流向的特征，结合车站出入口、站厅站台关联设施布局，选择闸机的合理匹配方式。比如，通勤客流较大、客流早晚高峰潮汐性明显的车站可以配置双向进出站闸机，可以提高闸机利用效率，同时提升客流疏解能力。

5.5.1.1 闸机位置的客流特征

相比站厅、通道、站台候车处的客流，车站闸机处的客流具备自身的客流特点，而进站闸机和出站闸机又表现出不一样的客流特征状态。

1. 进站闸机处客流特征

（1）对于闸机的熟练程度、不同进站方式、携带行李等方面会影响乘客通过闸机的速度和进站时间消耗。

（2）从全日总体来看，进站客流从入口进入，经过买票、安检等流程进入排队，排队过程相对零散。

（3）相比平峰时段，早晚高峰时段进站乘客的达到集中度相对较高，会出现一定的客流排队现象。由于在通过进站闸机之前，安检对客流的流动有一定的限制作用，即使在早晚高峰时段，进站闸机的排队也会得到一定的缓解。

（4）在高峰时段，乘客在进站时存在选择偏好，存在距离与排队的博弈现象。

2. 出站闸机处客流特征

（1）对于闸机的熟练程度、不同出站方式、携带行李等方面影响乘客通过闸机的速度和出站时间消耗。

（2）受列车发车间隔的影响，存在周期性的客流集散情况。

（3）与进站闸机处不同，由于列车达到的周期性，出站客流在出站闸机处的汇集规律也具有周期性，会出现短时间内的乘客排队现象。

（4）早晚高峰时段排队客流量剧增，远大于平峰时段的乘客数量。

5.5.1.2 闸机实际通过能力计算

《地铁设计规范》（GB 50157—2013）明确给出了城市轨道交通车站基础设施技术标准以及关键设施设备的尺寸计算标准，各类型闸机通过能力的参考值如表 5-1 所示。

表 5-1 闸机通过能力参考值

设施名称	设施类别	持卡类型	通过能力/人·h⁻¹	单个乘客过闸机平均时间/s
自动检票机	三杆式	非接触式 IC 卡	1200	3
	门扉式	非接触式 IC 卡	1800	2
	双向门扉式	非接触式 IC 卡	1500	2.4

但在实际运营过程中，闸机的通过能力往往达不到理论值，不同时段、不同位置的进出站闸机实际通过能力往往各不相同。乘客性质与特征对乘客过闸机时间有一定影响，主要包括乘客是否携带行李及行李大小、持卡类型、对设备熟悉程度、年龄、职业等。因此，普通的服务窗口式计算不能满足城市轨道交通闸机口排队的规则，在不考虑发车间隔等因素的影响下，乘客通过闸机的实际时间与进出乘客属性相关。

此外，还要考虑闸机在工作的过程中会经常出现进出站凭证不能正常识别而卡顿的现象，闸机的卡顿会影响乘客的正常通过，乘客通过闸机时间也会受到影响。因此，结合乘客的属性和闸机卡顿频率，设计通过能力的折减系数，最终可得闸机实际通过能力的计算公式如下：

$$A = \frac{3600}{\sum_{i=1}^{n} P_i t_i} z \qquad (5-1)$$

式中，A 为单位时间内闸机实际通过能力，人/h；P_i 为第 i 类乘客的比例，%；t_i 为第 i 类乘客通过闸机的平均时间，s；z 为表示进出站闸机通过能力的折减系数。

5.5.1.3 乘客通过闸机时间的影响因素

一般来说，乘客通过闸机时间会受到多方面因素的影响，包括客流特征、乘客属性、闸机性能等。

1. 客流特征

车站客流总体特征主要有空间和时间两个维度的特征。车站所处的区位不同，由周边的居民或人群构成的车站客流结构也不同。处在市区商业区的车站，由于大部分居民早上需从郊区到市区上班通勤，晚上再从市区返回郊区，这类车站往往会出现早高峰出站客流、晚高峰进站客流；相应地，处在郊区的首末班车站，往往会出现早高峰进站客流及晚高峰出站客流。车站形成的这类显著性总体特征会影响乘客通过闸机时间，客流量大的时间段，通过闸机的速度明显降低。

车站客流规模也会影响乘客通过闸机的时间。普通小型车站客流特征相对简单，客流规模对乘客通过闸机时间的影响较小；大型换乘站客流量大、客流结构复杂，客流规模对乘客通过闸机的时间会有较大影响。

不同特征日客流的时间分布特征对闸机位置的客流通过也会产生影响。对于闸机位置，工作日不同时段乘客到达率不同，客流分布规律也存在差异，高峰时段、平峰时段所观测到的单位到达乘客数量各不相同。相比于工作日客流，节假日车站客流一般不会有明显的高低峰期。通常，双休日的客流量要小于工作日的客流量，并且不管是进站客流还是出站客流，全天基本保持相对波动较小状态。

2. 乘客属性

乘客的自身属性包括年龄、性别、携带行李大小、是否携带幼儿、持卡类型、操作熟练度等方面，乘客属性决定了乘客出行习惯特征，也会对乘客通过闸机时间造成影响。

（1）年龄。一般情况下，年长乘客在检票通行时，花费的时间比年轻乘客要长。

（2）性别。乘客性别的差异主要体现在乘客的步幅，一般来说，男性乘客通过闸机时的步幅较大，步行速度较快；而女性由于身形相对较小，通过闸机时的步幅较小。但车站闸机的通过间距较短，乘客过闸机时间在性别方面的差异并不明显。

（3）携带行李大小。携带行李大小对乘客过闸机时间的影响程度较大。一般情况下，携大件行李的乘客，由于行李的重量、体积都很大，乘客通过闸机时，过闸时间明显大于携带小件行李或未携带行李的乘客。

（4）是否携带幼儿。携带婴幼儿的乘客在通过闸机时，其步行速度也会受到一定程度的影响。

（5）持卡类型。不同的刷卡方式，会影响刷卡便利性和闸机的反应时间。一般来说，乘客的持卡类型有单程票、非接触式IC卡（公交卡）和二维码票证等。采用单程票进站的乘客，其检票通过闸机的时间与非接触式IC卡刷卡时间基本相同，但在出站时，单程票要被闸机回收，出站时间与非接触式IC卡出站略有不同。而二维码票证作为新型电子票证方式，近年来逐渐兴起，并在各大城市投入使用。由于乘客用二维码过闸时，需提前打开二维码扫码通过闸机，其花费时间往往略高于使用单程票和非接触式 IC 卡的乘客。

（6）操作熟练度。乘客刷卡通过闸机的熟练度对乘客过闸机时间也有一定的影响。通常来说，熟练使用闸机的乘客，其过闸速度较快，乘客过闸机时间较短；而不熟悉闸机使用方式的乘客，其在刷卡时间、通过速度上与操作熟练的乘客相比会有明显的差别。

3. 闸机性能

车站闸机性能对于乘客过闸机时间也有一定程度的影响，主要包括闸机的类型、反应时间、卡顿频率和故障频率。

（1）闸机类型。不同类型的闸机在单位时间内的通过能力一般是不同的，门扉式、双向门扉式闸机，其开关门速度更快，因此其通过能力更强；而三杆式闸机是通过机械式转动完成通行，通过速度较门扉式闸机慢，其通过能力相对较弱。

（2）闸机反应时间。进出站闸机刷卡时，闸机的感应开启时间和感应关闭时间，因不同型号、不同生产厂家而不同。

（3）闸机卡顿频率。当乘客在闸机前刷卡时闸机出现卡顿，由于闸门不能立即开放，很多乘客会二次刷卡，进而影响乘客通过闸机的时间。

（4）闸机故障频率。当闸机发生故障时，乘客需换队重新刷卡，在客流高峰期时，乘客换队等待的时间会大大增加，严重影响闸机的服务效率。

5.5.1.4　进出站客流闸机排队分析

对于进站闸机而言，平峰时段客流相对稀疏，而在高峰时段客流会变得密集，高峰时段瞬时到达乘客数不断增多，逐渐超过服务能力，形成排队，随着高峰时段结束，到达人数逐渐小于闸机的服务能力，排队逐渐消散。

不同于进站闸机，出站闸机的客流与发车间隔关系密切。发车间隙时段的乘客数量较为稳定，受发车周期性影响，发车间隙出站客流稳定在极少的情况，可以认为不同时段的发车间隙客流分布基本相同。相反，列车到达时乘客数量波动比较大，到达率不断变化，与进站闸机客流分布相似。在客流高峰时段，列车发车频率增加，发车间隙出站乘客数量也随之变小，列车到达时出站乘客数量相应变大。

在平峰时段,发车间隔时间较长,乘客出站基本保持着单通道的排队规则,但是在高峰时段,发车间隔时间变短而客流变大的情况下,排队规则发生改变,出站乘客数不断累积,乘客出站不再呈现离散的选择行为而是变成众多的通道同时排队行为,即由单个通道的排队规则变成了 N 个通道的排队规则。

在客流比较大的时候,闸机前的乘客从无序至有序的过程使得在经过闸机时形成自动渠化队列,排队也由此产生。针对乘客排队长度、排队时间等指标,引入排队论进行分析。

排队论又称为随机服务系统理论,指在乘客的"服务"与"供给"之间寻求一种平衡,通过合理的协调安排,使乘客因拥挤而产生的等待队列更快、更高效地疏散,同时最大化地满足乘客的舒适感。排队系统由输入过程、基本假设、服务形式构成。

1. 输入过程

(1) 定长输入(D):乘客等时距到达;

(2) 泊松输入(M):乘客到达规律满足离散分布中的泊松分布规律;

(3) 埃尔朗输入(E_k):乘客到达时距满足埃尔朗分布。

2. 基本假设

(1) 损失制。乘客到达后发现所有服务台均被占用,则立即消失、不再等候。这种模式在进站闸机处基本不存在;

(2) 等待制。乘客到达后发现服务台被占用,则耐心进行排队等候,等其他乘客接受完服务后再依次通过服务台接受服务;

(3) 混合制。乘客到达后发现服务台被占用,若排队长度小于预期值则进行排队等候,队伍过长则消失不见。进站闸机处可能发生,较为急躁的乘客可能另选其他入口。

3. 服务形式

根据服务设施的服务形式差异分为定长分布服务、负指数分布服务以及埃尔朗分布服务三种。根据闸机的服务特性,满足负指数分布服务。

在排队论中,普遍采用的记号为 $X/Y/Z/A/B/C$,其中 X 表示顾客相继到达的时间间隔的分布;Y 表示服务时间的分布;Z 表示服务台的个数;A 表示系统的容量;B 表示顾客源的数目;C 表示服务规则。

当自动检票闸机系统中总的乘客人数(包括正在接受自动检票闸机服务和

排队的乘客）超过系统的容量上限 N_{max}，此时到达的乘客因无法忍受等待而离开，即客流发生了损失，这里记自动检票闸机系统可以容纳的乘客人数确定为系统容量（记为 N_{max}）；对于自动检票闸机排队系统乘客源的数目，定为无限，记为 ∞；自动检票闸机排队系统中每个后面排队的乘客都需要等前方乘客的服务结束才能开始自己的服务，因此该排队系统符合"先到先服务"的服务规则。

根据客流分布特征，分别对进出站闸机进行分析，进站闸机乘客流比较分散，自主选择性比较大，处在最首位置的乘客视进站闸机处的拥挤程度自主选择服务闸机通过，可以描述为单通道多服务台排队模式，如图 5-12 所示。

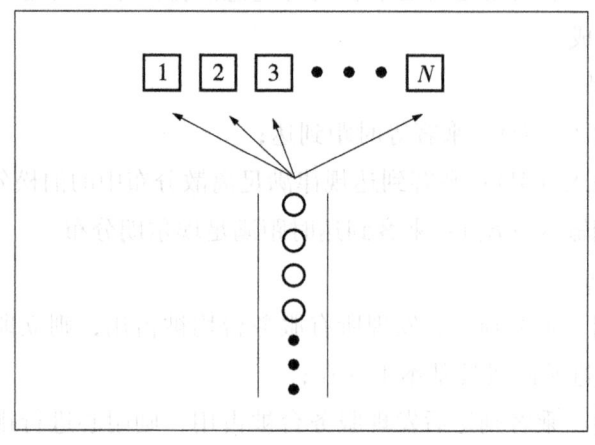

图 5-12　单通道多服务台排队模式（进站）

出站闸机处客流分布与进站相似但又存在差异，在高峰时段，出站闸机客流由单通道排队改变为多通道排队模式。这种服务模式可以描述为由 N 条 $X/Y/1$ 通道排队系统组成。在大客流出站排队后期实际上表现为这种模式，各出站闸机间虽无格挡，但多条队伍形成后往往不能串队，多通道多服务台排队模式如图 5-13 所示。

根据上述分析，可以建立乘客到达时间间隔服从概率分布 X，服务时间服从概率分布 Y，自动检票闸机数量为 N，自动检票闸机系统容量为 N_{max}，乘客源为 ∞，服务规则为"先到先服务"的排队系统，记为 $X/Y/N/N_{max}/\infty/FCFS$ 排队系统，根据排队论相关知识，可以记为 $X/Y/N/N_{max}$ 排队系统。

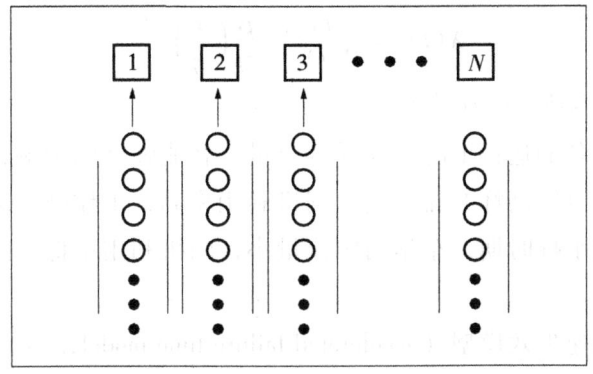

图 5-13 多通道多服务台排队模式（出站）

5.5.2 客流对闸机故障率的影响分析

闸机设备比较复杂，集电控、电感还有机械传动于一体，在使用过程中难免会发生设备故障，常见故障主要是读卡器故障和门机构故障。在客流量较大并且密集的高峰时段，由于乘客进出车站量较大，且刷卡频繁，容易使得闸机读卡器和门机构失灵，导致乘客无法顺利进出车站。

威布尔分布适用于机械电气设备累计失效产品的故障分布模拟，其描述生命周期内失效率"浴盆"曲线准确地反映了设备退化、磨损过程。车站闸机设备的故障特性符合机械电气设备故障模式，宜采用威布尔分布拟合闸机设备的故障分布特征。威布尔曲线变化规律如图 5-14 所示。

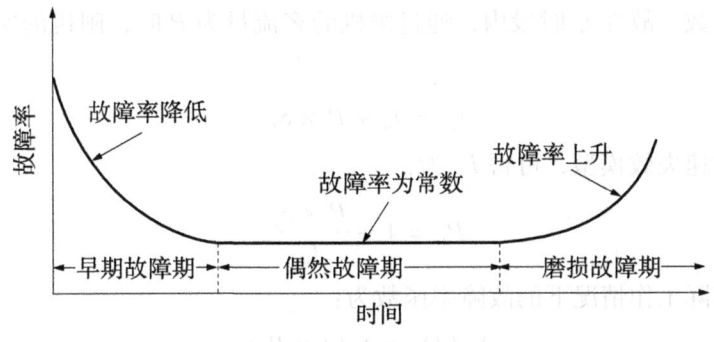

图 5-14 威布尔曲线变化规律

当产品寿命服从威布尔分布时，故障率函数为：

$$\lambda(t) = \frac{f(t)}{R(t)} = \frac{\beta}{\eta}\left(\frac{t}{\eta}\right)^{\beta-1} \tag{5-2}$$

式中，β 为形状参数，η 为尺度参数。

车站闸机设备的运行工况主要受客流量、客流强度的影响，在工作日客流高峰、极端大客流等高峰客流时期，闸机利用率高，工作强度大，往往更容易出现故障；而在平峰时期，车站内客流量小，闸机利用率低，闸机的故障频率也相对较小。

可以采用加速失效模型（accelerated failure time model，AFTM）来分析客流量、客流强度对闸机故障率的影响，即客流量、客流强度对闸机故障率变化的影响比重，将其定义为客流量影响系数。

加速失效时间模型又被称为线性加速模型，属于参数模型，描述了在高应力、高强度下的设备工作时间 t_m 与正常应力强度水平下设备的工作时间 t_0 的关系，加速系数写为：

$$AF = \frac{t_m}{t_0} \tag{5-3}$$

根据式（5-3），在正常的应力强度下，故障率函数 $\lambda_0(t)$ 与高应力水平下的故障率函数 $\lambda_m(t)$ 的关系为：

$$\lambda_m(t) = \lambda_0(t \times AF) \tag{5-4}$$

车站客流量时间序列分布的差异性会导致闸机的运行工况不同。根据加速失效时间模型的基本原理，引入闸机故障率的客流影响因子 P_f，该影响因子表示闸机每通过一名乘客时相当于闸机实际多工作了 S_f 小时，S_f 为单位客流量影响系数。故在 t_0 时段内，通过闸机的客流量为 P 时，闸机的实际工作时间 t_m 为：

$$t_m = t_0 + P \times S_f \tag{5-5}$$

根据加速失效模型，可得 P_f 为：

$$P_f = 1 + \frac{P \times S_f}{t_0} \tag{5-6}$$

闸机实际工作情况下的故障率函数为：

$$\lambda_m(t) = \lambda_0(t \times P_f) \tag{5-7}$$

其中，$\lambda_m(t)$ 表示实际情况下闸机的故障率函数，$\lambda_0(t)$ 表示闸机的基本故障率函数，即一般情况下闸机的故障率随时间的分布情况。

5.5.3 闸机分时运用模型

对于大部分城市轨道交通车站而言，进出站客流在时间分布上表现出显著的不均匀和突变特性。因此，基于客流的时间分布特征制定车站乘客服务设施设备的运用模式，可以有效地提升乘客服务设施设备的利用效率。闸机分时运用模型以满足一定服务水平前提下的闸机运营成本最小为目标，考虑闸机排队系统的容量限制，结合进出站客流变化，构建排队系统相关性能指标，得到适合不同客流场景下的闸机运用方案，主要是确定每组进站或出站闸机在不同时段的开放数量和对应的闸机编号。

5.5.3.1 分时运用优化模型

闸机分时运用方案优化模型由优化目标、约束条件和决策变量组成。其中，闸机分时运用方案的优化目标是通过闸机的分时段运行实现闸机系统运营成本最小；同时，需考虑乘客的服务水平，本文将服务水平作为约束条件，建立考虑乘客服务水平的闸机运用成本最小模型；以各个时段闸机系统中各个闸机的工作状态作为决策变量。

1. 优化目标

在保证闸机系统安全和服务质量的前提下，以收益最大或成本最低为目标，通过制定合理的运营和维护方案，提高闸机整体利用效率，降低运营和维护成本。主要涉及的成本如下：

（1）运营能耗成本。运营能耗成本是指车站闸机系统消耗的电能成本，影响闸机能耗的因素有闸机的运用数量、运用时长。

（2）闸机故障成本。闸机故障成本是指车站闸机系统在运营阶段发生故障产生的停机成本和故障检修成本。影响闸机系统故障成本的因素主要有闸机的老化程度、闸机的运用频率、客流强度等。

（3）闸机维护成本。闸机维护成本是指车站闸机系统的预防性维护成本，包括闸机的日检、双周检、半年检等维护成本。

结合闸机的运营能耗成本、故障成本以及维护成本 3 个方面考虑闸机的分时运用成本函数。建立闸机在某一时期的运营成本函数式为：

$$\text{Min} C = \sum_{j=1}^{m}\sum_{i=1}^{n} C_1 X_{ij} t + \sum_{j=1}^{m}\sum_{i=1}^{n} C_2 f_{ij}(X_{ij}t) + \sum_{j=1}^{m}\sum_{i=1}^{n} C_3 X_{ij} t \quad (5-8)$$

式（5-8）目标函数中第一项为能源消耗成本，第二项为潜在故障成本，第三项为潜在维修成本。其中，C 表示总成本；C_1 表示单位时间内单个闸机的能耗成本；C_2 表示单个闸机的单次故障修理成本；C_3 表示单位时间内单个闸机的预防维护成本；t 表示每一时间段的时长，min；X_{ij} 表示在 j 时段第 i 个闸机的使用状态；$f_{ij}(X_{ij}t)$ 表示第 i 个闸机在 j 时段内的故障率函数。

其中，结合前面对故障函数的分析，故障率函数为：

$$f_{ij}(X_{ij}t) = \frac{\beta}{\eta}\left(\frac{t_{ij}}{\eta}\right)^{\beta-1} \quad (5-9)$$

当第 j 个时段客流量 P_j 为 0 时，在 j 时段，闸机 i 的实际运用时间为：

$$t_{ij} = \begin{cases} W_i + \dfrac{t}{60}X_{ij}, & j = 0 \\ t_{ij-1} + \dfrac{t}{60}X_{ij}, & j \neq 0 \end{cases} \quad (5-10)$$

当第 j 个时段客流量 P_j 不为 0 时，在 j 时段，闸机 i 的实际运用时间为

$$P_{ij} = \frac{P_j}{N_j}X_{ij} \quad (5-11)$$

$$t_{ij} = \begin{cases} W_i + \dfrac{t}{60}X_{ij} + S_f \times P_{ij}, & j = 0 \\ t_{ij-1} + \dfrac{t}{60}X_{ij} + S_f \times P_{ij}, & j \neq 0 \end{cases} \quad (5-12)$$

式中，P_j 表示 j 时段下的客流量；N_j 表示 j 时段下实际工作的闸机总数；P_{ij} 表示 j 时段下，通过第 i 个闸机的客流量；t_{ij} 表示第 i 个闸机在 j 时段的实际工作时间；W_i 表示第 i 个闸机的初始工作时间；t_{ij-1} 表示第 i 个闸机在 $j-1$ 时段的实际工作时间；S_f 表示单位客流量对闸机实际工作时间的影响系数。

$$X_{ij} = \begin{cases} 0, & \text{在 } j \text{ 时段第 } i \text{ 个闸机关闭} \\ 1, & \text{在 } j \text{ 时段第 } i \text{ 个闸机工作} \end{cases} \quad (5-13)$$

2. 约束条件

（1）服务水平。闸机系统在运营过程中，必须满足一定的乘客服务水平。闸机的工作数量少，则系统的排队长度、等待时间都要增加，乘客服务水平随之下降。在系统的排队指标中，以"排队长度"作为刻画乘客服务水平的指标，但是直接采用"平均排队长度"很难将乘客服务水平映射到相同区间上。根据《公共交通通行能力和服务质量手册（原著第 2 版）》（TCRP Report 100），

人均面积（记为 S_s），为闸机排队系统中乘客服务水平最直接的体现，显然，S_s 越大，乘客服务水平越高。

$$S_s = \frac{S}{L_s} \quad (5-14)$$

式中，S_s 为人均面积；L_s 为系统平均队长；S 为自动检票闸机排队系统占地面积或排队区域的面积。

定义闸机系统发生堵塞时的人均面积（记为 S_m）来刻画乘客服务水平。以 TCRP Report 100 中的行人服务水平划分方法作为界定标准，把等待接受检票服务的乘客类比等待区域的行人，以区域内乘客占有面积均值作为指标进行服务水平划分。服务水平界定标准如表 5-2 所示。

表 5-2 服务水平界定标准

服务水平等级	A	B	C	D	E	F
人均面积/$m^2 \cdot ped^{-1}$	≥1.2	0.9~1.2	0.7~0.9	0.3~0.7	0.2~0.3	<0.2

TCRP Report 100 中根据人均面积确定服务水平的标准，将处在 F 等级的人均面积确定为系统发生堵塞时的人均面积判断标准，故将 S_m 的取值定为 $0.2m^2/ped$。

当闸机排队系统发生堵塞时，闸机排队系统占地面积或排队区域的面积计算为：

$$S = S_m \times N_{max} \quad (5-15)$$

式中，S 为自动检票闸机排队系统占地面积或排队区域的面积；S_m 为闸机排队系统发生堵塞时的人均面积；N_{max} 为闸机排队系统的系统容量。

通过前面的分析，记闸机排队系统在某一服务水平时人均面积下限为 S_l，上限为 S_u。则，闸机乘客服务水平的约束条件表达为：

$$S_l \leqslant S_s \leqslant S_u \quad (5-16)$$

（2）数量约束。一组闸机在各时段工作时，会有运用数量的约束。一般会有运用数量的最大值和最小值，其约束形式为：

$$N_{min} \leqslant \sum_{i=1}^{n} X_{ij} \leqslant N_{max} \quad (5-17)$$

3. 输出结果

根据闸机的分时运用优化模型，求出的结果为在闸机运用成本最小的情况下,闸机在各时段的运用方案,包括各时段运用的闸机编号和闸机数量。

5.5.3.2 模型相关参数

为便于解释分时运用模型中的参数,本节先给出分时运用优化模型所涉及的参数及其含义,如表5-3所示。

表5-3 参数一览表

类别	变量	含 义
输入客流	P_j	j 时段到达的客流量
	P_{ij}	j 时段通过闸机 i 的客流量
工作时间	W_i	闸机 i 的初始工作时间
	t_{ij}	j 时段闸机 i 的实际工作时间
	t_{ij-1}	$j-1$ 时段闸机 i 的实际工作时间
	t	每一时段的时长(单位:min)
排队指标	λ	客流到达率
	μ	单个闸机的服务率
	t_s	乘客通过闸机时间
	$N_{\max}$	闸机排队系统可以容纳的最大乘客人数
	N	排队系统可使用的闸机总数
	L_q	闸机系统中排队等待接受检票服务乘客的均值
	W_q	闸机排队系统内排队等候服务时间的均值
	ρ	闸机系统的服务强度
	$P(0)$	系统中乘客数为0的概率
	L_s	闸机系统平均排队长度,包括正在检票的乘客
	W_s	闸机系统平均等待时间,包括正在检票的乘客
	N_j	j 时段运用的闸机数量
故障率指标	β	故障函数的尺度参数
	η	故障函数的形状参数
	S_f	客流强度对闸机实际工作时间的影响系数
	f_{ij}	在 j 时段闸机 i 的实际故障率

续表

类别	变量	含 义
成本参数	C	总成本
	C_1	单位分钟内单个闸机的能耗成本
	C_2	单个闸机的单次故障修理成本
	C_3	单位分钟内单个闸机的预防维护成本
决策变量	X_{ij}	j 时段闸机 i 的工作状态
闸机数量约束	$N_{\max}$	每一时段内闸机运用的最大数量
	$N_{\min}$	每一时段内闸机运用的最小数量
服务水平约束	S	闸机排队系统占地面积或排队区域的面积
	S_s	人均占用面积
	S_l	人均占用面积下限
	S_u	人均占用面积上限

其中，闸机排队指标计算还涉及以下参数，主要包括客流到达率、单个服务台的服务率、系统容量、平均排队长度、平均等待时间。

（1）客流到达率 λ。客流到达率即单位时间内到达闸机排队系统的乘客数，记相继乘客到达排队系统的平均时间间隔为 t_d，则明显有：

$$\lambda = \frac{1}{t_d} \tag{5-18}$$

λ 的取值可根据统计的车站历史客流进出站数据获得，也可得到乘客的到达时间间隔。

（2）单个闸机的服务率 μ。单个闸机的服务率即为单个闸机单位时间内提供检票通过的人数，记乘客过闸机时间为 t_s，则明显有：

$$\mu = \frac{1}{t_s} \tag{5-19}$$

t_s 的取值在前面对闸机通过能力的分析中获取，针对不同类型乘客，统计各类乘客的进出站消耗时间，再进行加权求和，这样对单个闸机的服务率 μ 进行了标定。

（3）系统容量 $N_{\max}$。系统的容量即为闸机系统可以容纳的最大乘客人数，当乘客人数大于系统的排队容量时，乘客会选择其他排队系统进行排队接受服务。$N_{\max}$ 的值取决于闸机数量 N 和乘客的最大等待时间 t_m，有

$$N_{\max} = N + N \times \frac{t_m}{t_s} \quad (5-20)$$

对于 t_m（单位：s）的取值，TCRP Report 100 中规定不超过 900s。

（4）平均排队长度 L_q。平均排队长度为闸机系统中排队等待接受检票服务的乘客的均值。

（5）平均等待时间 W_q。乘客在闸机排队系统内排队等候服务时间的均值。

1. 进站排队指标计算

乘客进站满足泊松分布，当闸机数量 $N=1$ 时，平行式进站闸机满足 $M/M/1$ 单通道单服务台排队，当 $N \neq 1$ 时，平行式进站闸机满足单通道多服务台排队。

当 $N=1$ 时，有

$$\rho = \frac{\lambda}{\mu} \quad (5-21)$$

$$P(0) = 1 - \rho \quad (5-22)$$

$$L_q = \frac{\lambda^2}{\mu(\mu-\lambda)} \quad (5-23)$$

$$W_q = \frac{L_q}{\lambda} \quad (5-24)$$

当 $N \neq 1$ 时，有

$$\rho = \frac{\lambda}{N\mu} \quad (5-25)$$

$$P(0) = \frac{1}{\frac{1}{N!(1-\rho)}\left(\frac{\lambda}{\mu}\right)^N + \sum_{k=0}^{N-1}\frac{1}{k!}\left(\frac{\lambda}{\mu}\right)^k} \quad (5-26)$$

$$L_q = \frac{(N\rho)^N \rho}{N!(1-\rho)^2} P(0) \quad (5-27)$$

$$L_s = L_q + \frac{\lambda}{\mu} \quad (5-28)$$

$$W_q = \frac{L_q}{\lambda} \quad (5-29)$$

$$W_s = W_q + \frac{1}{\mu} \quad (5-30)$$

2. 出站排队指标计算

乘客出站满足泊松分布,且出站闸机的数量为 N 时,服务模式属于多通道多服务台排队,实际上相当于 N 个 $M/M/1$ 单通道单服务台排队。

$$\rho = \frac{\lambda}{N\mu} \tag{5-31}$$

$$P(0) = 1 - \rho \tag{5-32}$$

$$L_q = \frac{\rho^2}{1-\rho} \tag{5-33}$$

$$L_s = \frac{\rho}{1-\rho} \tag{5-34}$$

$$W_q = \frac{L_q}{\lambda/N} \tag{5-35}$$

$$W_s = \frac{L_s}{\lambda/N} \tag{5-36}$$

5.5.3.3 相关多源数据

闸机运用优化需要用到的数据包括客流数据、运行图数据、运营模式、维护信息、运营环境信息,如表 5-4～表 5-8 所示。

1. 客流数据

表 5-4 客流数据信息

编号	字段信息	说 明	来 源
1	闸机编号	以配属信息为准,如 G101	配属信息表
2	刷卡时刻	乘客刷卡的时间	AFC 历史数据记录
3	刷卡类型	乘客刷卡类型,包括单程票、公交卡和二维码	AFC 历史数据记录
4	乘客性别	男或女	视频采集或人工调查
5	乘客携带行李大小	大包、小包或无包	视频采集或人工调查
6	乘客是否携带幼儿	是或否	视频采集或人工调查
7	乘客刷卡熟练度	刷卡熟练或不熟练	视频采集或人工调查
8	排队人数	当前队列排队人数	视频采集或人工调查

续表

编号	字段信息	说明	来源
9	等待时间	排队等待至刷卡的时间间隔	视频采集或人工调查
10	过闸时间	乘客刷卡至乘客通过闸机的时间间隔	视频采集或人工调查
11	闸机卡顿	闸机是否出现卡顿	视频采集或人工调查
12	乘客是否换机	乘客是否更换闸机进出站	视频采集或人工调查

2. 运行图数据

表 5-5 运行图信息

编号	字段信息	说明	来源
1	列车到站时刻	列车到达车站的时间	TPM 或 ATS
2	列车出发时刻	列车出发离开车站的时间	TPM 或 ATS
3	列车运行间隔	同一区间前后两列车到达车站的时间间隔	TPM 或 ATS
4	列车开门时刻	列车停站后打开车门的时间	TPM 或 ATS
5	列车关门时刻	列车停站后关门准备出发的时间	TPM 或 ATS
6	列车是否故障	列车在车站是否发生故障	TPM 或 ATS
7	列车是否跳停	列车在车站是否出现跳停	TPM 或 ATS
8	列车最大载客量	以配属信息为准	配属信息表
9	列车满载率	以配属信息为准	配属信息表

3. 运营模式

表 5-6 运营模式数据信息

编号	字段信息	说明	来源
1	正常模式	闸机是否处于正常运营模式	车站值班日志
2	降级模式	闸机是否处于降级模式，以及哪种降级模式	车站值班日志
3	紧急模式	闸机是否处于紧急运营模式	车站值班日志

4. 维护信息

表 5-7 维护数据信息

编号	字段信息	说 明	数据来源
1	故障模块	闸机发生故障的模块	维保日志
2	故障设备编号	发生故障的闸机编号	维保日志
3	故障发生时刻	设备发生故障的时间	维保日志
4	故障修复时刻	故障设备修复结束的时间	维保日志
5	修复故障成本	修理故障模块的成本	维保日志
6	维护模块	闸机定期维护的模块	维保日志
7	维护设备编号	所需维护的设备编号	维保日志
8	维护开始时刻	设备开始维护的时间	维保日志
9	维护结束时刻	设备维护结束的时间	维保日志
10	维护成本	设备维护模块的成本	维保日志

5. 运营环境信息

表 5-8 运营环境信息

编号	字段信息	说 明	来 源
1	工作温度	设备工作时的温度	车站值班日志
2	工作湿度	设备工作时的湿度	车站值班日志
3	功率消耗	设备工作时的能耗	车站值班日志
4	车站类型	地下站、地面站或高架站	配属信息表
5	是否为换乘站	是或否	配属信息表
6	设备开行时刻	闸机开始工作的时间	车站值班日志
7	设备关闭时刻	闸机停止工作的时间	车站值班日志

5.5.3.4 模型求解方法

由于目标模型包含了能耗成本、故障成本、检修成本 3 个成本函数，且 3 个成本函数中既有线性函数，又有非线性函数，故该模型属于非线性规划模型。且约束条件较为复杂。同时，决策变化的取值范围较大，时间段按 15 分钟划分，一天共有 72 个时间段（5：00—23：00），若一组闸机数为 5，则一个解方案共有 72×5=360 个变量组成。变量的取值为 0 或 1，则一个解方案的计算量是 2^{360} 次方，计算量巨大，可行解也非常多。

此模型如果用枚举法等传统方法难以快速、准确地求得最优解，故选择采用启发式算法来求解模型。遗传算法（Genetic Algorithm，GA）是启发式算法中较为成熟且应用广泛的一种，它是基于生物进化理论的原理发展起来的高效的随机搜索与优化方法。其主要特点是群体搜索策略和种群中个体之间的信息交换，搜索不依赖于梯度信息，其具有较好的全局收敛性，以及计算效率高、鲁棒性高等优点，非常适合本模型的求解。

遗传算法是建立在达尔文进化论和遗传学理论基础上的一种迭代自适应全局优化概率搜索算法。它模拟了自然选择和遗传过程中发生的繁殖、杂交和基因突变现象，将"适者生存"的达尔文进化论引入到用来模拟生物体的染色体结构中，通过模拟生物体的遗传操作过程，染色体与染色体之间通过选择、交叉和变异的方式随机地交换信息来产生新的染色体，即候选解，然后计算候选解的适应度函数，用适应能力较强的解取代适应能力较差的解，循环执行该过程，直到满足所定义的收敛指标后终止执行。适应能力强的个体被保留下来并进行重组更新，从而不断产生出性能更优良的个体，最终寻得最优解。

1. 编码规则

遗传算法求解问题的首要步骤即为编码。函数优化中，为得到最优的编码方案，要将编码方法、交叉方法、变异方法结合在一起。算法的效率和准确性受码长和码制的影响，常用的编码方式可以分为二进制编码、符号编码、浮点数编码（实数编码）三类，不同的实际情况采用不同的编码方式。

考虑到决策变量的取值范围是 0 或 1，用二进制的方式对个体进行编码，个体的长度为时段数量 m × 闸机总数 n，将染色体按时段分为 m 部分，每部分表示在时段 j 下，闸机组的工作状态，1 表示工作，0 表示关闭。根据约束条件的相关要求，对染色体赋值。

如图 5-15 所示，采用一条长度 21 的染色体表示了编组数为 7 的闸机组在 3 个工作时段的使用方案，其中第一段表示闸机组在时段 1 时，编号为 3~6 的闸机工作，编号为 1、2、7 的闸机不工作；第二段表示闸机组在时段 2 时，编号为 1~3 的闸机不工作，编号为 4~7 的闸机工作；第三段表示闸机组在时段 3 时，编号为 1、2、5、6 的闸机不工作，编号为 3、4、7 的闸机工作。

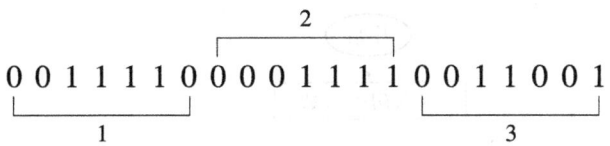

图 5-15 编码规则示例

2. 适应度函数

适应度用来度量种群中的个体优劣（符合条件的程度），它通常表现为数值的形式。适应度值越低（或越高），解的质量就越好，该个体被选择的概率就越大。因此适应度函数的选取至关重要，直接影响到遗传算法的收敛速度以及能否找到最优解。闸机分时运用优化模型求解总成本最小的问题，则需要求适应度函数的最大值。设适应度函数为：

$$A_d = \frac{M - C}{M_0 + \varphi_1 M_1 + \varphi_2 M_2 + \varphi_3 M_3} \tag{5-37}$$

式中，C 为模型的目标函数；M、M_0 分别表示一个适当大小的数。

φ_1 表示闸机数量约束的惩罚函数系数值：

$$\varphi_1 = \begin{cases} 1, \text{不满足闸机数量约束} \\ 0, \text{满足闸机数量约束} \end{cases} \tag{5-38}$$

φ_2 表示闸机工作时间均衡性的惩罚函数系数值：

$$\varphi_2 = \begin{cases} 1, \text{闸机工作时间不均衡} \\ 0, \text{闸机工作时间均衡} \end{cases} \tag{5-39}$$

φ_3 表示服务水平约束的惩罚函数系数值：

$$\varphi_3 = \begin{cases} 1, \text{不满足服务水平约束} \\ 0, \text{满足服务水平约束} \end{cases} \tag{5-40}$$

M_1、M_2、M_3 取值为充分大的数。

3. 算法基本流程

遗传算法的基本流程如图 5-16 所示。

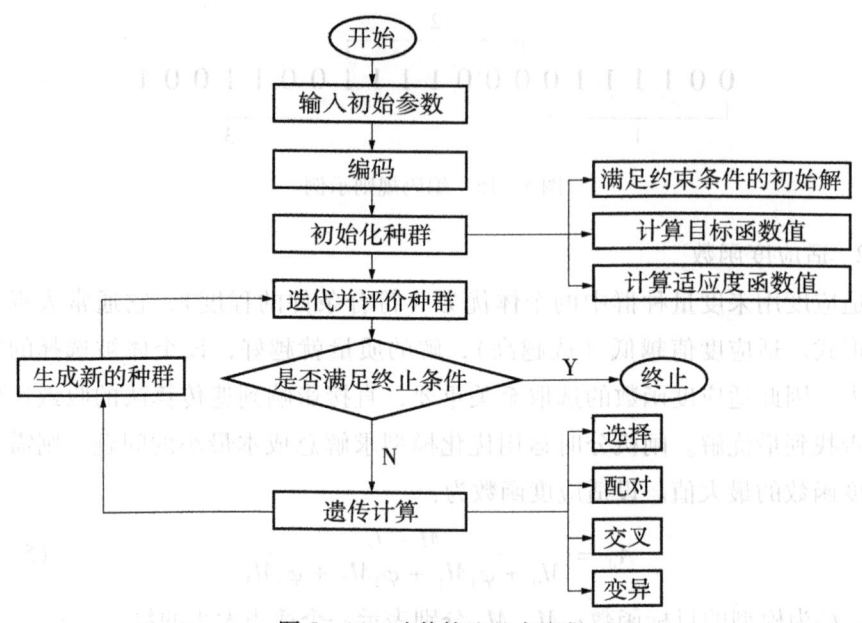

图 5-16 遗传算法基本流程

5.5.4 基于分时运用的闸机维护方案优化

闸机设备的维修保养主要是定期保养,按周期不同可分为日常维护、双周维护、半年维护和年维护。不同的维护周期,闸机的维护内容也有所区别,闸机各周期维护保养的内容,如表5-9~表5-12所示。

表5-9 闸机日常维护内容一览表

类 别	内 容
设备清洁	清洁机器外壳和显示屏的灰尘,表面无浮尘、无污渍
	清洁所有压轮、滚轮、传输皮带,不得有污垢
	清洁传感器,不允许由于传感器感应问题造成进票速率的降低
	在皮带的清洁中,如发现有皮带老化、松弛现象应及时更换
设备检查	乘客显示屏是否显示,是否乱码
	读卡器指示灯是否显示,是否亮灯
	方向指示灯是否显示,是否正常亮灯
	告警指示灯是否显示
	闸机门是否正常开关

表 5-10 闸机双周维护内容一览表

类别	内容
设备内部清洁	清洁导向指示灯的外罩，应无积灰
	清洁电源盒、工控机、读卡器的外罩，应无明显灰尘
	清洁三杆机构：除去三杆机构上电磁铁、钳手、阻尼、磁盘的污油
	清洁车票回收机构：清洁托盘、把手、升降导轨、滚轮上的污垢，应无松动
	清洁车票处理机构：皮带、压轮、轴承、电机、光电感、限位开关，应无污垢
	清洁不锈钢框和不锈钢板，应无明显灰尘
	清洁控制电路板，应无积灰
	清洁设备底部、部件支架、线槽、底板和撑杆，应无明显灰尘
	清洁乘客显示屏，应无灰尘
设备检查	检查门锁、门撑杆、门铰链、定位销、乘客显示屏、读卡器、工控机、电源等所有紧固螺丝情况
	检查门机构的主轴、紧固螺丝、单杆紧固螺丝，应无松动
	检查并调节电磁阀、弹簧、阻尼位置至适当位置
	检查三杆转动时归零控制情况，不应出现连转、落杆、撞杆等现象，如有应及时调整或更换
	检查三杆电路控制板、三杆电磁阀和连接导线，应无松动
	检查传感器是否正常
	检查票盒锁、紧固杆，如有松动迅速紧固
	检查回收机动作，应升、降到位，如机构性能较差，应更换
	检查传输机构转动，应无异常，如有异常应调整或更换，不能带故障运行
	检查零部件螺丝，应紧固
	检查连接电缆、接插件，应插紧
	检查进票盒口缝隙，并进行调整
	检查转向器，应动作正常
	检查传输皮带，应无变形、磨损或老化，如有应更换

续表

类 别	内 容
设备测试及质量控制	检查公交卡、单程票读卡器的反应速度，应正常，如读卡反应慢，应更换
	检查读卡器感应距离和覆盖区域，外置如小于 6 cm，或读卡感应区域位置不对，应更换读卡器
	进票口电磁铁测试，应有动作、缝隙大小符合标准
	转向器测试，用测试码测试，有 2 次响声，转向板应有向上然后回到原位的摆动，摆动幅度为 30 度左右
	三杆机构测试，用测试码测试三杆的正转、三杆反转、三杆连转
	用测试码测试传感器，在乘客显示屏上正常显示数为 0，遮挡传感器时显示屏显示数应变成 1
	用测试码测试电机传动，大电机正反转、小电机正反转
	用测试码进行走票测试，票进票盒 1 测试、票进票盒 2 测试
	蜂鸣器和指示灯测试，用测试码测试蜂鸣器有哨叫声，指示灯显示亮
	门开关测试正常

表 5－11　闸机半年维护内容一览表

类 别	内 容
车票传输装置皮带维护	每半年对传动平皮带进行更换
	车票传输装置皮带损坏及时更换
车票传输机构维护	拆除传输皮带、同步皮带、刮票电机及压轮部件、票盒并进行机构内部清洁
	更换车票传输轴承和磨损的压轮、滚轮
	清洁票盒升降部分托盘、滚轮、把手
	检查车票传输部分电机、压轮、滚轮、轴承
	检查盒升降部分托盘、滚轮、轴承、把手、弹簧
	检查传感器、读卡器、天线、发票控制板及线缆
	检查及紧固以上车票发售装置部件螺丝螺帽和其他紧固件，应无松动
	检查机械部件，应按要求安装到位，并调校到规定状态
	用测试码测试传感器，在乘客显示屏上正常显示数为 0，遮挡传感器时显示屏显示数应变成 1
	用测试码测试电机传动，大电机正反转、小电机正反转
	用测试码进行走票测试，票进票盒 1 测试、票进票盒 2 测试

表 5 – 12　闸机年维护内容一览表

类别	内容
工控机维护	清洁工控机内部，无灰尘，硬件无缺损
	检查、更换损坏 CPU 芯片风扇和主机散热风扇，风扇应运转平稳、无异声
	检测系统操作程序运行应正常
	检测应用软件（包括配置文件）运行应正常
	检测硬盘运转应正常，不正常应更换
	清理系统数据，清除无用的累积数据或错误数据，提高系统运行速度
读卡器维护	拆卸读卡器，清洁其内部机构灰尘、污垢
	连接读卡器，测试读卡器读写功能
	用标准测试卡检测读卡器感应场强（电压），调节读卡器元件参数，使读卡器发送（接收）信号达到指标要求
	用测试卡连续进行 30 张车票测试，在最大感应距离内读卡器能正确进行读写

　　车站闸机在日常运用时往往不均衡，因为乘客选择使用哪个闸机，往往采用走行路线中的最短距离原则，比如，通常离安检设备最近的闸机是进站客流选择较多的闸机。这就使得部分闸机工作强度大，通过客流多，而有些闸机工作强度小，通过客流少的情况。因此，闸机的利用率会存在很大的偏差，工作强度大、频率高的闸机，其故障率往往越高。

　　为减少闸机的维护成本，可以基于闸机的分时运用方案，调整闸机的维护策略。目前，通常情况下车站闸机基本是全开的状态，即闸机属于全天工作的状态。采用闸机分时运用方案后，即可根据闸机优化后的运用方案，制定闸机的维护方案。

　　对照不同周期闸机维护内容，发现不同周期的维护内容存在重复，如闸机内部的清洁、检查等，特别是双周检，闸机所要保养的内容多且繁杂。除去日常检查外，频繁的双周检是闸机维护的主要内容。以双周检方案优化为例，双周检是认定闸机保持全天运用连续两周时所要维护的内容，因此，当计算出闸机的分时运用优化模型后，按照优化后的方案，在闸机实际运用时间达到两周时，按照双周检的内容对闸机进行维护，可得出优化后的闸机维护方案。

　　设定闸机运用优化后在工作日运用的时段次数为 U_g，闸机运用优化后在双休日运用的时段次数为 U_s，闸机在传统运用方案下每日运用的时段次数为 U_c，

则，在运用优化后，闸机在双周内实际运用的时段次数 U_{z_1} 为

$$U_{z_1} = (U_g \times 5 + U_s \times 2) \times 2 \qquad (5-41)$$

在传统运用方案下，闸机在双周内实际运用的时段次数 U_{z_2} 为

$$U_{z_2} = U_c \times 14 \qquad (5-42)$$

设 E_u 为在闸机工作双周时，传统方案下运用的时段次数与运用优化后所运用的时段次数的比值，即

$$E_u = \frac{U_{z_2}}{U_{z_1}} \qquad (5-43)$$

当得出 E_u 后，相应的闸机优化后的双周检维护方案的优化内容，应转移到第 E_u 个双周进行维护。

5.5.5 案例分析

以上阐述了基于客流数据与闸机设备数据构建的业务逻辑关系，以设施设备的精细化管理为目标，制定设施设备管理的具体方案。本节通过案例分析，探索模型方法的可行性，以及如何获取相关的多源数据。

根据研究的闸机对象位置和设置情况，结合多源数据的微观客流分析，标定模型计算中的相关参数，计算在闸机初始工作时间相同和工作时间不同两种情况下的进出站闸机运用方案，包括工作日方案和双休日方案。

5.5.5.1 进出站闸机分析

案例优化的对象是某车站某个出入口附近的一组进站和一组出站闸机。一组进站闸机共有5个闸机组成，如图5-17所示，距离安检通道最近的闸机为G007、G008，乘客在通过安检后，一般更倾向于选择距离近的闸机。分析闸机使用数据，统计发现G007、G008号闸机的使用频率更高，如图5-18所示。

图 5-17 进站闸机分布

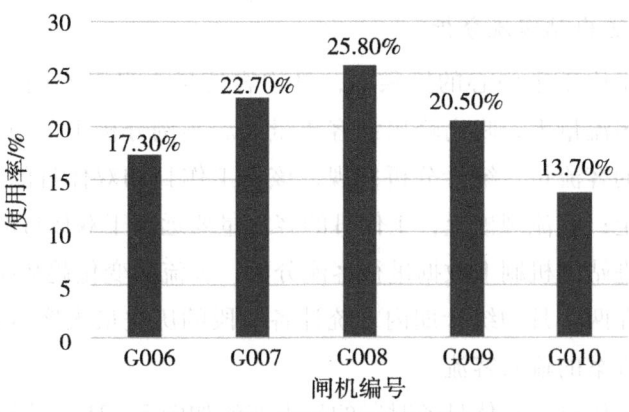

图 5-18 进站闸机利用情况

一组出站闸机共有 5 个闸机组成,如图 5-19 所示,距离出入口最近的闸机为 G109、G059、G058,乘客出站台后,一般更倾向于选择距离出站口近的闸机。分析闸机使用数据,统计发现 G109、G059、G058 号闸机的使用频率更高,如图 5-20 所示。

图 5-19 出站闸机分布

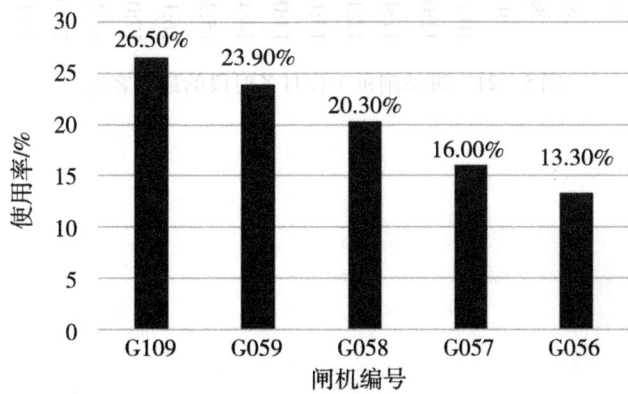

图 5-20 出站闸机利用情况

5.5.5.2 进出站客流分析

案例车站是位于市中心的换乘站，日均客流量大且具有明显的潮汐特征，即早高峰进站客流量大，晚高峰出站客流量大。案例分析中采用两个月的数据量来分析该站的客流量。统计分析发现，该站工作日和双休日的全日进出站客流量均比较稳定；客流规模上，工作日的客流量要远高于双休日的客流量。

根据一组进站闸机刷卡数据进行客流分析，客流的变化趋势按每 15 分钟为一个时间段，在两个月的统计期内，统计各时段的历史最大客流量，作为构建闸机分时运用方案的输入客流。

进站闸机工作日、双休日各时段的最大客流如图 5-21、图 5-22 所示，出站闸机工作日、双休日各时段的最大客流如图 5-23、图 5-24 所示。

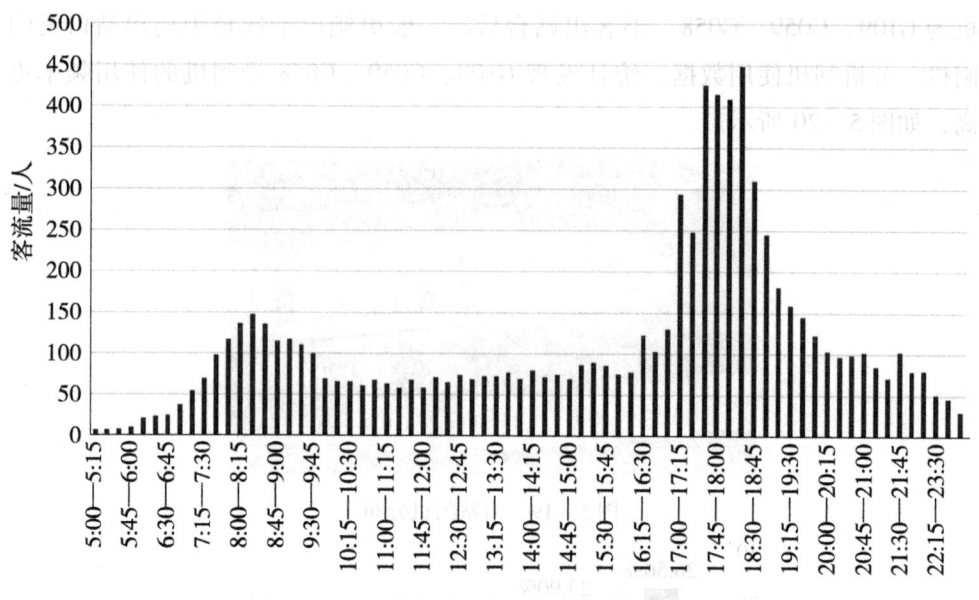

图 5-21　进站闸机工作日各时段的最大客流

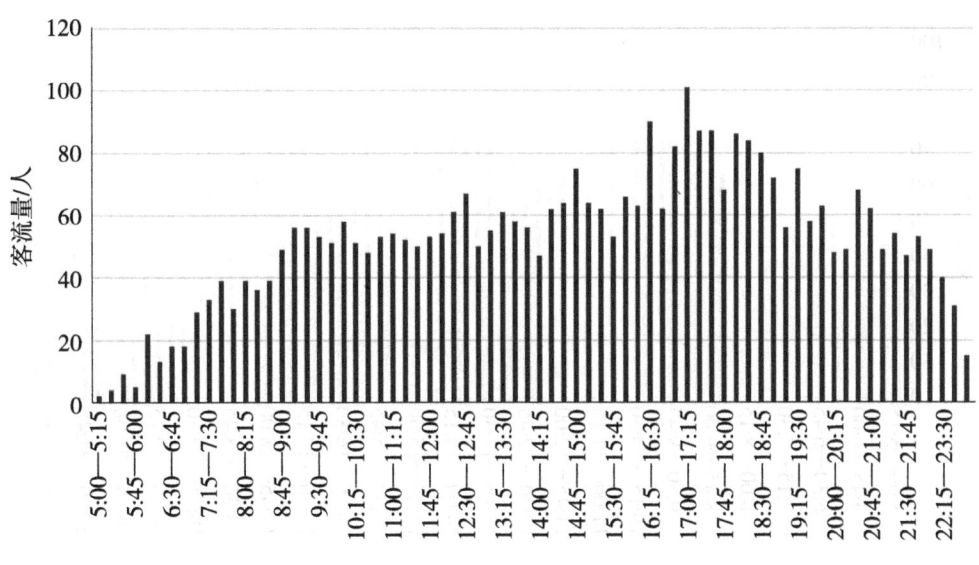

图 5-22 进站闸机双休日各时段的最大客流

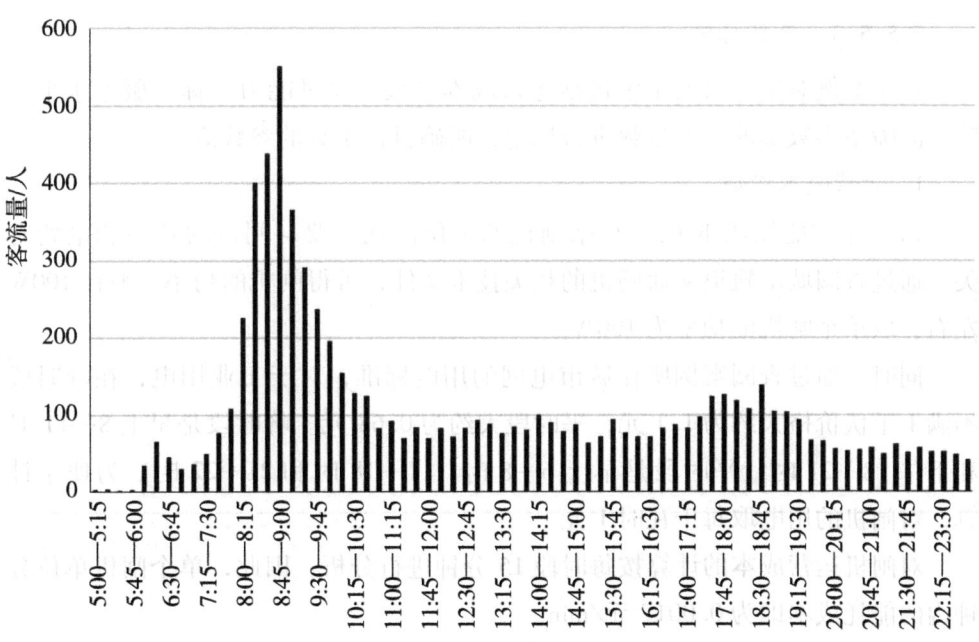

图 5-23 出站闸机工作日各时段的最大客流

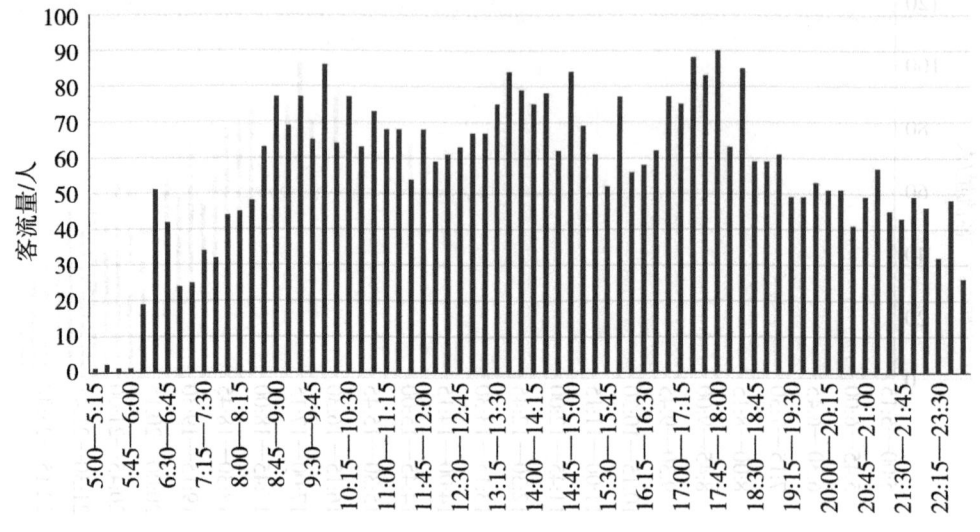

图 5-24 出站闸机双休日各时段的最大客流

5.5.5.3 参数标定

针对案例对象，对模型中包括运营成本参数、通过能力指标、服务水平参数、故障率参数等的相关参数进行标定，明确目标函数的参数值。

1. 运营成本参数

（1）单位能耗成本 C_1。车站闸机的单位能耗主要与闸机的功率和电费有关。通过查阅城市轨道交通闸机的相关技术文件，可得闸机的功率一般在 100W 左右，取单个闸机的功率为 100W。

同时，通过查阅案例所在城市电网的用电标准，对于工业用电，在峰时段不满 1 千伏价格大约为 1.1 元，平时段大约为 0.68 元。峰时段是早上 8—11 时和下午 18—21 时；平时段是早上 6—8 时、11—18 时和 21—22 时。为便于计算，对闸机的用电取每千瓦时 1 元。

对闸机运营成本的计算按每时段 15 分钟进行分析，因此，单个闸机单位分钟内的能耗成本即为 0.0017 元/min。

（2）单次故障成本 C_2。单次故障成本包含停机损失成本和故障修理成本，对于停机损失成本，在不同场景、不同工况下并不相同，难以确定。因此，对单次故障成本的分析，重点考虑的是发生故障后的修理成本。

车站闸机的故障一般以门机故障、读卡器故障居多。发生这两类故障后，还存在是否更换配件的问题，更换和修理的价格一般也是不同的。通过查阅市面上目前闸机故障后的修理费用，单个闸机在不更换配件的情况下，一次的修理费用大致在 500 元。在更换配件时，还要根据配件的类型进行判断，价格在 1000～3000 元不等。为便于计算，在不考虑闸机故障后是否需要更换配件的情况下，统一取单次故障修理成本为 1000 元。

（3）单位维保成本 C_3。除了故障修理和能耗成本外，闸机的运营成本还包括日常的维修保养成本，根据目前市面上对闸机一年维保费用的统计，单个闸机一年的维保费用大约是 4000 元。

同样的，换算为单个闸机单位分钟内的检修成本为（4000/365/18/60）= 0.01 元/min。

2. 乘客通过闸机时间

计算城市轨道交通车站闸机通过能力的关键在于确定乘客通过闸机的时间，通常采用客流调查方式采集数据。传统 AFC 数据无法显示乘客的属性和设备的性能信息，而采用实地调研又会浪费人力物力，并且实地调研条件下的客流可能并不能很好地反映客流特征。通过查看视频监控信息，辅以人工记录的方式，可以获取乘客的个人属性等信息。

（1）采集时间及地点。视频数据采集地点为案例进出站闸机位置，时间周期为一周共 7 天，时段为 7:00—9:00，以及 16:00—19:00，时段分别对应了工作日客流早高峰和晚高峰时期。该时段客流量较大，便于提取更丰富的客流特征信息。

（2）采集方法。通过案例进出站闸机处的视频记录画面和时间信息，观测乘客的属性特征，记录乘客进出闸机时的刷卡时刻，统计每个乘客通过闸机的时间。

（3）数据统计内容。采用基于乘客属性和闸机性能对闸机通过能力进行分析计算，所以在每个观测点，都需要记录乘客的属性、乘客的进出站刷卡信息，以及闸机性能等。由于进、出站闸机的客流规律有所不同，因此，对进站和出站客流信息进行分类统计。主要包括以下统计内容。

①乘客属性。乘客属性包括乘客性别、年龄、携带行李、携带幼儿、持卡类型、操作熟练度等。对车站闸机处的单位时间到达乘客数进行调查分析，研究乘客属性对客流分布规律、闸机利用率、刷卡时间、过闸时间等方面的影响。

②进/出闸时间消耗。对车站进站（出站）闸机的单位时间到达乘客数进行调查分析，分析进站（出站）乘客在不同时间段的进站（出站）时间、刷卡时间以及通过闸机时间。

③闸机性能。对车站进站（出站）闸机在调查周期的状态，主要包括乘客刷卡后，闸机是否出现卡顿、闸机门是否能够立刻开放等情况。

根据上述 3 个方面的分析需求，设计视频记录的相关取值方法，视频记录的取值及含义如表 5-13 所示。

表 5-13 视频记录的取值及含义

字 段	取 值	含 义
乘客编号	从 1 开始顺序编号	从某时段开始刷卡乘客的序号
闸机编号	G101 等	闸机在运营使用中的实际编号
性别	男、女	
携带行李大小	无包、小包、大包	无包为乘客未携带提包或背单双肩包，也可以是放在口袋内的小钱包；小包为乘客携带单肩包、双肩包或提包；大包为携带超过两个单肩包、双肩包或旅行箱等较重行李
年龄	青少年、中青年、老年	
携带幼儿	是、否	怀中抱有婴儿或携带 1.1 米以下不刷卡的儿童
持卡类型	非接触式 IC 卡、磁卡、扫码	对于进站闸机，公交卡或单程票均为非接触式 IC 卡，对于出站闸机，只有一卡通为非接触式 IC 卡；对于出站闸机，只有单程票为磁卡；扫码即为用二维码扫码进出站
操作熟练度	熟练、不熟练	熟练表示乘客在闸机处无明显停顿；不熟练则为乘客在闸机处有明显停顿，需观察如何操作
刷卡时刻	年、月、日、小时、分钟、秒，如"yyyy-mm-dd hh:mm:ss"	乘客到达闸机处开始刷卡的时刻
过闸时刻		乘客完成刷卡，闸机开放乘客通过后，闸机门关闭的时刻
闸机卡顿	是、否	乘客刷卡或扫码后，闸机门没有立刻开放，经过 2~3 次刷卡后闸门开放，则为闸机卡顿

续表

字　段	取　值	含　义
乘客换机	是、否	乘客刷卡或扫码后，闸机门没有立刻开放，经多次刷卡后，闸门仍不开放，乘客换机（乘客换机后，须记录乘客换机时刻及再次刷卡或扫码时刻）
换机编号	如 G101	乘客换机后所选择的闸机
换机时刻	年、月、日、小时、分钟、秒，如"yyyy-mm-dd hh: mm: ss"	乘客决定换机的时刻
再次刷卡时刻		乘客换机后再次刷卡的时刻

分析相关视频后，数据记录如图 5-25 所示，该数据记录包括了乘客编号、闸机编号、性别、携带行李、携带幼儿年龄、持卡类型、操作熟练度等信息，相比于 AFC 刷卡记录，可以得出更多微观的客流特征。

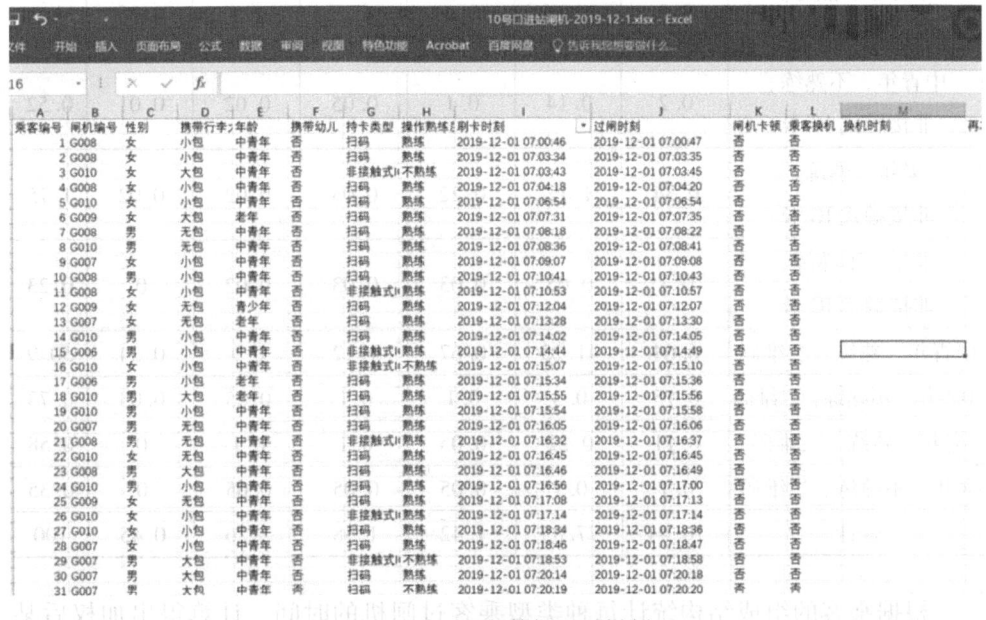

图 5-25　视频数据记录样例

3. 闸机的实际通过能力

根据统计得出的乘客过闸机时间数据，结合乘客自身特征，可以统计出每类人群所占比例以及对应的乘客过闸机时间的均值,在此基础上进行加权平均,即可求出这一组进站和出站闸机的实际通过能力。根据统计数据发现,无论是进站闸机还是出站闸机,乘客的性别特征对乘客过闸机时间的影响很小,因此不考虑性别因素的影响。

由于进、出站闸机处客流特征不同,因此进、出站闸机的通过能力需分开计算。

(1) 进站乘客通过闸机时间均值 t_{s1}。对于进站检票闸机而言,单程票和公交卡均可算为非接触式 IC 卡,因此,进站乘客的持卡类型可分为二维码和非接触式 IC 卡。统计得出的某站进站闸机乘客组成结构如表 5-14 所示。

表 5-14 某站进站闸机乘客组成结构

单位:%

类型	无包、未带幼儿	小包、未带幼儿	大包、未带幼儿	无包、携带幼儿	小包、携带幼儿	大包、携带幼儿	合计
中青年、熟练、非接触式 IC 卡	8.8	34.69	0.2	0.1	1.1	0.05	44.94
中青年、不熟练、非接触式 IC 卡	0.2	0.14	0.1	0.05	0.02	0.01	0.52
老年、熟练、非接触式 IC 卡	0.34	1.12	0.22	0.03	0.02	0.02	1.75
老年、不熟练、非接触式 IC 卡	0.1	0.05	0.03	0.03	0.02	0	0.23
中青年、熟练、二维码	6.64	41.23	0.67	1.12	0.9	0.34	50.9
中青年、不熟练、二维码	0.15	0.3	0.1	0.1	0.05	0.03	0.73
老年、熟练、二维码	0.11	0.22	0.05	0.1	0.1	0	0.58
老年、不熟练、二维码	0.1	0.1	0.05	0.05	0.05	0	0.35
合计	16.44	77.85	1.42	1.58	2.26	0.45	100

根据乘客的组成结构统计每种类型乘客过闸机的时间,计算得出加权后某站进站乘客过闸机时间的均值,如表 5-15 所示。

表 5-15　某站进站乘客过闸机时间的均值

单位：s

类型	无包、未带幼儿	小包、未带幼儿	大包、未带幼儿	无包、携带幼儿	小包、携带幼儿	大包、携带幼儿
中青年、熟练、非接触式 IC 卡	3.99	4.52	9	4.5	5.2	13
中青年、不熟练、非接触式 IC 卡	7	8	13	8	9	15
老年、熟练、非接触式 IC 卡	4	5.3	11	5	6	13
老年、不熟练、非接触式 IC 卡	7	9	14	9	12	0
中青年、熟练、二维码	4.68	4.94	9	4.6	6	14
中青年、不熟练、二维码	7	8	14	9	11	16
老年、熟练、二维码	5	5.8	11	6	8	0
老年、不熟练、二维码	8	9	15	11	14	0
加权平均值	4.878					

（2）出站乘客过闸机时间均值 t_{s2}。出站乘客的持卡类型可分为二维码、非接触式 IC 卡和磁卡。统计得出的某站出站闸机乘客组成结构如表 5-16 所示。

表 5-16　某站出站闸机的乘客组成结构

单位：%

类型	无包、未带幼儿	小包、未带幼儿	大包、未带幼儿	无包、携带幼儿	小包、携带幼儿	大包、携带幼儿	合计
中青年、熟练、非接触式 IC 卡	8.3	26.96	0.16	0.1	1.1	0.05	36.67
中青年、不熟练、非接触式 IC 卡	0.2	0.12	0.1	0.05	0.02	0.01	0.5
老年、熟练、非接触式 IC 卡	0.34	1.08	0.22	0.03	0.02	0.02	1.71
老年、不熟练、非接触式 IC 卡	0.11	0.05	0.03	0.03	0.02	0	0.24
中青年、熟练、二维码	5.77	32.88	0.58	0.92	0.78	0.26	41.19
中青年、不熟练、二维码	0.14	0.28	0.1	0.1	0.05	0.03	0.7

续表

类型	无包、未带幼儿	小包、未带幼儿	大包、未带幼儿	无包、携带幼儿	小包、携带幼儿	大包、携带幼儿	合计
老年、熟练、二维码	0.11	0.2	0.05	0.1	0.1	0	0.56
老年、不熟练、二维码	0.1	0.1	0.05	0.05	0.05	0	0.35
中青年、熟练、磁卡	2.12	14.74	0.12	0.05	0.05	0.05	17.13
中青年、不熟练、磁卡	0.11	0.16	0.02	0.03	0	0	0.32
老年、熟练、磁卡	0.1	0.24	0.01	0.01	0.05	0.05	0.46
老年、不熟练、磁卡	0.12	0.03	0.01	0.01	0	0	0.17
合计	17.52	76.84	1.45	1.48	2.24	0.47	100

根据乘客的组成结构统计每种类型乘客的过闸机时间，计算得出加权后某站出站乘客过闸机时间的均值，如表5-17所示。

表5-17 某站出站乘客过闸机时间的均值

单位：s

类型	无包、未带幼儿	小包、未带幼儿	大包、未带幼儿	无包、携带幼儿	小包、携带幼儿	大包、携带幼儿
中青年、熟练、非接触式IC卡	3.38	4.18	9	4.5	5.2	13
中青年、不熟练、非接触式IC卡	7	8	13	8	9	15
老年、熟练、非接触式IC卡	4	5.3	11	5	6	13
老年、不熟练、非接触式IC卡	7	9	14	9	12	0
中青年、熟练、二维码	4.28	4.53	9	4.4	6	14
中青年、不熟练、二维码	7	8	14	9	11	16
老年、熟练、二维码	5	5.8	11	6	8	0
老年、不熟练、二维码	8	9	15	11	14	0
中青年、熟练、磁卡	3.21	3.46	7	4.5	5.1	12
中青年、不熟练、磁卡	4.3	6.2	10	5.9	0	0
老年、熟练、磁卡	3.78	4.76	9	5	8	13
老年、不熟练、磁卡	6	8	12	8	0	0
加权平均值	4.362					

(3) 闸机通过能力的折减系数。一般来说,运用频率越高的闸机,其发生卡顿的次数会越多。通过视频记录统计期内的闸机卡顿情况,统计进站和出站闸机的卡顿频率,发现进站闸机的卡顿频率和出站闸机的卡顿频率并不相同。

①进站闸机的折减系数 z_1。由图 5-26 可知,进站闸机的卡顿频率在 5% 左右,因此取进站闸机的折减系数 $z_1 = 1 - 0.05 = 0.95$。

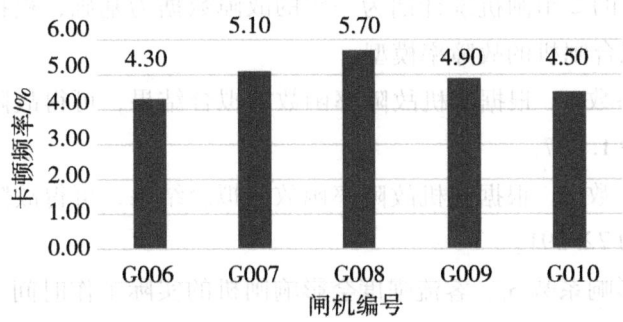

图 5-26 一组进站闸机卡顿频率

②出站闸机的折减系数 z_2。由图 5-27 可知,出站闸机的卡顿频率在 10% 左右,因此取出站闸机的折减系数 $z_2 = 1 - 0.1 = 0.9$。

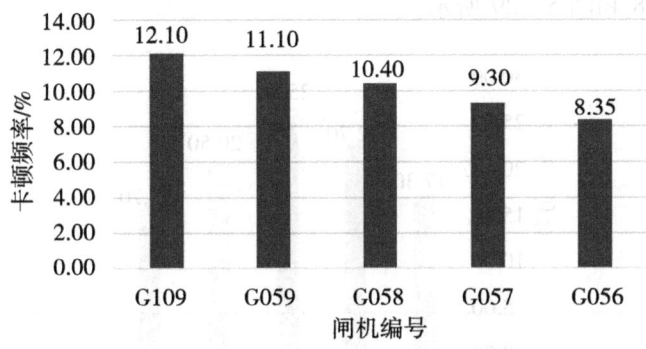

图 5-27 一组出站闸机卡顿频率

4. 服务水平参数

(1) 拥堵面积 S_m。根据 TCRP Report 100 中对于人均面积确定服务水平的标准,定义拥堵面积 S_m 的取值为 $0.2 \text{ m}^2/\text{ped}$。

(2) 乘客最大等待时间 t_m。根据 TCRP Report 100 中对于乘客最大等待时间的建议值为 100 s,但根据运营车站的实际经验,乘客的最大等待时间一般是

20 s，因此定义乘客的最大等待时间 t_m 为 20 s。

（3）乘客最小占用面积 S_l。为确保排队乘客的舒适度水平，认定乘客的最小占用面积应不小于服务水平的 C 等级，即乘客最小占用面积 S_l 的取值为 0.7 m²/ped。

5. 故障率参数

以案例对象的 2 组闸机统计期为一年的故障数据为基础，根据威布尔分布参数估计步骤拟合闸机的故障率模型。

（1）形状参数 β。根据闸机故障率函数的拟合结果，可得故障率函数的形状参数 β 的值为 1.407。

（2）尺度参数 η。根据闸机故障率函数的拟合结果，可得故障率函数的尺度参数 η 的值为 72.091。

（3）客流影响系数 S_f。客流强度会影响闸机的实际工作时间，但在此方面尚未有直接的研究结果。因此，假定闸机每通过一人时，相当于闸机多工作了 10 min。即单位客流量对闸机工作时间的影响系数 S_f 为 0.167 h/人。

（4）闸机的相对利用率。闸机的相对利用率是指单位时间内，通过某闸机的客流量占一组闸机通过客流量的比例。分别统计进站和出站闸机的相对利用率，如图 5-28 和图 5-29 所示。

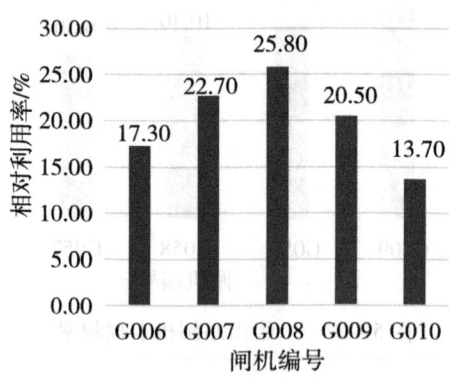

图 5-28 进站闸机相对利用率

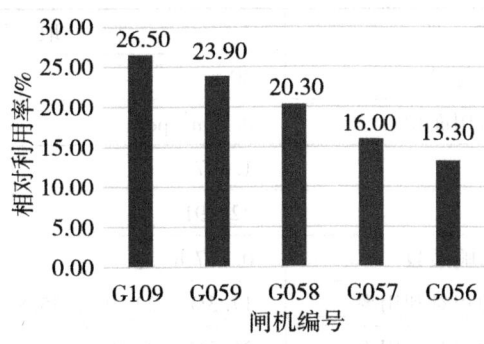

图 5 – 29　出站闸机相对利用率

6. 初始工作时间

初始工作时间的设定分为初始工作时间相同和初始工作时间不同两种情况。

（1）初始工作时间相同。本文设定一组闸机初始工作时间相同时，每个闸机的初始工作时间 W_i 均为 0，即一组闸机从全新的状态开始工作。

（2）初始工作时间不同。根据闸机的历史工作状态、工作强度和频率，设定一组闸机的初始工作时间 W_i 分别为 24 000 h，18 000 h，18 000 h，15 000 h，15 000 h。一般来说，工作强度越高，距离进出站口越近的闸机，其工作时间往往更长。因此，在初始时间不同时，对一组闸机的初始工作时间设置为由高到低的变化。

综上，可得详细的参数一览表，如表 5 – 18 所示。

表 5 – 18　参数含义及取值

符号	含义	取值
C_1	单位能耗成本	0.0017 元/min
C_2	单次故障成本	1000 元
C_3	单位维保成本	0.01 元/min
t_{s1}	进站乘客过闸机时间	4.878 s
z_1	进站闸机通过能力折减系数	0.95
t_{s2}	出站乘客过闸机时间	4.362 s
z_2	出站闸机通过能力折减系数	0.9
S_m	拥堵面积	0.2 m²/ped

续表

符号	含义	取值
t_m	乘客最大等待时间	20 s
S_1	乘客最小占用面积	0.7 m²/ped
β	形状参数	1.407
η	尺度参数	72.091
S_f	单位客流影响系数	0.167 h/人
U_{i1}	进站闸机的相对利用率	17.3%,22.7%,25.8%,20.5%,13.7%
U_{i2}	出站闸机的相对利用率	26.5%,23.9%,20.3%,16%,13.3%
W_i	初始工作时间相同	0,0,0,0,0
	初始工作时间不同	24 000,18 000,18 000,15 000,15 000

5.5.5.4 闸机分时运用方案评估

按照闸机传统的运营管理方式,闸机在各时段均为全部开放(此案例中运营时间18小时,15分钟为一个时段,共计72个时段),每台闸机的实际开放次数均为72。

为满足不同日期(工作日、双休日)的客流特征,不同方向(进站、出站)闸机以及初始工作时间异同(初始工作时间相同、初始工作时间不同)闸机的要求,针对案例的闸机运营场景共设计了8个方案,如表5-19所示。

表5-19 案例方案设计

方案编号	日期	方向	闸机编号	初始工作时间
方案1	工作日	出站	G109,G059,G058,G057,G056	0,0,0,0,0
方案2	工作日	出站	G109,G059,G058,G057,G056	24 000,18 000,18 000,15 000,15 000
方案3	双休日	出站	G109,G059,G058,G057,G056	0,0,0,0,0
方案4	双休日	出站	G109,G059,G058,G057,G056	24 000,18 000,18 000,15 000,15 000
方案5	工作日	进站	G006,G007,G008,G009,G010	0,0,0,0,0
方案6	工作日	进站	G006,G007,G008,G009,G010	15 000,18 000,24 000,18 000,15 000
方案7	双休日	进站	G006,G007,G008,G009,G010	0,0,0,0,0
方案8	双休日	进站	G006,G007,G008,G009,G010	15 000,18 000,24 000,18 000,15 000

通过模型计算对应了不同场景下的闸机运用方案,具体的方案优化结果如

图 5-30~图 5-37 所示，灰度显示为不同闸机开放运用的时段。

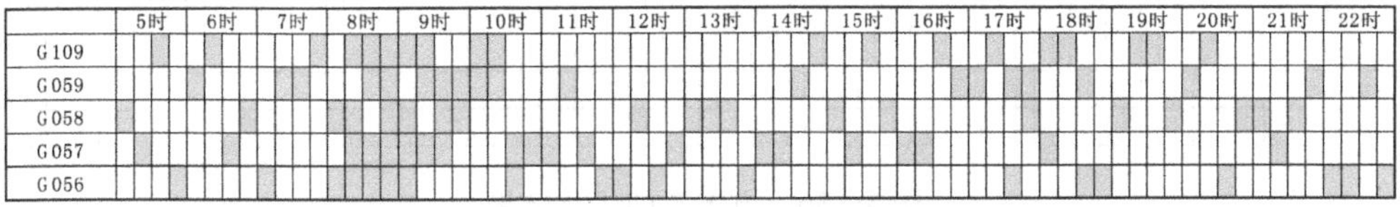

图 5-30　方案 1 的优化结果

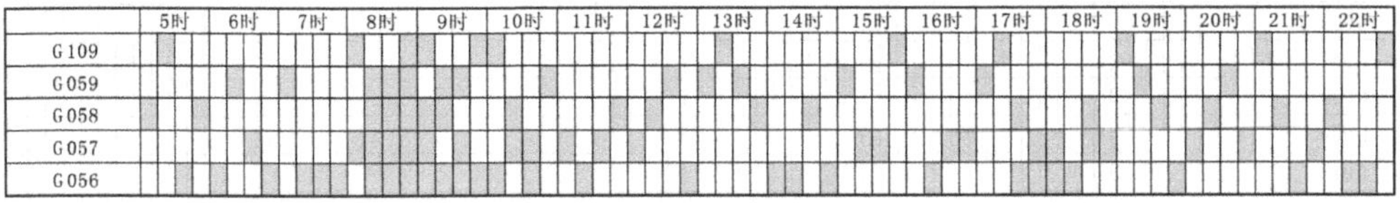

图 5-31　方案 2 的优化结果

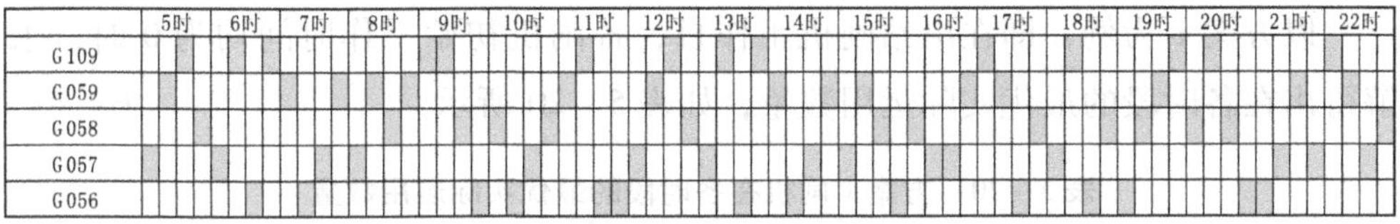

图 5-32　方案 3 的优化结果

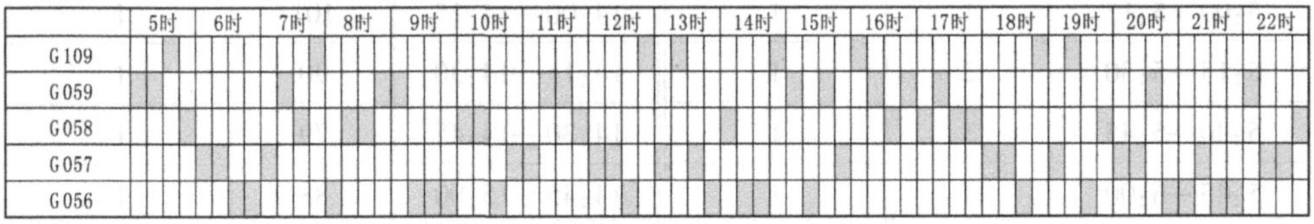

图 5-33　方案 4 的优化结果

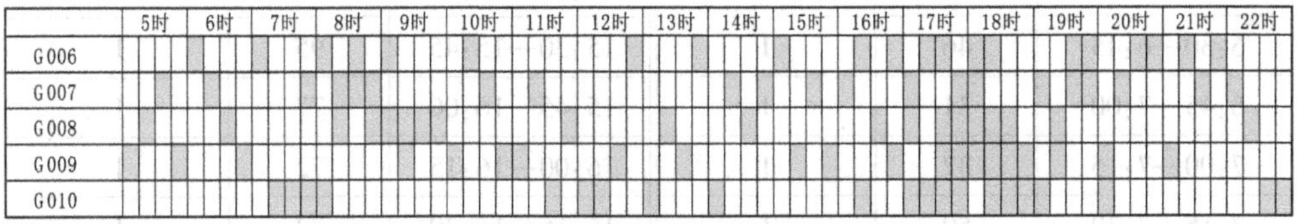

图 5-34　方案 5 的优化结果

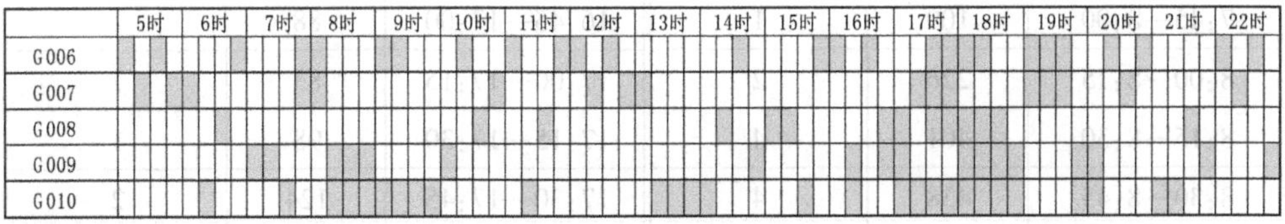

图 5-35　方案 6 的优化结果

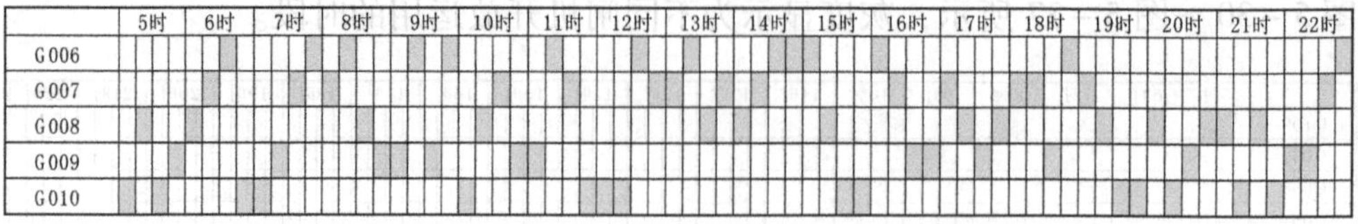

图 5-36 方案 7 的优化结果

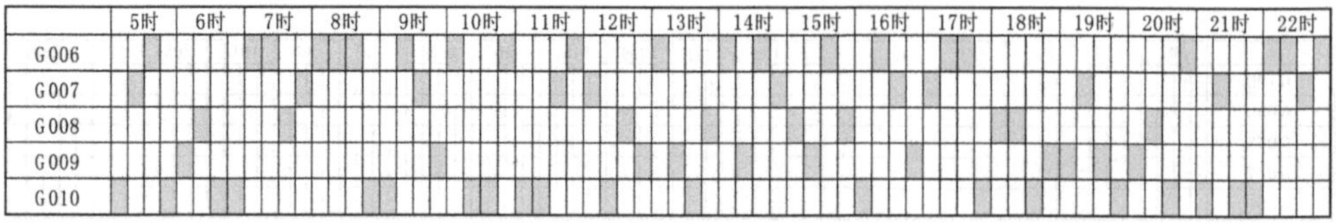

图 5-37 方案 8 的优化结果

以方案 1 为例，即在出站闸机工作日，各闸机初始工作时间均为 0 时，求解得出在各时段的最优实际运用数量，如表 5-20 所示。

表 5-20 方案 1 闸机在各时段的最优实际运用数量

时段	客流量	闸机数量	时段	客流量	闸机数量
5:00—5:15	1	1	14:00—14:15	101	1
5:15—5:30	2	1	14:15—14:30	90	1
5:30—5:45	3	1	14:30—14:45	79	1
5:45—6:00	4	1	14:45—15:00	88	1
6:00—6:15	35	1	15:00—15:15	64	1
6:15—6:30	66	1	15:15—15:30	72	1
6:30—6:45	46	1	15:30—15:45	95	1
6:45—7:00	31	1	15:45—16:00	77	1
7:00—7:15	37	1	16:00—16:15	72	1
7:15—7:30	50	1	16:15—16:30	72	1
7:30—7:45	77	1	16:30—16:45	83	1
7:45—8:00	109	1	16:45—17:00	88	1
8:00—8:15	226	2	17:00—17:15	83	1
8:15—8:30	401	4	17:15—17:30	98	1
8:30—8:45	438	4	17:30—17:45	124	2
8:45—9:00	551	5	17:45—18:00	127	2

续表

时段	客流量	闸机数量	时段	客流量	闸机数量
9:00—9:15	366	4	18:00—18:15	119	2
9:15—9:30	291	3	18:15—18:30	109	1
9:30—9:45	237	3	18:30—18:45	139	2
9:45—10:00	196	2	18:45—19:00	105	1
10:00—10:15	155	2	19:00—19:15	104	1
10:15—10:30	129	2	19:15—19:30	94	1
10:30—10:45	125	2	19:30—19:45	68	1
10:45—11:00	83	1	19:45—20:00	67	1
11:00—11:15	93	1	20:00—20:15	56	1
11:15—11:30	70	1	20:15—20:30	54	1
11:30—11:45	84	1	20:30—20:45	55	1
11:45—12:00	70	1	20:45—21:00	58	1
12:00—12:15	83	1	21:00—21:15	50	1
12:15—12:30	72	1	21:15—21:30	62	1
12:30—12:45	83	1	21:30—21:45	52	1
12:45—13:00	94	1	21:45—22:00	58	1
13:00—13:15	89	1	22:00—22:15	53	1
13:15—13:30	76	1	22:15—22:30	53	1
13:30—13:45	85	1	22:30—22:45	49	1
13:45—14:00	81	1	22:45—23:00	42	1

并且，可求得每个闸机实际的开放运用次数，具体数值如表 5-21 所示。

表 5-21 方案 1 的闸机开放运用次数

闸机编号	开放运用次数
G109	19
G059	20
G058	20
G057	20
G056	19

通过对比，分时运用方案下闸机的运用次数大大减少，实际运用时间相比传统模式也较少，单日运营成本远小于传统的运营成本。因此，求解得出的分时运用优化方案具有明显的优势。

根据上述方案，可统计得出各方案优化前闸机运用的总时段次数和优化后运用的总时段次数，如表5-22所示。

表5-22 闸机运用的总时段次数对比

方案编号	优化前	优化后
方案1	360	98
方案2	360	98
方案3	360	72
方案4	360	72
方案5	360	104
方案6	360	104
方案7	360	72
方案8	360	72

由上表可明显看出，优化后的方案中闸机运用的时段次数明显减少，工作日运用方案的运营成本只有传统运用方案的1/4左右，而双休日运用方案的运营成本只有传统运用方案的1/5左右。优化后方案的运营成本会有明显的减少。

分别统计优化后方案的能耗成本、故障成本、维保成本，与优化前方案的能耗成本、潜在故障成本及维保成本进行对比，如表5-23～表5-25所示。

表5-23 能耗成本对比

单位：元

方案编号	优化前	优化后
方案1	9.18	2.499
方案2	9.18	2.499
方案3	9.18	1.836
方案4	9.18	1.836
方案5	9.18	2.652

续表

方案编号	优化前	优化后
方案6	9.18	2.652
方案7	9.18	1.836
方案8	9.18	1.836

表 5-24 潜在故障成本对比

单位：元

方案编号	优化前	优化后
方案1	8753.817	2304.617
方案2	66 424.02	17 739.923
方案3	6477.32	1277.386
方案4	66 306.276	13 021.075
方案5	7737.775	2354.032
方案6	66 374.145	18 852.26
方案7	6101.951	1196.797
方案8	66 292.157	12 975.176

表 5-25 维保成本对比

单位：元

方案编号	优化前	优化后
方案1	54	14.7
方案2	54	14.7
方案3	54	10.8
方案4	54	10.8
方案5	54	15.6
方案6	54	15.6
方案7	54	10.8
方案8	54	10.8

由上面三个对比表可发现，优化后的方案在能耗成本、潜在故障成本及维保成本方面均有明显减少，主要是由优化后的方案中闸机在总时段内的运用数

量较优化前的方案明显较少所致。

根据 8 个不同客流场景下的方案，将三类成本加总后，可计算得出分时运用优化方案与传统运用方案的总成本，如表 5-26 所示。

表 5-26 总成本对比

单位：元

方案编号	优化前	优化后
方案 1	8816.997	2321.816
方案 2	66 487.200	17 757.122
方案 3	6540.500	1290.022
方案 4	66 369.456	13 033.711
方案 5	7800.955	2372.284
方案 6	66 437.325	18 870.512
方案 7	6165.131	1209.433
方案 8	66 355.337	12 987.812

传统各时段全开放运用模式下的运营成本为 8816.997 元，可发现优化后的运用方案可明显减少闸机的运营成本，在最优方案下的运营成本为 2321.816 元。

5.5.5.5 维护方案优化

基于当前的闸机维护方案分析，可知闸机频繁的双周检大大增加了闸机的维护工作和维护成本。针对频繁的双周检，根据上述闸机分时运用方案，对闸机双周检的维护方案进行优化。

在传统维护方案中，双周检是认定了闸机全天候工作并运营 2 周或半个月时，需要进行双周检维护。而基于闸机的分时运用方案，可知闸机不需要全天候开放，只需在相应时段开放工作即可，可以根据闸机的工作强度匹配双周检的维护内容。

以下按照 15 min 划分时段，在闸机的运营时间内，一天共有 72 个时段，以出站闸机初始工作时间相同为例，可得按时段划分下工作日闸机的运用次数和双休日闸机的运用次数，如表 5-27 所示。

表 5-27 运用次数对比

闸机编号	工作日分时运用次数	工作日传统运用次数	双休日分时运用次数	双休日传统运用次数
G109	19	72	14	72
G059	20	72	15	72
G058	20	72	14	72
G057	20	72	15	72
G056	19	72	14	72

以 G109 为例，闸机工作双周时，闸机实际运用时段次数为：

$$(19 \times 5 + 14 \times 2) \times 2 = 246$$

而在传统运用方案下，闸机实际运用时段次数为：

$$72 \times 14 = 1008$$

即在传统方案下，按 15 min 时段划分，闸机工作 1008 个时段，进行双周检维护，而在当前分时运用方案下，闸机在双周内实际只工作了 246 个时段。因此，若按每月 4 周计算，以 2 周为单位，G109 号闸机应在 $1008 / 246 = 4.09$ 个双周进行维护。为确保闸机能够及时得到维护，本文舍去小数点后的值，按取整后的值进行维护，即 G109 在第 4 个双周时，进行维护。

按照上述方法，可分析在初始工作时间不同情况下，一年为周期，出站、进站闸机的双周检维护优化方案如图 5-38 和图 5-39 所示，灰度显示为不同闸机双周检时段。

图 5-38 初始时间不同出站闸机的双周检方案

图 5-39 初始时间不同进站闸机的双周检方案

由上述方案图可明显看出，基于分时运用方案时，闸机的双周检方案有明显的改善。原先双周检的维护内容，可按照不同的场景，选择上述双周检方案执行双周检维护。

第6章 智能化技术在城市轨道交通车站运营管理中的应用

智能化技术应用是发展智慧城市轨道交通的必要组成部分，也是城市轨道交通可持续发展的必然选择。大数据、物联网、AI（人工智能）、5G（第5代移动通信技术）等新兴技术的发展为城市轨道交通智能化管理提供了技术基础。各城市轨道交通的建设和运营企业在新兴智能化技术应用方面都有丰富的应用实践，包括实时监测、乘客分析、智能服务、设备调控、维护优化、智能应急、决策支持等多个维度、领域，如图6-1所示。本章根据公开发表或公布的文献资料和应用案例，选取在车站运营管理中应用较为广泛的新兴技术相关内容，主要聚焦业务领域应用的实际案例，关注未来新兴技术应用的重点和技术发展态势。

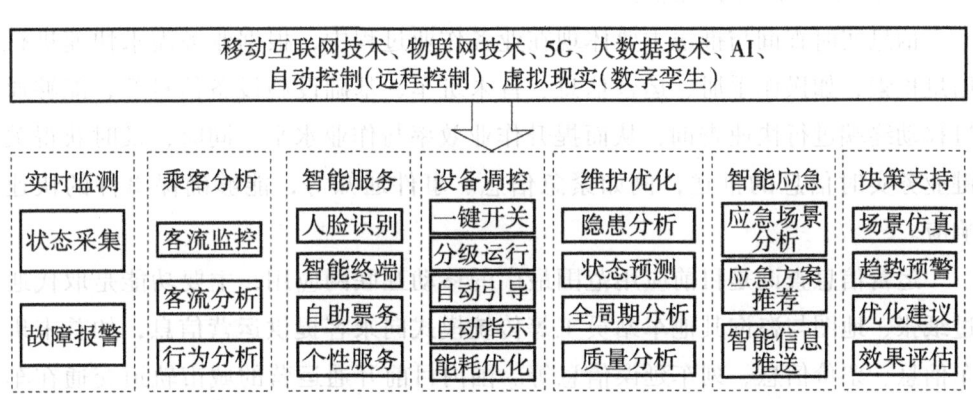

图6-1 城市轨道交通车站管理领域智能化技术典型应用一览

6.1 移动互联网技术

移动互联网技术以移动通信技术作为基础，将局域网与广域网通过一定协议实现互联。移动互联网应用的主要目标是解决人或物在移动过程中的高效互联问题，并减弱因时间和空间因素给运营生产管理所带来的不利影响。

　　城市轨道交通的业务覆盖空间区域广，业务间的联系紧密，移动互联网技术的应用已经深入城市轨道交通各个领域，包括生产、运营、维护、办公、公众服务等各方面。移动互联网的应用优势主要体现在信息的快速交互。例如车站关键区域客流信息与突发故障现场信息等，通过移动终端实现信息的实时传输，提升了日常客运组织与应急处置等相关业务的管理能力。

　　在移动互联网技术应用基础上，有效整合不同网络化运营管理业务的信息管理系统，可形成一体化的信息管理模式。这一模式包括，基于高效的业务流和信息流，简化业务流程环节，打破时间和空间限制，减少业务流程上岗位设置和环节设置；促进岗位复合，整合原岗位设置中业务量较小、关联性较强的岗位，精简人力资源和管理资源，实现运营管理的资源集约化配置。

6.1.1　面向车站客运组织的应用

　　移动互联技术协助车站的日常运营组织，主要目标为提升面向乘客服务的客运组织水平、改善信息交互能力、提供辅助决策的实时信息支持等。

1. 信息实时查询与推送

　　信息实时查询与推送主要体现在业务作业过程中，根据业务需求快速进行信息检索，如操作手册、运营信息、首末班车、基础设施设备信息等，能够通过移动终端进行快速查询，从而提升作业效率与作业水平。同时，及时获得关键业务实时信息的推送，例如紧急信息、事件通知等，能够确保事件的快速响应。

　　运营信息查询是目前应用范围最广的移动互联网应用，主要功能是取代通过纸张、地图与咨询其他车站员工等传统模式向乘客提供运营信息，如首末班车信息、票价信息、列车延误信息等。国内目前开通运营的城市轨道交通在车站内基本都提供此项服务功能，面对乘客的问询，车站员工可以通过移动终端快速获取相关信息，向乘客进行解答或者提供自助服务功能。

2. 工作人员作业实时记录

　　工作人员作业的实时记录主要是利用移动互联网对作业过程中岗位人员的位置和状态信息进行实时记录，例如车站的站务员、值班站长、巡检工作人员等，对业务相关人员进行管理，确保作业过程的安全、高效及规范。

3. 协助车站工作管理

移动互联网技术在协助车站工作管理方面主要体现在为不同具体业务需求提供及时的数据采集手段和工具。

巴塞罗那地铁推行了一款针对乘客逃票的应用，在闸机上安装摄像头，抓取逃票人员的影像资料，并传输至车站安保人员的移动终端，帮助员工识别逃票人员。伦敦地铁工作人员通过手持移动终端实现 CCTV 视频的移动监控。通过无线传输的方式，员工能够在移动终端上实时查看车站所有 CCTV 所获取的视频画面，同时员工还能利用移动终端对某一段影像进行保存，实现该段画面的重复播放。此外，伦敦地铁推出了"第十分贝"的移动应用，该应用能够协助工作人员管理站内卖艺人员声音过大的问题，并能在处置过程中提供相关证据。布鲁塞尔地铁开发了一款用于列车延误事件上报的移动应用，车站员工能够通过在移动终端的点击操作，简单快速地记录延误列车的车辆信息、到达时间、停靠时间、离站时间等，替代了传统纸质填写，提升了事件上报的效率。

6.1.2 面向车站设施设备管理的应用

车站设施设备的移动化管理主要体现在结合设施设备的信息化建设，利用移动互联网技术，通过移动终端掌握设施设备的运行状态信息，例如巡检、维修养护作业等，实现设施设备管理的移动化，提升现场设施设备的管理能力。

基于移动互联网技术构建的移动端维修支持系统是一种现代化、科学化、网络化的设备管理办法，它通过远程抄表、实时上传、抄表数据异常报警等方式，使得设施设备系统相关专业集中管理岗位人员能够实时掌握现场设备状态，以降低设备的运行风险，保障运营安全。移动端维修支持系统以运营各个专业系统设施设备的维修规程、操作规程和安全作业规范为根本，实现维修的全面控制、管理和指导，规范维修行为，确认维修效果，建立系统化的实时处理机制，其功能包含计划管理、计划维修执行、检修评价表、全线检修情况统计、标准作业流程查询。

针对车站设施设备的移动化管理的应用目标主要包括获取设施设备运行状态信息、设施设备的故障报警、设施设备的信息查询等。车站工作人员采集设施设备现场情况信息时，可将现场设施设备相关的现场视频、照片，发生故障的文本描述，通过移动系统上报至综合管理平台。

日常车站设施设备管理中，移动端系统是实现跨空间业务交接电子化的重要手段。利用移动互联网的优势将业务岗位的日常交接班、故障处理、车调联控、巡检、施工组织等业务的工单进行电子化，使其不再受制于空间距离影响，可提升业务交接的效率。

特别是在设备发生故障时，移动端系统支持录制视频、录制语音、文字、拍摄图片等上报方式，为维修作业过程中的沟通提供了高效辅助手段，能够强化沟通效率及直观展现现场情况，为远程指挥和协助处置提供了有力的工具和手段。

利用移动终端协助车站设施设备的巡检工作是移动互联网的关键应用之一。北京、上海、广州等城市地铁目前在车站设施设备管理均部署了移动端维修支持系统，实现的功能深度不一。国外的很多城市地铁也在积极研发推行该类应用，比如伦敦地铁、新加坡地铁、巴塞罗那地铁等城市地铁，通过将巡检计划导入移动终端，实现对整个作业过程的追踪记录，对设施设备故障进行实时报警，同时还能确保巡检作业的规范、安全、高效。伊斯坦布尔地铁管理人员可以通过移动终端快速查询设施设备的数据信息，包括设施设备的相关数据、维修记录、运行时间、运行状态等，这些信息可实时更新，能够提高管理工作的效率。

6.1.3 面向票务服务的移动支付

移动互联网技术在城市轨道交通应用最普遍和最成熟的领域是在票务管理的移动支付领域。随着移动支付技术的普及，"移动互联网+"与城市轨道交通AFC系统的持续融合，已由在购票时使用第三方支付购票，向直接使用第三方支付进行信用消费转变。

国内，广州、北京、杭州、无锡、上海、深圳等城市，已逐步开通了移动支付凭证刷闸进、出站的模式。未来，城市轨道交通实现移动支付乘车是必然趋势，乘客可以通过移动支付购票进、出站或者直接采用手机端移动支付凭证进、出站等多种方式乘车。目前，移动支付主要分为NFC支付和扫码支付两种类型，不同方式有各自的优势，不同票务支付方式比较如表6-1所示。

表6-1 不同票务支付方式比较

支付方式	支付效率	支付安全	数据存储方式	网络条件
NFC支付	流程最少，近距离通信直接交易	比较安全	信息密码存储在安全模块中，且与操作系统相互独立	支持离线交易
扫码支付	打开APP，扫码交易	比较安全	信息密码存储在APP内	支持在线交易

1. NFC支付方式

NFC（near field communication）又称近场通信，是一种近距离无线通信技术。采用这种支付方式一般无需搭载相关APP和网络，只需要一张卡，在靠近读卡器后即可实现自动完成支付。NFC移动支付方式是把带有NFC功能的手机放在读写区范围之内，就可直接进行检票扣款。

伦敦交通局于2015年7月份开始为乘客提供地铁、公交、有轨电车、道克兰轻轨以及地上铁路等多种交通方式的ApplePay支付方式。乘客可使用支持ApplePay功能的移动设备（包括iPhone和Applewatch），与银行卡绑定之后，在进出站闸机直接实现刷进、刷出和移动付费。ApplePay利用的是NFC技术，预先将信用卡或借记卡输入手机绑定后，即可在支持银联闪付功能的读卡器上进行支付。使用ApplePay不需要手机接入互联网，也不需要点击进入APP，甚至无须唤醒显示屏，只要将iPhone靠近有银联闪付标志的读卡器，并将手指放在HOME键上验证指纹，即可进行支付。

2. 扫码支付

扫码支付是以网络通信为核心的支付方式，其通常需要搭载相应的APP，如支付宝、微信等，目前也有在线识别二维码技术和离线识别回写技术。

扫码支付是在进站检票时，打开扫码检票的APP进行检票，票款通过APP绑定的支付宝、微信等方式进行扣除。完成进、出站的移动支付过程，主要包含注册、识别、后台处理、通知等流程，在此过程中通过大量的数据流转来完成整体的移动支付过程，移动支付中数据的流转过程示意如图6-2所示。

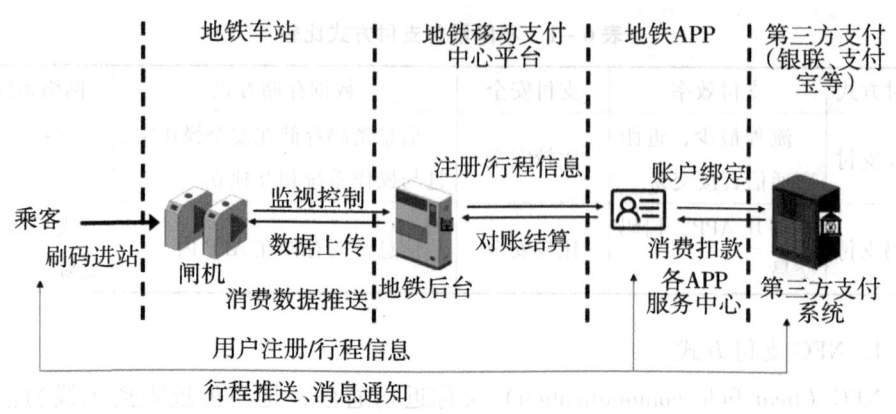

图 6-2 移动支付中数据的流转过程示意

乘客通过客户端在网上开户注册，由于移动支付绑定的扣费渠道及手机号码都是实名的，所以乘客的注册信息相对比较准确，注册信息中包含了许多乘客信息，如乘客姓名、手机号码、身份证号码等，通过对身份证号码进一步分析，可以得到乘客的性别、年龄等信息。乘客在进站时，通过手机 APP 出示二维码在闸机上刷码，闸机将二维码数据上传至地铁移动支付平台，平台对数据的真伪进行判断并保存进站信息，向进站闸机下发控制命令。乘客出站时，出站闸机同样会将数据上传至地铁移动支付平台，支付平台对数据验证保存后，向出站闸机下发命令，同时，平台会将乘客的进站信息与出站信息进行匹配，形成一条完整的交易数据，通过查询票价表，进行行程费用计算，然后向地铁 APP 推送行程及费用信息，由 APP 与第三方支付系统进行消费扣款。在这个过程中形成了完整的乘客行程信息，包含乘客的进站时间、进站地点、出站时间、出站地点等信息。

面向票务的移动支付功能在国内的大多数城市都有上线使用，扫码支付购票和扫码过闸作为基本功能是大多数城市的标准配置，其他的人性化和多元需求的融合，不同城市存在差异。中国部分城市轨道交通上线使用的 APP 如表 6-2 所示（功能统计截至 2022 年底）。

表6-2 中国部分城市轨道交通上线使用的 APP 一览表

城市	APP	实现的主要功能			
		多种移动支付	扫码过闸	"先乘后付"	"多码合一"，出行场所溯源定位
北京	北京地铁	√	√		
上海	Metro 大都会	√	√	√	√
香港	MTR Mobile	√	√		
广州	广州地铁	√	√		√
深圳	深圳地铁	√	√		√
天津	天津地铁	√	√		
南京	"与宁同行"	√	√	√	
武汉	Metro 新时代	√	√		
郑州	商易行	√	√		
呼和浩特	青城地铁	√	√		
西安	西安地铁	√	√		
南昌	鹭鹭行	√	√		
成都	成都地铁	√	√	√	
重庆	渝畅行	√	√		
杭州	杭州地铁	√	√		
苏州	苏 e 行	√	√		
大连	大连地铁 e 出行	√	√		
昆明	智慧通行	√	√		
厦门	厦门地铁 AMTR	√	√		
南宁	南宁轨道交通	√	√		

6.2 物联网与 5G 技术

物联网（Internet of Things，IoT）在 1999 年召开的移动计算与网络国家会议上被首次提出，现在公认的物联网定义为采用智能传感设备使物体和互联网之间实现通信,以此对物体进行智能识别与实时监控管理。它以互联网为基础,是互联网的进一步扩展与延伸,将网络延伸至物质之间,使不同物体之间实现通信。

物联网将各种电子信息传感设备与移动互联网通信设备结合起来而发展形成一个新的网络系统,实现在任何时间、任何地点进行人、机、物的信息互联互通,推动数据向结构化、精细化转变。5G技术具备大容量、广连接、高可靠、低时延的特点,只有通过5G网络,拥有足够快的物联网处理能力,人工智能系统才能感知到万物的"物联网"神经,才能在更多终端设备应用并处理更多场景,为智能化发展提供更大的想象空间。物联网技术应用的系统架构示意图如图6-3所示。

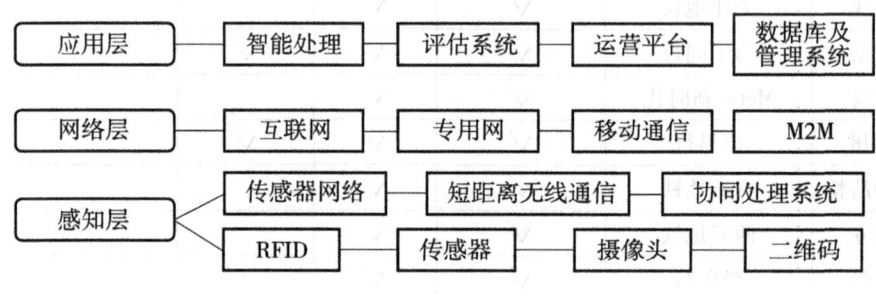

图6-3 物联网技术应用的系统架构示意图

物联网技术与轨道交通业务的融合应用正处于探索阶段,将为城市轨道交通带来智能化、自动化和全过程、全系统的全新升级,可以帮助建立高效且智能的管理体系,为乘客打造更舒适、更便捷、更智能的出行体验。在国内各城市轨道交通智慧车站的设计建设中,物联网和5G技术都得到了一定的应用。

6.2.1 案例:上海地铁"5G+智慧地铁创新"

上海申通地铁集团与电信运营企业在"三线三站"开展了"5G+智慧地铁创新"示范应用,包括2、10、17号线以及徐泾东站(2号线)、虹桥火车站站(2、10、17号线换乘站)、诸光路站(17号线)。同时,发布《5G+智慧地铁白皮书(2019)》,在探索智能化轨道交通服务方面迈出了开创性的一步。

在白皮书中,规划采用5G技术构建智慧地铁运营体系的无线网络通道,建立从基础设施层、能力平台层到智慧应用层的一体化平台架构,实现智能感知、智能联动、智能分析的能力，支撑上层运营、服务、维保三大智慧场景及其中九大应用，用数据驱动安全、效率、效益和服务的提升。上海地铁"5G+智慧地铁"总体架构如图6-4所示。

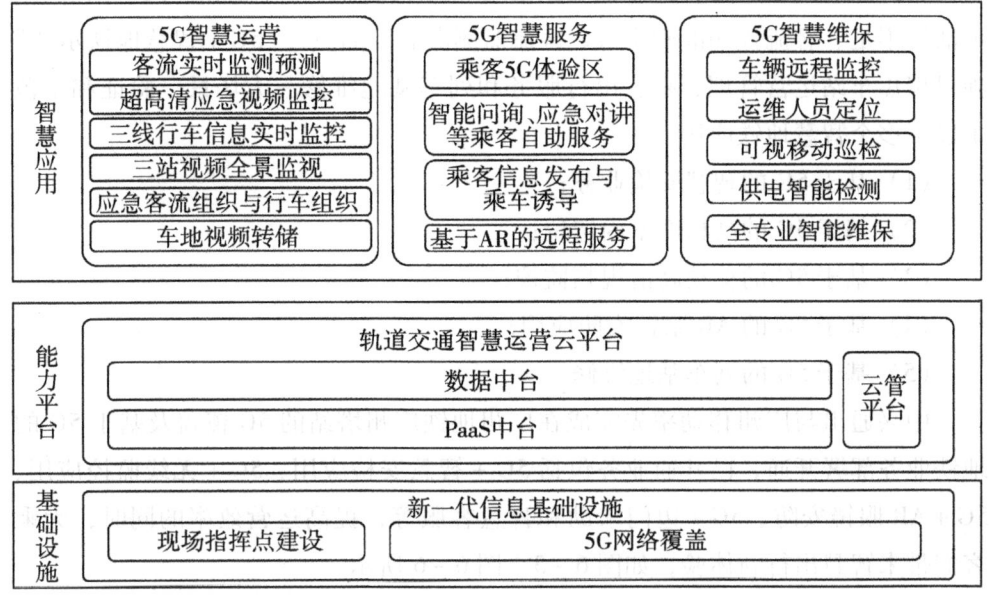

图6-4 上海地铁"5G+智慧地铁"总体架构

6.2.2 案例：广州地铁"5G+智慧地铁示范"

2019年，中兴通讯联合广州移动、广州地铁启动"5G+智慧地铁示范"项目。该项目创新地采用了"1+3+X"整体架构，包括1张5G网络、3大应用领域和X个应用场景。项目以广州移动5G网络为基础，通过移动边缘计算技术（mobile edge computing，MEC）+用户平面功能（user plane function，UPF）下沉和端到端网络切片，实现地铁不同场景下各类业务的融合承载，按需保障不同业务差异化的网络性能需求。

针对地铁业务场景和对通信网络的性能需求，项目在广州移动5G网络的基础上，为广州地铁量身定制了以下5G专享网络解决方案。

（1）站厅站台5G QCell数字室分无缝覆盖；

（2）专用MEC+UPF下沉；

(3) 专用 VPN 传输；

(4) 5G 终端、应用终端和应用平台；

(5) 端到端地铁业务网络切片。

针对广州地铁运营管理中面临的监控视频常拥塞、应急响应时延大、网络灵活性不足、客流预测准确率低、客流监测滞后等痛点，"5G+智慧地铁示范"项目聚焦车站运营管理、乘客出行服务和列车基地维修三大场景，验证和示范了以下多个智慧地铁应用。

(1) 基于 5G 的智慧安检业务；

(2) 基于 5G 的高精度室内定位；

(3) 基于 5G 的移动高清视频监控；

(4) 基于 5G 的 AR 眼镜安防应用；

(5) 基于 5G 的列车基地维修。

中兴通讯与广州移动率先完成在广州地铁广州塔站的 5G 覆盖及基于 5G 的地铁业务部署开通，已开通业务包括 5G+智慧安检应用、5G+无线监控应用、5G+AR 眼镜安防、5G+边门求助和智慧客服等，提高运营效率的同时，为乘客们带来智慧出行新体验，如图 6-5、图 6-6 所示。

图 6-5　广州地铁 5G+智慧安检

图 6-6　广州地铁智慧客服

广州塔智慧车站示范工程中，通过物联网边缘网关实现设备及系统的物联接入，兼容物联网常用的通信协议（包括 Modbus、BACnet、MQTT、IEC104、KNX、OPC、RTSP、ONVIF 等），支持 SDK 集成和通信协议连接等多种接入方式，实现信息的大范围、深层次汇集，构建信息技术系统的数据基础，为上层应用提供设备接入能力、协议转换能力、边缘数据处理能力等，实现城市轨道交通众多业务系统和设备的物联功能。

广州塔智慧车站全景系统接入 20 多个专业系统（包括智能安检、列车自动监控等）、1000 多个设备、100 多路视频、8 种通信协议，实现了信息实时交互和站务移动化管理。

6.3 室内定位导航技术

室内定位技术分为两种：第一种是基于外置信源的室内定位技术，这类技术需要依靠外置的信源设备，比如说 WiFi、蓝牙、蜂窝移动网络、伪卫星等；第二种是基于天然信源的室内定位技术，这类技术仅靠终端的传感器就可以实现定位，如惯性导航、地磁导航、可见光导航等。

室内定位导航较为成熟的有 WiFi 定位技术、蓝牙定位技术、地磁定位技术、超宽带定位技术、RFID 技术、ZigBee 技术、超声波技术，各种定位技术各有优劣势，定位技术比选如表 6 - 3 所示。

表 6 - 3 定位技术比选

技术	定位精度	安全性	穿透性	抗干扰	传输距离	建设成本	应用行业
WiFi	3～10 米	较高	强	较强	30～50 米	一般	商业、工业
蓝牙	2～5 米	较高	弱	弱	10 米	低	商业
地磁	2～5 米	较高	无关	极弱	无关	低	商业
RFID	1～8 米	低	弱	弱	5 米	较高	商业、工业
超宽带	0.1～0.15 米	非常高	强	强	200 米	较高	工业
ZigBee	3～10 米	较低	弱	弱	70 米	较高	商业、工业
超声波	0.05～0.1 米	高	无	强	5 米	极高	工业

1. WiFi 定位

WiFi 定位技术的覆盖范围较大，在已部署 WiFi 的室内环境，可以直接使用，但在城市轨道交通内部环境中，WiFi 部署数量极少，如果采用 WiFi 定位技术，则需要部署大量 WiFi 的 AP，并且每个 AP 都需要独立供电，因此产生的工程量较大。此外，WiFi 定位技术容易受到建筑物墙体的阻碍，在城市轨道交通内部建筑环境中的定位精度受到影响。

2. 蓝牙定位

蓝牙定位技术目前部署得较多，是相对成熟的技术。采用无源的低功耗蓝牙信标，部署成本较低、效率高，适用于各类地下环境，在商用领域较为成熟，应用于大型商场、停车场等室内场景。蓝牙定位技术的最大问题在于无源蓝牙信标的电池更换，城市轨道交通内部空间范围较大，单个常规车站的公共区域需要部署100个蓝牙设备（换乘车站则需要更多），单条线路涉及几千个蓝牙设备，蓝牙设备电池到达使用年限后，运维涉及电池更换的工作量巨大。

3. 地磁定位

地磁定位技术作为一种新兴的技术，通过捕捉"室内地磁场"的规律来实现，通过手机端普遍集成的地磁传感器收集室内的磁场数据，辨认室内环境里不同位置的磁场信号强度差异，从而匹配自己在空间中的相对位置。该技术仍处于探索阶段，其应用场景适用于电磁环境相对固定、较为空旷的室内环境，对于轨道交通车站而言，列车的进出站可能会造成室内地磁场数据的变化，其适用性仍有待进一步认证。

4. RFID

RFID技术作用距离很近，可以在几毫秒内得到厘米级定位精度的信息，且由于电磁场非视距等优点，传输范围很大，而且标识的体积比较小，造价比较低。但其不具有通信能力，抗干扰能力较差，不便于整合到其他系统之中，且用户的安全隐私保障和国际标准化都不够完善。

5. 超宽带

超宽带（UWB）是一种无载波通信技术。利用纳秒的非正弦波窄脉冲传输数据，典型工作频段为3.25～6.75GHz，由于其频宽一般超过500MHz，可以获得亚纳米级的精确时间，主要是用在局域场景下的精确定位，可以被认为是一种位置传感器。从技术上看，从定位精度、安全性、抗干扰、功耗等角度来分析，UWB无疑是最理想的工业定位技术之一。但是，UWB采用的是专用定位标签，无法在个人移动终端使用，建设成本远高于RFID、蓝牙信标等技术，这也限制了该技术的推广和普及。

6. ZigBee

ZigBee技术是通过若干个待定位的盲节点和一个已知位置的参考节点与网关之间形成组网，每个微小的盲节点之间相互协调通信以实现全部定位，是一种新兴的短距离、低速率无线网络技术。这些传感器只需要很少的能量，以接力的方式通过无线电波将数据从一个节点传到另一个节点。作为一个低功耗和低成本的通信系统，ZigBee 的工作效率非常高，但 ZigBee 的信号传输受多径效应和移动的影响都很大，而且定位精度取决于信道物理品质、信号源密度、环境和算法的准确性，使得其配套的定位软件成本较高。

7. 超声波

超声波技术主要采用反射式测距法，通过多边定位等方法确定物体位置，系统由一个主测距器和若干接收器组成，主测距器可放置在待测目标上，接收器固定于室内环境中。定位时，向接收器发射同频率的信号，接收器接收后又反射传输给主测距器，根据回波和发射波的时间差计算出距离，从而确定位置。超声波定位整体定位精度较高，结构简单，但超声波受多径效应和非视距传播影响很大，且超声波频率受多普勒效应和温度影响，也需要大量基础硬件设施，成本较高。

由于城市轨道交通大多处于地下室内空间，常规的 GPS 定位技术无法满足位置服务需求，采用室内定位技术可以为乘客与车站工作人员提供车站地下空间的室内位置服务。

（1）室内定位技术可满足乘客公共服务的需求。城市轨道交通车站类型复杂，网络中换乘车站较多，特别是在重要地理位置的部分车站的出入口数量较多。乘客在封闭的地下空间，需要有效的导航系统来寻找相应的目的地，如卫生间、换乘线路站台、出入口、客服中心等，特别是一些特殊乘客，无法辨识车站的固定标志标识，需要有声的定制化导航服务为其提供人性化服务。

通过建立车站室内定位导航系统，乘客（或特殊乘客）可使用个人移动终端，以移动应用人机交互的方式，实现车站站内的自动定位与实时导航，能起到自主引导、疏导客流的作用，保证乘客在车站内正确地找到目的地，给予乘客个性化的乘车体验和人性化的乘客服务。

（2）室内定位技术可满足车站管理的需求。车站的日常业务包括设备巡检、站务人员巡更等移动作业的业务，需要记录精确的作业位置。此外，车站常常安排志愿者协助运营进行客流的现场管理与疏导，而志愿者往往对该车站的布局与到岗位置不熟悉，一般需要由车站值班员带领志愿者到岗，浪费了车站的人力与时间资源。

通过室内定位技术，建立车站室内空间基于位置的服务，将填补运营管理者对于轨道交通空间位置服务的需求空白。运营管理者可通过专用智能终端，实现基于位置的服务，执行日常车站的生产管理操作，例如车站的巡视、设施设备的巡检、人员的签到等。

6.3.1 案例：北京地铁"地下北斗系统"

北斗卫星导航系统（BeiDou Navigation Satellite System，BDS）作为提供时间和空间信息的全球系统，是我国重要的空间基础设施。目前，BDS 正在推进国家综合 PNT（导航、定位、授时）体系建设，其中重点推进室内环境定位技术的突破，而全球导航卫星系统（Global Navigation Satellite System，GNSS）的 PNT 服务在卫星地基系统中端或非暴露空间下将无法提供保障服务。

2022 年 3 月 20 日，我国首个地铁北斗定位系统在北京地铁首都机场线开工建设，这是我国目前规模最大的室内空间导航定位系统。地铁北斗定位系统在地铁里面采用室内外相结合的方式，在室外的暴露空间，采用北斗的增强技术来实现高精度的定位；在室内通过和 5G 融合的定位基站和技术的部署，实现室内定位信号的播发，然后用户接收到导航定位的信号，实现高精度的定位。

地铁北斗定位系统将使地铁站地下空间的定位精度提高到优于 2 米，不仅可用于行车调度、客运组织、应急处置等方面，同时乘客能够使用手机地图，通过三维立体导航实现地铁站内复杂空间的导航定位。该系统的建设在加快城市轨道交通的智慧服务、智慧维护、改善用户体验、提高运营效率、降低管理成本等方面将发挥重要作用。[1]

北京地铁 1 号线四惠站搭建城市轨道交通定位系统综合了"BDS + UWB + 空间数字化"等技术实验系统，参考北斗卫星导航系统，为城市轨道交通建立"地下北斗系统"，在统一的时空基准下，实现定位、授时等服务的可用性、可靠性、精确性、连续性和稳健性。"地下北斗系统"优于纳秒级的授时技术为综合 PNT 服务提供时间基准的同时，也为 UWB 室内定位削弱时钟偏移误差，提供空间基准，再结合路径规划导航技术，实现非暴露空间下的综合 PNT 体系建设。在城市轨道交通中的应用，有效地实现了对北斗系统在非暴露空间应用

---

[1]动态[J]. 科学中国人，2022（6）：6.

的补充、增强和备份,从而打破室内空间与室外空间的边界和壁垒。[①] 该定位系统的综合应用在提供基础的 PNT 服务之外,还可实现对人员及车辆的实时定位、电子围栏、电子地图、轨迹回访等功能。

6.3.2 案例:广州天河智慧城示范站的站内定位导航系统

广州地铁为满足出行服务多样化的需求,借助信息技术等手段,推进智慧地铁业务与应用体系建设。在广州智慧地铁天河智慧城示范站建设中,经过一系列的需求调研、技术比对、行业比较,最终采用低功耗蓝牙的定位技术,实现站内室内定位与室内导航的应用,并通过 APP 的方式向乘客或站务人员提供位置服务。

广州天河智慧城示范站的室内定位系统以地图数据、定位数据和算法为依托,提供以地图数据为基础的地图服务、搜索服务、导航服务以及以定位数据为基础的定位服务。包括以下主要功能。

1. 地图呈现

支持缩放、旋转、移动等基本展示,支持设备详情页展示,支持图标与设备标记结合的表现形式,支持立体化设计,支持色彩主题的选择,支持设备的图形化展示。

2. 定位信息搜索

支持搜索关键词、基于分类、基于位置,以及用户自定义标签等方式。

3. 路径规划

通过搜索选点进行路径规划,支持路书索引,支持同层及跨楼层的路径规划。

4. 导航

可实时定位位置并进行导航,支持同层导航、跨楼层导航、偏航指示、偏航路径重规划,支持 AR 实景导航,可灵活切换导航模式。

5. 人员监控

通过复用蓝牙定位网络,为车站人员配置定位卡,实现站内管理人员的监控管理功能。人员行为轨迹分析如图 6-7 所示。

---

① 卢彦懿,徐天河,曹红升,等."地下北斗系统":地铁定位最优解[J]. 中国测绘,2020(3):65-68.

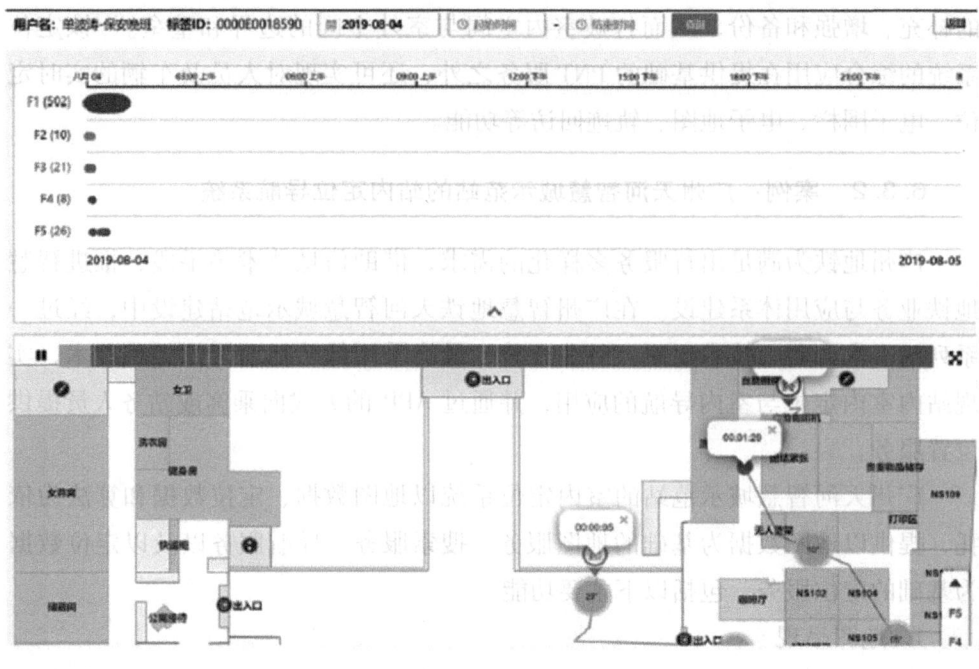

图 6-7 人员行为轨迹分析

6.3.3 案例：上海地铁 13 号线盲人导乘系统

上海地铁 13 号线盲人导乘系统是基于站内设置蓝牙，实现地下室内空间定位，通过盲人手机进行音频导航的地铁车站智能语音导航系统。目前已在 13 号线部分车站率先试点应用。该系统通过在现场打开 APP，采用手机旁白模式，通过语音输入或者触摸反馈查找目的地，通过语音播报反馈显示的信息。系统实时导航界面如图 6-8 所示。APP 主要实现以下功能。

（1）搭载视障人士使用的旁白模式，APP 以盲人使用习惯实现交互；

（2）地图加载完成后，在盲道区域 95% 概率实现 5 秒自动定位；

（3）语音搜索智能识别上车点、出入口、服务台、卫生间等关键词，满足站内导航的需求；

（4）准确规划基于盲道的导航路线；

（5）在导航过程中能准确播报导航语音，提示视障人员在盲道行走；

（6）行走与导航路径相反方向时，反向行走 10 米左右提示掉头；

（7）行走脱离导航路径时，10 米左右提示重新规划路径；

第6章 智能化技术在城市轨道交通车站运营管理中的应用

(8) 行走至目的地附近时,语音提示已到达目的地附近,导航结束。

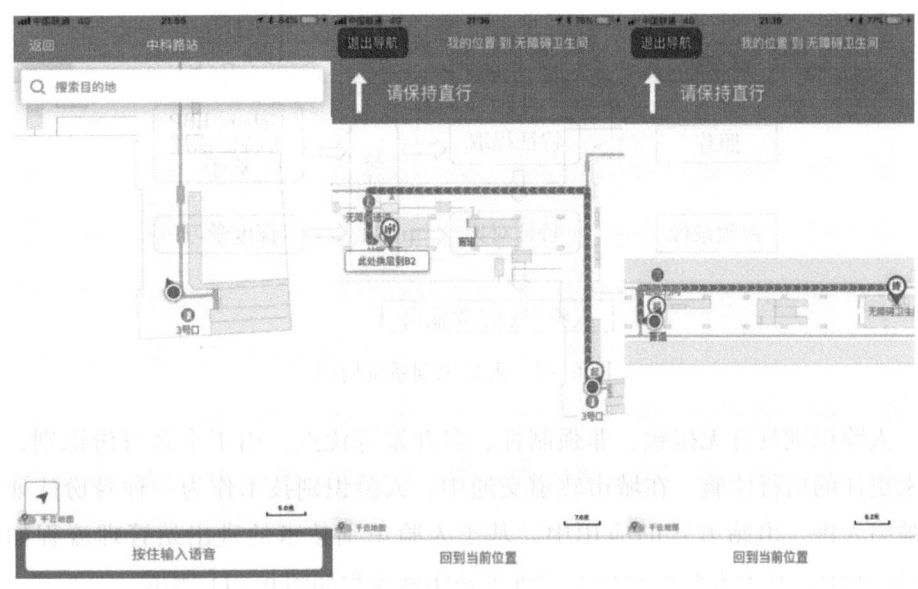

图 6-8 系统实时导航界面

6.4 生物识别技术

生物识别技术是通过计算机与光学、声学、生物传感器和生物统计学原理等高科技手段密切结合,利用人体固有的生理特性(如指纹、脸像、虹膜等)和行为特征(如笔迹、声音、步态等)来进行个人身份的鉴定。车站范围目前应用到的生物识别技术主要有人脸识别、掌静脉识别和语音识别,应用领域主要面向乘客身份认知和自助服务。

6.4.1 人脸识别技术

人脸识别技术是基于人的脸部特征信息进行身份识别的一种生物识别技术。用摄像机或摄像头采集含有人脸的图像或视频流,并自动在图像中检测和跟踪人脸,进而对检测到的人脸进行脸部识别,人脸识别系统构成如图 6-9 所示。

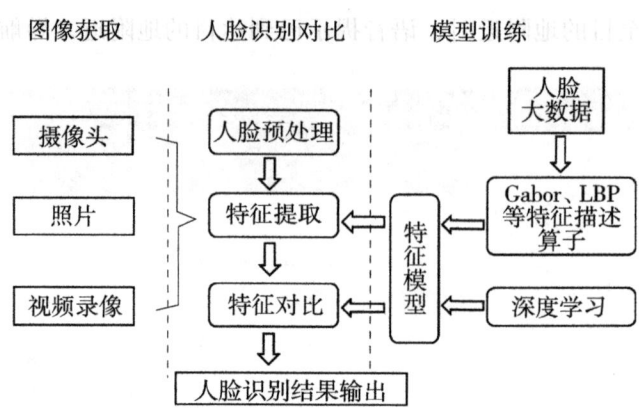

图 6-9 人脸识别系统构成

人脸识别具有无接触、非强制性、多并发等优点，用于乘客身份识别，可带来更佳的出行体验。在城市轨道交通中，人脸识别技术作为一种身份认证方式被引入进、出站方式的应用中，基于人脸识别技术的进出站管理流程如图 6-10 所示，基于人脸识别技术的进出站实施流程如图 6-11 所示。

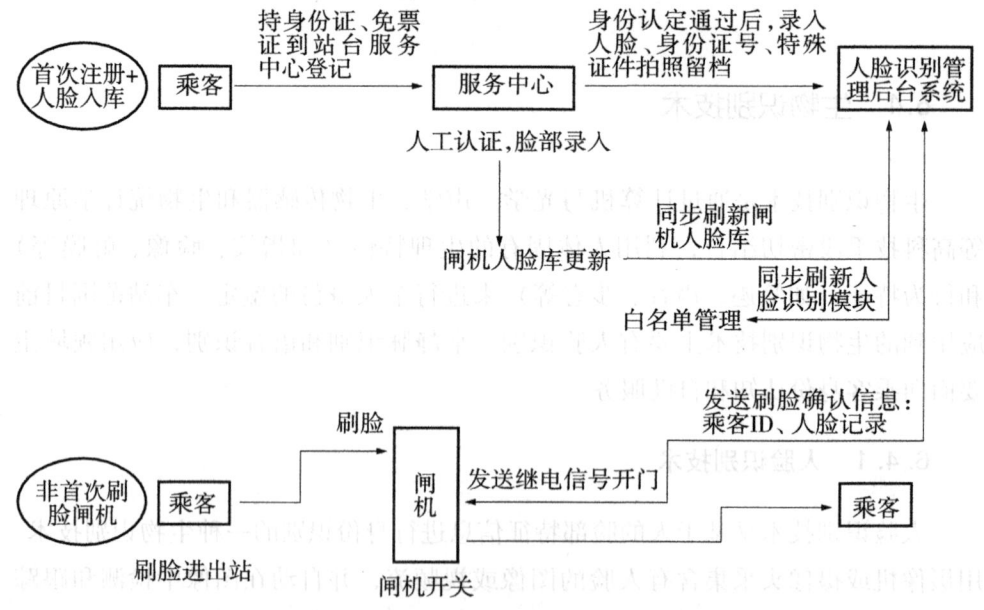

图 6-10 基于人脸识别技术的进出站管理流程

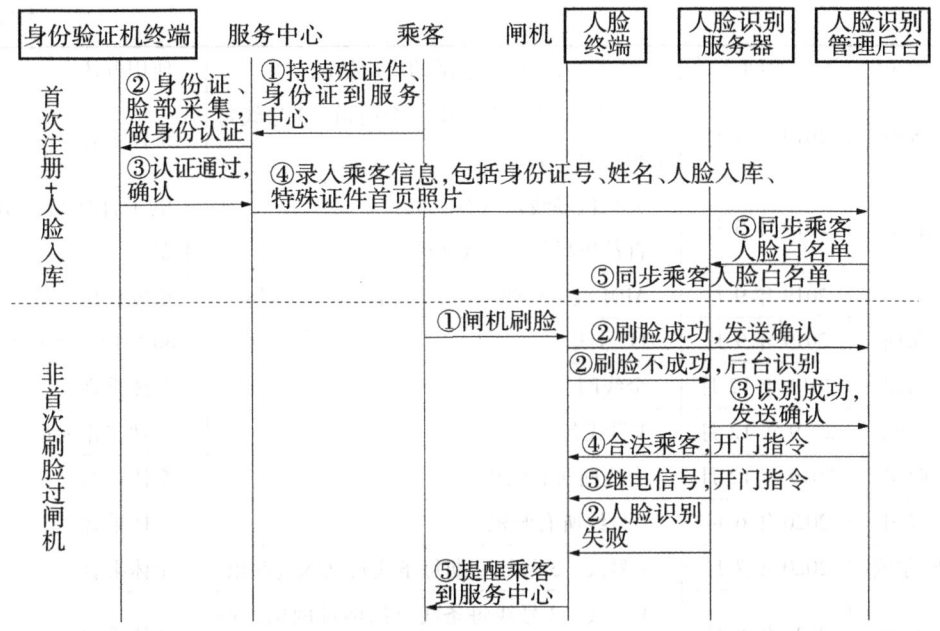

图 6-11 基于人脸识别技术的进出站实施流程

目前，国内很多城市轨道交通车站实现了基于人脸识别的过闸方式，基于人脸识别技术可以实现乘客进、出站，在此基础上可以进一步将功能拓展到城市轨道交通进站安检中，可通过生物识别与比对技术实现差别化安检，减少安检的工作量。乘客通过人脸注册作为申请白名单的基本条件，基于注册信息中乘客上传的人脸图片，通过人工智能算法转换成结构化信息，作为乘客"白名单"体系中的要素。乘客进站时，摄像机对人脸进行抓拍并生成结构化信息与后台人脸库中的结构化信息进行比对，当与"白名单"人脸库中的信息吻合时，就可以获得对应的乘客信息并提示其通行。利用人脸识别、人工智能等新技术，建立基于实名制的白名单体系，实现城市轨道交通快速安检，是应对轨道交通大客流的新型智能安检技术路径之一。2020 年城市轨道交通人脸识别技术应用汇总情况如表 6-4 所示。

表 6-4 2020 年城市轨道交通人脸识别技术应用汇总情况

城市	时间	人脸识别过闸的应用情况	使用群体
南宁	2019 年 1 月	1 号线每站至少两进四出	地铁工作人员

续表

城市	时间	人脸识别过闸的应用情况	使用群体
济南	2019年4月	1号线每站每组闸机一个通道，3号线每组闸机两个通道	全体乘客
北京	2019年5月	大兴机场线：所有闸机；首都机场线：1组闸机/群组	电子计次票、员工票
广州	2019年9月	APM线、广州塔站、天河智慧城站试点	重度残疾、员工
深圳	2019年9月	11号线	60岁以上老年人
郑州	2019年12月	全线网	全体乘客
合肥	2019年12月	3号线各车站	地铁工作人员
西安	2019年12月	全线网所有闸机	全体乘客
贵阳	2020年6月	1号线所有闸机	全体乘客
哈尔滨	2020年7月	1号线、3号线一期每条线每站两进两出	全体乘客
福州	2020年8月	1号线、2号线每条线每站两进两出，换乘站八进八出	全体乘客
深圳	2020年8月	6号线、10号线	60岁以上老年人、特殊人群
呼和浩特	2020年10月	全线网四进四出	全体乘客
太原	2020年12月	2号线所有闸机	全体乘客

6.4.2 掌静脉识别技术

掌静脉识别技术的工作原理是利用近红外线照射手掌，并由传感器感应手掌反射的光，其关键在于流到静脉红细胞中的血红蛋白对波长760nm附近的近红外线会有吸收，导致静脉部分的反射较少，在影像上就会产生静脉图案。

掌静脉识别系统首先通过静脉识别仪取得个人静脉分布图，从静脉分布图依据专用比对算法提取特征值，通过红外线CCD摄像头获取手指、手掌、手背静脉的图像，将静脉的数字图像及特征值存储在计算机系统中。掌静脉比对时，实时获取掌静脉图，运用先进的滤波、图像二值化、细化手段对数字图像提取特征，与存储在主机中的静脉特征值进行比对，采用复杂的匹配算法对静脉特征进行匹配，从而对个人进行身份鉴定，确认身份。主要有以下技术优势

(1) 活体识别,确保识别的有效性;

(2) 唯一特性,无法复制;

(3) 非接触性,可降低设备的磨损程度。

掌静脉识别技术目前主要用于车站闸机系统,为进、出站提供了一种新的门禁控制方式。在上海地铁、深圳地铁、武汉地铁、哈尔滨地铁等有试用案例。

6.4.2.1　案例:深圳地铁20号线"刷手"乘车

如图6-12所示,深圳地铁20号线引入掌静脉识别技术,带来了"刷手"乘车的智慧出行新方式。深圳地铁20号线采用非接触掌静脉识别系统,乘客只需在首次搭乘地铁时,进行短暂的掌静脉注册,就可以实现0.3秒"刷手"通行,无需卡片、无需投币、无需(手机)二维码,手掌一挥,畅通无阻。目前,深圳地铁20号线的掌静脉身份识别设备主要服务于免费人群,后续将逐步对全民开放付费服务。

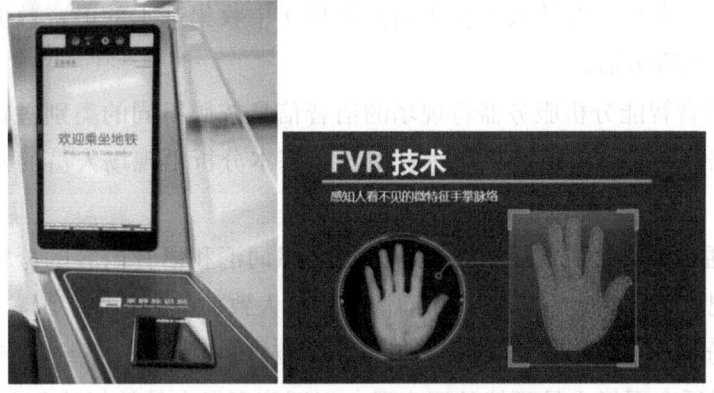

图6-12　深圳地铁20号线掌静脉识别技术

6.4.3　语音识别技术

大数据和互联网+这两项技术是实现语音智能分析技术的关键。语音智能分析系统如图6-13所示。大数据为语音分析提供了最为基本的人类声学模型和数以万计的人类声音片段数据(包括声音频段、声带震动程度等信息)。同时互联网+又为语音的智能分析提供网络支撑,利用互联网的信息互通,调用异地语音数据库,进一步扩大语音分析的数据基础。

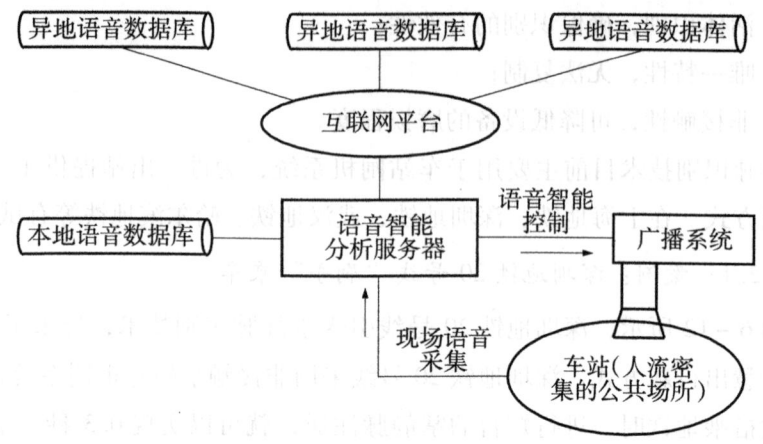

图 6-13 语音智能分析系统

针对车站相对封闭又人流密集的空间，语音识别还需要考虑嘈杂环境的影响，基本分析包括以下流程。

（1）语音分析系统从人流密集的公共场所中收集基本的语音数据，并交给语音智能分析服务器；

（2）语音智能分析服务器将现场的语音信息按照不同的类别进行分类，并与语音数据库中的基本语音数据进行对比，基本分析出现场人员的密度和年龄分布；

（3）通过对收集的现场语音数据进行敏感词汇和语音内容的分析，提取关键词，对现场人员的类别和个人当前情况进行大致的分析；

（4）分析完成后，语音智能分析系统将对现场的广播系统进行自适应控制，播放最适合现场人员环境的语音段，以匹配现场人员的年龄和现场的环境。

目前在车站范围，语音识别技术主要应用于智能语音购票及自助问询服务。智能语音购票以声音为媒介，通过对用户的语音识别、意图解析，以直接调用或信息提示等方式快速响应用户的购票需求。智能语音购票设备由既有自动售票机（ticket vending machine，TVM）、摄像头、麦克风及工控机构成，搭载语音识别、人脸识别、拼音查询模块等软件，实现语音查询、拼音查询和ECU通信等功能。接入摄像头及麦克风阵列的输入信号，并支持接入车站WiFi，与既有TVM设备采用串口交互相关数据。主要实现以下基本功能。

（1）在强噪声环境下准确识别并显示用户语音；

(2) 理解用户意图，判断出用户的目的地名称；

(3) 结合云端地图数据搜索出距离用户目的地最近的地铁站；

(4) 提供从当前站点到目的地的详细换乘路径信息；

(5) 提供拼音首字母的目的地模糊查询功能；

(6) 自动检测用户接近，无需用户唤醒或者手动触发语音状态；

(7) 用户依然可以关闭语音或者拼音查询模式，用触屏的方式完成购票。

语音购票过程是典型人机交互流程，如图6-14所示，当TVM的工控机通过高清摄像头检测到用户靠近时，会主动发送On Wakeup（唤醒指令）请求给TVM主控，TVM主控需返回ACK（确认唤醒），并显示语音提示窗口；随着用户说话的过程，工控机会多次发送ASR，逐字返回用户语音内容；TVM主控需要多次刷新语音提示窗口中的语音内容；当用户说完以后，工控机查询到结果，

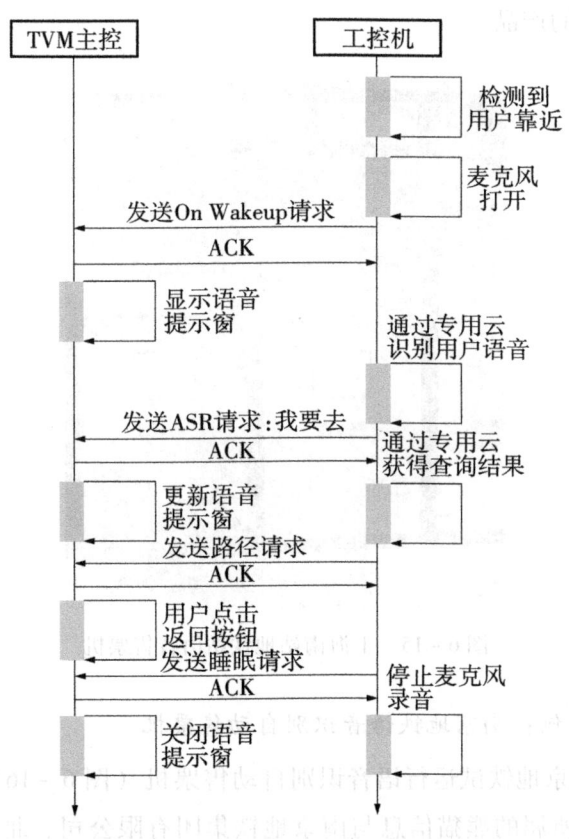

图6-14 语音购票典型人机交互流程

则会发送路径请求给 TVM 主控,直接跳转路径导航页面;在语音提示窗口状态下,用户点击屏幕其他区域或者点击返回按钮,则 TVM 主控发送睡眠请求,并关闭语音提示窗口。

上海、南京、深圳、合肥、天津、武汉等城市轨道交通车站均设置了具有语音识别功能的自动售票机。

6.4.3.1 案例:上海南站地铁站语音售票机

2018 年,由上海申通地铁集团、阿里云、阿里巴巴机器智能实验室、阿里国际 UED、蚂蚁金服共同研发的全球首台语音售票机正式在上海南站投入使用,如图 6-15 所示。语音售票能够有效节约购票时间,普通买票耗时往往超过 30 秒,而语音购票全程只需要 10 秒左右。此次投入使用的语音售票机实现了强噪声环境下的精准人机交互,是业内首个能在嘈杂的公共场所环境下,实现精准远距离语音交互的产品。

图 6-15 上海南站地铁站语音售票机

6.4.3.2 案例:南京地铁语音识别自动售票机

2020 年,南京地铁试运行语音识别自动售票机(图 6-16)由南京熊猫电子股份有限公司所属的熊猫信息与南京地铁集团有限公司、北京变形蛙智能科技有限公司联合设计推出。乘客只需说出目的地,语音识别自动售票机就会自动搜索并显示换乘方案，随后确认购票，一步到位，解决了由于地铁线路网络复杂导致购票步骤烦琐的问题。

该款自动售票机利用语音识别技术实时获取乘客的语音信息，有效甄别语句中的目的地信息，并通过云计算获取从当前地铁站前往目的地的导航及票价信息。支持模糊搜索，针对乘客只知道目的地，却不知坐到哪个对应站点的情况，该设备可识别的目的地信息不仅仅局限于具体的地铁站名称，还可以是景点、地标等区位名称，让乘客出行更顺畅。售票机还加入了人脸识别技术，当有乘客走到设备前面，购票界面立即跳转语音识别界面，提示乘客可以通过语音进行购票操作。同时，根据人脸识别的方位信息，该设备可锁定乘客声源信号，即使在十分嘈杂的地铁站环境中，也能够精准识别乘客的语音信息，极大改善了乘客的购票体验。

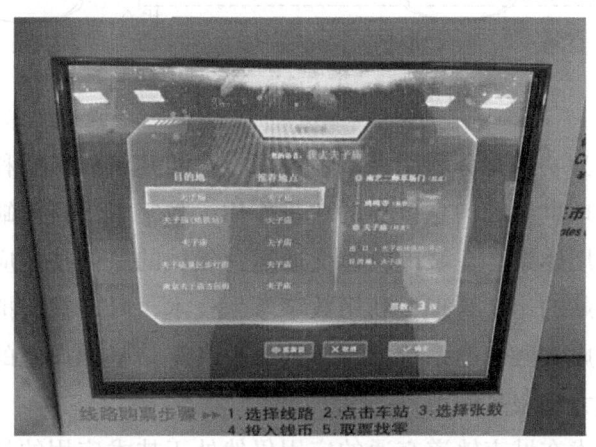

图 6-16　南京地铁站语音购票机

6.5　数字孪生技术

数字孪生的理念经历了技术探索、概念提出、应用萌芽、行业渗透 4 个发展阶段。该技术最早于 1969 年在阿波罗计划中被应用，用于构建航天飞行器的孪生体，反映航天器在轨道中的工作运行状态，辅助处理紧急事件。近年来，数字孪生技术在工业、城市管理领域持续渗透，并向交通、健康医疗等垂直行业拓展，实现了机理描述、异常诊断、风险预测、决策辅助等价值应用。

数字孪生技术基于对物理对象的数字化镜像，进一步描述物理对象在现实环境中的变化，模拟物理对象在现实环境中的行为和影响，以实现状态监测、故障诊断、趋势预测和综合优化等功能。通过感知、多维度建模、仿真等基础支撑技术，利用平台化的架构进行融合，搭建从物理世界到孪生空间的信息交互映射，其中感知技术是基础，多维建模技术是载体，虚拟现实技术（仿真技术）是核心。数字孪生的技术逻辑如图6-17所示。

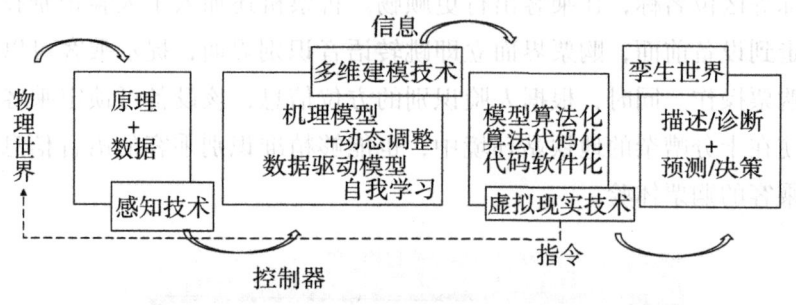

图6-17　数字孪生的技术逻辑

数字孪生作为一种充分利用模型、数据、智能并集成多学科的技术，能够充分发挥连接物理世界和信息世界的纽带作用。数字孪生目前缺少系统的理论研究和成熟的应用体系，在城市轨道交通运营领域的整体技术应用还处于发展探索期。对于车站的运营管理，利用数字孪生技术，可以在虚拟空间再现车站运营场景，通过虚实融合的系统实现方式，提高车站基础设施的感知能力、分析能力、管理能力和服务能力。

数字孪生技术在城市轨道交通的应用仍然处于技术应用的初级阶段，以感知技术广泛应用为主，多维建模技术在城市轨道交通设计建设阶段已经有了比较成熟的应用，但是在运营维护阶段仍有大量的基础研究工作有待展开；虚拟现实技术的应用就更为初级，还处于探索阶段。由于感知技术的应用相对广泛，在第3章已进行了详细的阐述，本章主要对数字孪生技术的多维建模技术和虚拟现实技术作简单的介绍。

6.5.1　多维建模技术

多维模型的建立是实现数字孪生系统的基石，无论是信息融合还是预测分析都必须基于映射现实的虚拟模型。

多维建模技术实现了物理空间中的实体向虚拟空间孪生体的映射，并通过在虚拟空间进行分析和决策，形成交互指令对物理空间进行干预和调控，使整个物理系统保持良好的运行状态。在数字孪生体系中，多维度建模需要融合环境、材料性能等许多因素，使其能在最大程度上模拟现实状态。从实景三维模型到数字孪生模型，具有典型的"数字化—信息化—智能化"技术演进和"数据服务—信息服务—知识服务"需求升级的特点。

城市轨道交通车站多维建模的基本建模框架如图6-18所示，模型对象既有车站空间要素，也有在空间流动的主体对象，涵盖车站的设施设备、乘客、工作人员三要素。

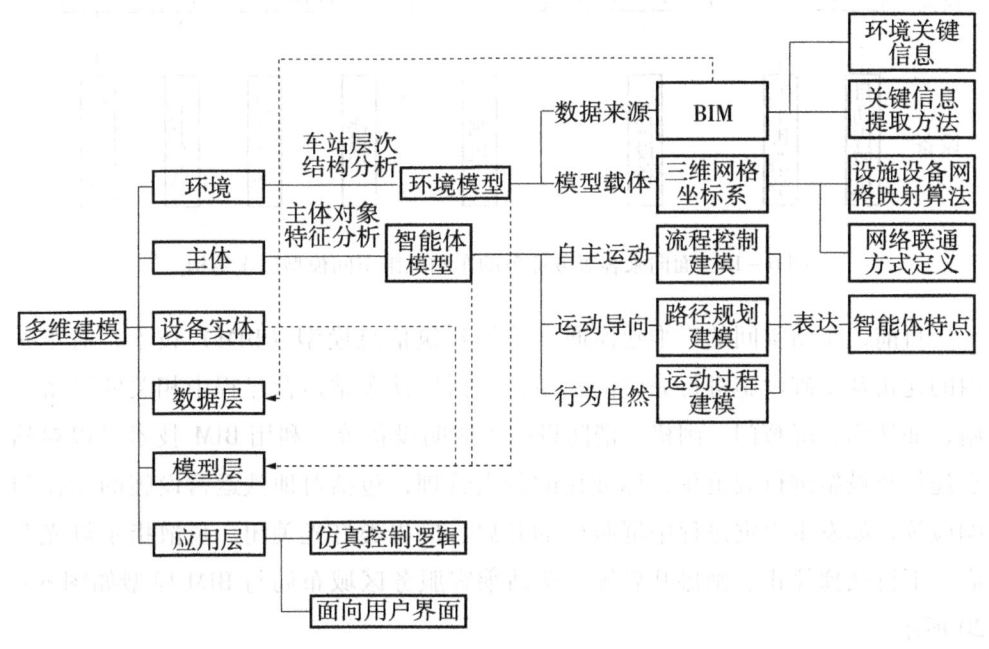

图6-18 多维建模技术框架

1. 车站空间三维建模

对于车站来说，不同的使用空间一般都分布在不同的楼层，不同的楼层通过楼扶梯等连接设备相连通。不同的楼层内又可划分为不同类型的区域。每一个区域中包含空间位置相近的同类设施设备。因此，城市轨道交通车站三维模型的层次结构可以分为楼层、区域、设备。无论基于何种研究目的，都可以从楼层、区域、设备三个层次梳理车站空间模型的组成要素。比如面向乘客服务相关的分析，三维空间模型中主要反映为乘客提供服务的主要设施设备、区域和楼层，如图6-19所示。

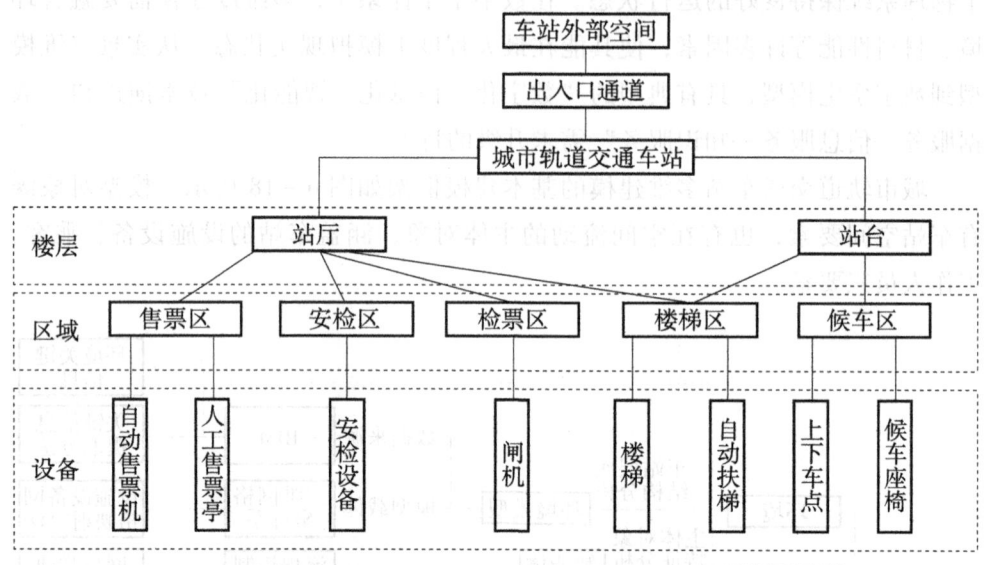

图6-19 面向乘客服务业务的车站三维空间模型层次结构

目前，车站空间的三维建模通常采用建筑信息模型（BIM）技术，对车站内的建筑及基础设施进行完整的建模，包括地铁车站运营过程中相关的设备设施，如扶梯、屏蔽门、闸机、消防设施、照明设备等。利用BIM技术可以对站点建筑及设施进行规范化、标准化的分类管理，包括对地铁运营设施的操作与响应等，如发生火灾过程中屏蔽门的开启、广告类灯光关闭、疏散指示灯光开启、下行扶梯停止、闸机开启等。车站乘客服务区域布局与BIM模型如图6-20所示。

三维模型是全生命周期运维信息的载体，将设计施工阶段、运维阶段产生的所有信息集成至孪生系统中，比如用户信息、设备信息、采购信息、保修信息和财务信息等，实现模型和信息的一体化，为高效运维提供平台。

车站运营管理中，BIM平台可以实现与综合监控系统、视频监控系统、站内定位系统、OA办公平台、实时客流系统、运营管理平台等系统平台的数据对接，整合运营期间各类动态数据形成运维数据库，实现设备运行状态、故障信息、人员定位信息、客流信息、设备资产信息的灵活调用，为设备管理、客流管理、站务管理提供工具和载体。

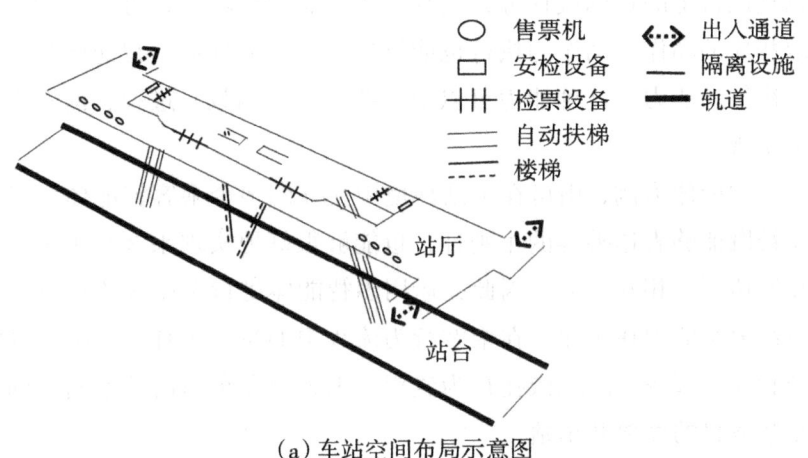

(a) 车站空间布局示意图

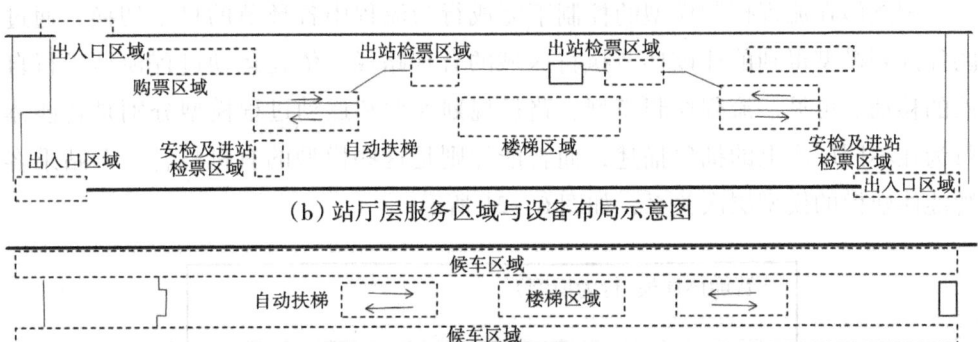

(b) 站厅层服务区域与设备布局示意图

(c) 站台层服务区域与设备布局示意图

(d) 车站实景化模型示意

图 6-20 车站乘客服务区域布局与 BIM 模型

2. 行动智能体建模

车站模型中的行动主体主要是乘客和工作人员，对行动主体则采用智能体方式进行建模。智能体（agent）是一个自然的或者是虚拟的实体，能够主动发挥作用以达成特定的目标或任务；其驻留于动态的环境中，可以感知环境的变化而采取相应的动作，动作的执行也能够反过来影响环境。智能体具有环境感知和自主决策的能力，这种能力可以由一些方法、函数、过程、搜索算法或加强学习来实现。

以乘客智能体为例，由可在车站环境中交互的多个乘客智能体和设备实体组成的系统既能够表达乘客的主观性，也能够很好地实现乘客与乘客、乘客与环境的相互协调、相互影响。因此，运用多智能体进行车站客流仿真有利于表现客流系统复杂的内在规律。在乘客行为流程中的每一个环节，乘客都需要接受该环节相应的服务，因此依托行为流程，乘客会在车站内的不同空间自主地流转直至达成目的而离开车站。

智能体在流程控制模型的控制下完成行为流程中各环节的自主切换，通过路径规划模型得到前往该环节执行区域的合理路径，依托运动过程模型进行自然的移动。可见，流程控制模型、路径规划模型和运动过程模型分别是智能体行为在不同层次上的抽象描述，而智能体则是这些模型的有机整合。车站乘客智能体建模的模型层次关系，如图6-21所示。

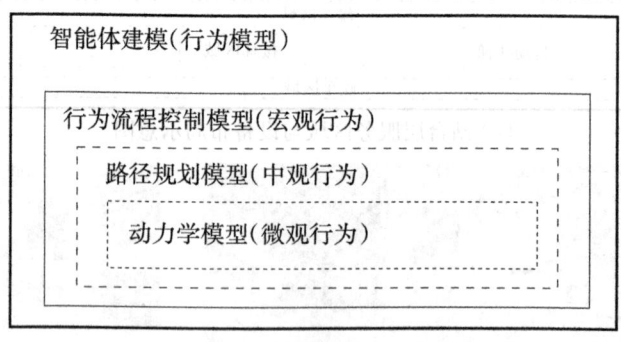

图6-21　乘客智能体建模的模型层次关系

6.5.2　虚拟现实技术（仿真技术、VR、MR）

虚拟现实（virtual reality，VR）概念首先由美国VPL公司的创立人杰伦·拉尼尔（Jaron Lanier）于20世纪80年代提出，近年来随着相关技术的不断发展，该技术越来越受到国内外学者以及工业领域的重视。VR以计算机技术为核心，创造出一定范围与现实环境在视、听、触感等方面相似的、可交互的数字化环境。"virtual"代表了 VR 创造的环境是虚拟的、人工构造而存在于计算机内部的，用户应该可以进入到这个环境当中，以自然的方式与这个环境交互，从而达到尽可能模拟现实世界环境的效果。

VR 本质上也是一种先进的人机交互模式，由于其具备实时的三维空间表现能力，以及丰富的听觉、触觉反馈，一改传统的人与计算机之间交互生硬、枯燥的弊端，为人类探索虚拟和模拟现实的手段带来了新的可能性。

虚拟现实是创建和运行数字孪生的核心技术，是数字孪生体与现实数据交换融合的基础，在此基础上依托并集成各类传感、控制技术，并要求现实世界传感系统共同在线，实现其保真性、实时性和闭环性。

三维建模技术、立体显示技术以及人机交互技术是虚拟现实的三种关键技术。三维建模技术主要是利用建模软件来制作一些空间模型，这种技术对虚拟现实的沉浸性起着关键作用；立体显示技术作为虚拟现实的一种最直接的表现形式，其功能普遍采用一些硬件显示设备，例如头盔和 VR 眼镜等来实现；人机交互技术是人和计算机进行信息交流的技术，经历了从桌面上的键盘鼠标到移动端的多点触控，最后到虚拟现实的体感交互，主要用到的设备有数据手套、手柄等。虚拟现实系统的组成如图 6-22 所示，分别由三维模型数据库、虚拟环境、虚拟现实软件系统（VR、MR）、计算机、输入与输出设备组成。

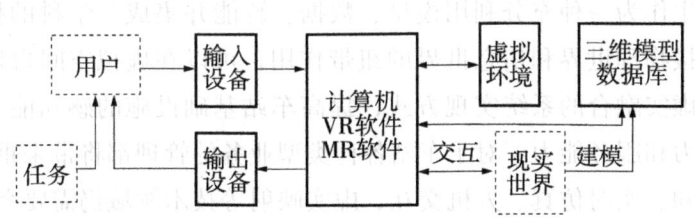

图 6-22 虚拟现实系统的组成

虚拟现实为基础的数字孪生技术发展、车站智能化管理拓展了丰富的技术空间。城市轨道交通车站的数字孪生系统是未来车站智能化向智慧化发展的重要手段和途径。

数字孪生系统针对城市轨道交通车站这一物理对象，以及针对客运、行车、设施设备管理等车站的业务需求来分析物理对象特征，建立三维虚拟模型，并融合设计建造阶段、运维阶段产生的所有信息，借助传感器、设备运行历史等数据构建物理实体和虚拟空间的交互关系，最终为用户提供各类服务应用，地铁车站数字孪生的虚实交互概念框架如图 6-23 所示。

车站数字孪生系统利用传感器采集实时数据，利用 Zigbee、WiFi、4G、以太网、现场总线等通信手段，可将环境传感器和在线监测系统等传感器动态获取的实时数据，存储入服务器中，结合各类设施设备系统、环境系统、人员系统的运行历史数据和当前状态，在虚拟空间中，以三维虚拟模型为基础，利用仿真分析和深度学习等方法，获得相应的管理策略、异常预测和控制模式方案，再通过通信网络反馈到物理世界对应的系统，给出优化决策或控制。

图 6-23　地铁车站数字孪生的虚实交互概念框架

数字孪生作为一种充分利用模型、数据、智能并集成多学科的技术，能够充分发挥连接物理世界和信息世界的纽带作用，可以在虚拟空间再现车站运营场景，通过虚实融合的系统实现方式，提高车站基础设施的感知能力、分析能力、管理能力和服务能力。对于车站各种类型业务的管理都将带来重大的改变，但在精准感知、实时仿真、人机交互、虚实映射等技术领域仍需要突破。

6.5.3　案例：上海轨道交通 18 号线车站基于 BIM 的智慧运维平台[①]

上海轨道交通 18 号线车站智慧运维平台以建设阶段交付的 BIM 竣工模型数据为基础，搭建了三维轻量化数字化运维模型场景，集成了运营期间各类静态、动态数据，包括设备厂商产品模型与资料、资产信息、设备运行状态信息、视

[①] 辛佐先，裴芳琼，孟柯. BIM + IoT 助力地铁车站运维管理数字化转型：以上海轨道交通 18 号线工程为例 [J]. 中国勘察设计，2022 (A1)：78-81.

频监控、人员定位信息等，数字化模型与车站实际运行状态相对应，初步实现数字孪生。上海轨道交通 18 号线车站智慧运维平台界面如图 6-24 所示。

(a) 设备运行状态可视化　　　　　　　　(b) 巡检工作配置

图 6-24　上海轨道交通 18 号线车站智慧运维平台界面

该平台将竣工移交的数字化资产通过物联网技术与设备运行状态集成，实现设备管理、客运管理、人员管理、数据分析等 4 项核心应用，已在上海轨道交通 18 号线实际工作中应用，具备较高的应用成熟度。上海轨道交通 18 号线车站智慧运维平台部分功能如图 6-25 所示。

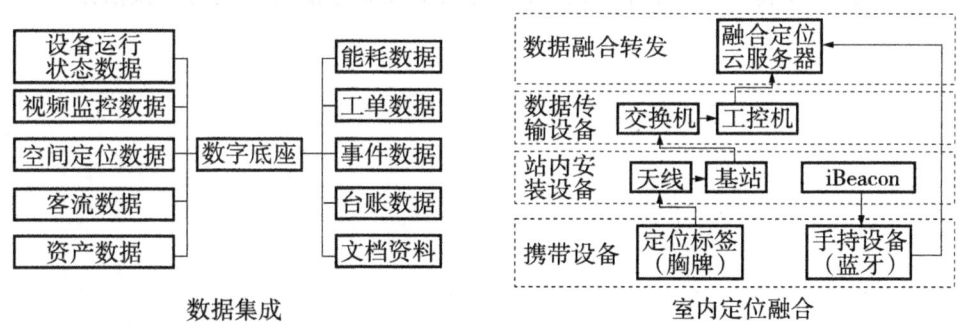

图 6-25　上海轨道交通 18 号线车站智慧运维平台部分功能

1. 设备管理

在平台三维场景中，不仅可以查询设施设备的基本信息，包括编码、名称、规格型号、生产厂商等，还可以进一步查看竣工交付的精细模型、设备文档资料等静态数据。同时，在三维场景中，还能够可视化显示设备实时运行状态和详细运行数据，对故障设备可直接发起维修工单，自动填入设备编号、故障代码等信息，保证工单数据的结构化。随着数据的积累，形成设施设备运行履历，可分析设施设备健康程度。在现场通过移动端扫描二维码，可同样进行查询、报障、设备巡检等操作，大大提升了一线人员的工作效率。

2. 客运管理

平台集成车站客流数据，支持查询和数据分析，可掌握站内客流趋势，相应开展客运组织工作。移动端可上报客运事件，通过定位系统自动记录事件发生位置，可分析不同类型事件的高发位置，辅助客运组织决策。平台将台账等大量日常工作数据电子化、结构化，可实现数据的查询追溯、统计分析，充分发挥信息价值。另外，集成视频监控数据，做到虚实结合，能够更好地为车站客运服务。

3. 人员管理

集成定位系统数据，实现人员实时位置和历史轨迹的可视化查询。结合定位对巡检工作进行标准化配置和精细化过程管理，实时掌握巡检工作进度，并可进一步扩展到委外人员管理。

4. 数据分析

平台对各类数据进行统计分析和深度挖掘，一旦发现异常，及时预警，为管理决策提供支持。同时，该功能可以自动生成业务报表，成为考核依据。

第7章　展望：城市轨道交通车站智能化管理发展态势

以人工智能、大数据、云计算、物联网、虚拟现实为代表的智能化技术迅猛发展，并在各类领域得到广泛应用，为实现智能化管理奠定了坚实的技术基础，也为未来创新发展提供了无限可能。

车站智能化管理以业务需求为导向，与科技创新相融合，将智慧化能力服务于业务痛点与难点问题。新技术的应用应考虑先进适配原则。把握好"先进"与"适配"的关系，既要使用先进的顶层设计思路，促进智慧技术与地铁发展高度融合，也要充分调研、多方论证、周密测算，根据城市轨道交通生态演进和需求变化，提出切实可行的建设方案，确保实施效果。在技术选型方面，既要力争采用最先进的概念、技术和方法，也要结合实际，讲求实用，选择适配、可靠的技术方案。车站智能化管理未来在管理范式、数据应用、智慧程度等方面将不断发展和升级。

1. 传统线性管理向非线性闭环管理转变

车站智能化管理要实现有效的管理，首先要突破传统的单专业线性管理模式，打破专业、部门、岗位的壁垒，实现以整体业务模式为导向，融入持续改善的卓越质量管理理念，融合多源数据信息，实现宽域闭环管理，管理范式的转变如图7-1所示。

车站智能化管理必须考虑与车站管理业务发展需求相匹配的新需求，而不是仅仅停留在对传统模式的数字化和信息化。要利用数据技术，特别是大数据技术多角度、多层次、大样本连续观测的能力，用于全面把握情况、发现问题、判断发展态势，以带来管理能级、质量和效率的提升。传统模式与数据驱动模式响应车站管理需求的差异如表7-1所示。

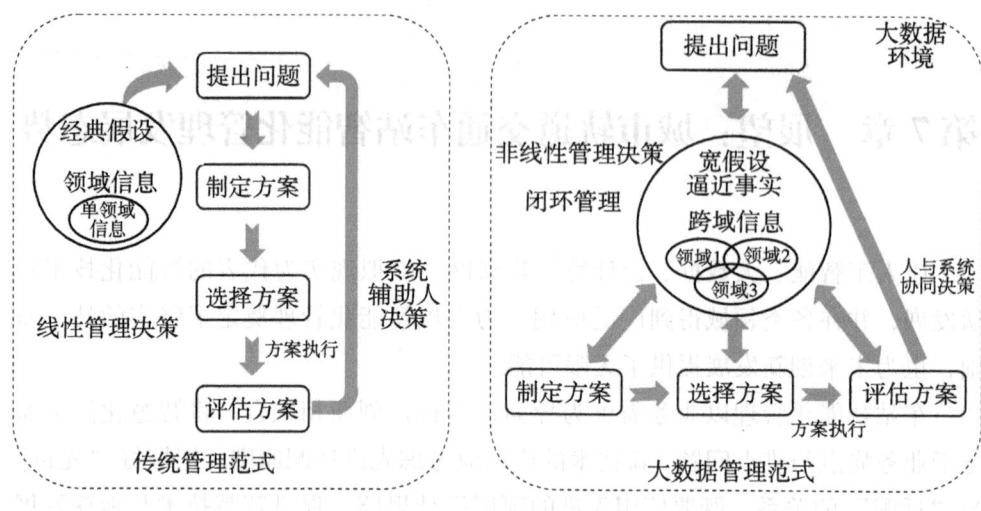

图 7-1 管理范式的转变

表 7-1 传统模式与数据驱动模式响应车站管理需求的差异

管理需求	传统模式	数据驱动模式
系统性	以单专业为管理核心	多专业数据整合，长周期数据分析
精细化	注重结果指标分析	以微观数据分析为手段，快速精准定位问题的关键
动态化	以计划性的静态管理为主	强调实时数据分析以支持辅助决策的及时性

2. 业务数据价值挖掘

大数据挖掘、大数据预测、大数据可视化等数据技术的应用，一方面依托历史和实时的客流数据、维保数据、环境数据等，根据车站不同业务的要求，为业务优化提供决策支持，有效提升既有业务的管理质量和效率；另一方面有助于挖掘潜在的数据规律，为业务的优化提供启发性的思路和提示，派生出新的业务关注点，这可能会带来决策需求的变化，这种变化对数据采集、分析又提出了新的需求和要求。在这种数据与业务的良性互动性循环中，数据与业务相互促进优化，不断拓展相互适应，最终达到数据与业务的高度吻合，才能实现自动运行、自主决策的车站智能化管理终极目标。

未来车站智能化管理发展，必须在业务能力和数据智能之间建立起有效的连接，对数据能力的发展构建远景规划，平衡数据保护与控制和数据共享与应用的关系,才能进一步提升以数据为核心的智能化应用的深度和广度。如图7-2所示,以业务需求为驱动,构建车站智能化管理业务数据价值模型体系,识别、发掘和创新数据应用场景,通过数据分析、建模、可视化、决策模拟等数据能力构建,将数据智能内嵌到业务流程、管理机制和协作模式中,推动业务智能化发展。

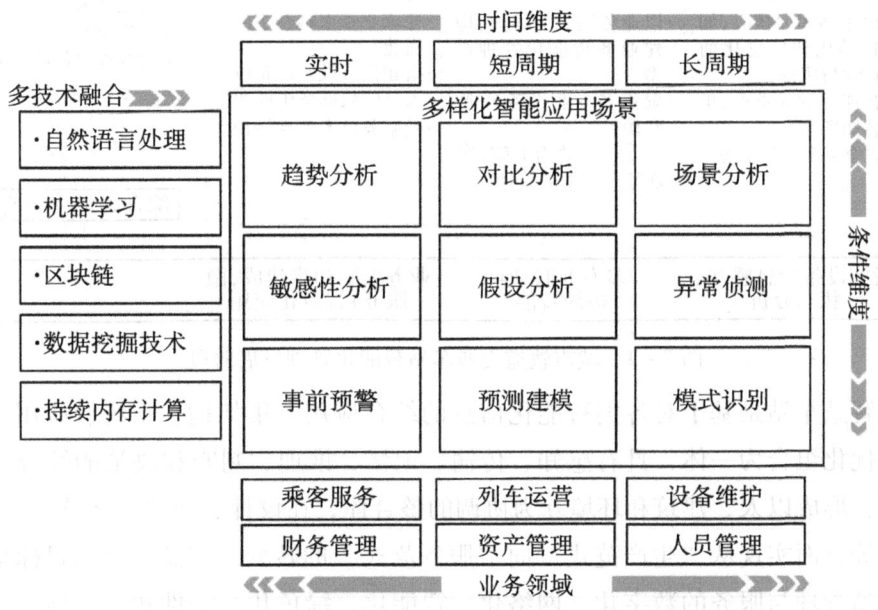

图7-2 车站智能化管理业务数据价值模型体系

车站智能化管理对系统化、精细化、动态化管理方面提出了更高要求,基于不同维度的数据分析挖掘为实现上述要求提供了有效的技术手段。目前阶段,业务数据价值挖掘在数据模型方面仍需要有所突破,特别是数据关联模型。车站智能化管理关联模型的建立以场景化来体现其稳定性,又需要具有一定的可拓展性,不仅仅是描述现有业务,也要能容纳新的业务,更重要的是,关联模型要勾勒出已知业务框架下各专业系统的边界。

3. 智能化向智慧化迈进

车站智能化管理以智慧化为终极目标,车站管理的智能化在信息化基础上更进一步,在全息感知和业务联动的基础上增加更全面的智能决策,通过知识沉淀与智能技术发展的深入,基于对各类智能化信息的综合应用,形成高度自治的智能体，成为真正意义的智慧车站。城市轨道交通车站智能化管理发展阶段如图7-3所示。

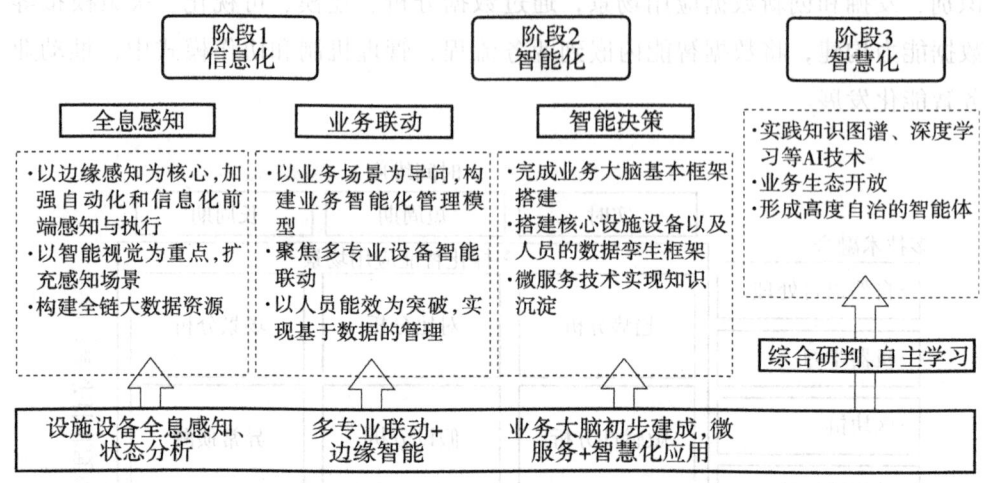

图7-3 城市轨道交通车站智能化管理发展阶段

智慧车站是基于对各类智能化信息的综合应用，集架构、系统、应用、管理及优化组合为一体，具有感知、传输、记忆、推理、判断和决策的综合智慧能力，形成以人、建筑和环境互为协调的整合体，在设计、建造、运营、服务、维护等方面实现从"生产范式"向"服务范式"的转变。智慧车站的目标是实现车站管理与服务的数字化、网络化、智能化、绿色化、个性化、人性化、自助化和协作化，达到可测、可控、可阅读的目的。

相对于传统车站，智慧车站的内涵更丰富，从设计、建设到运营全生命周期，智慧车站对比传统车站都有明显不同，传统车站与智慧车站的内涵差异分析如表7-2所示。

表7-2 传统车站与智慧车站的内涵差异分析

对比项目	传统车站	智慧车站
设计与建造	二维平面+3D设计，以成本为导向，功能单一	基于BIM的数字化设计，关注用户视角的设计与建造，功能非单一化，建筑可阅读
设施设备管理	专业设备分割明显，多采用人控+机控，智能化程度低	自动化与信息化的融合，自动控制+智能识别+立体感知+智能融合+智能控制，可实现全过程智能管理，尤其是可以减少能耗

续表

对比项目	传统车站	智慧车站
客运服务	共性服务，单一交通服务，被动式服务，协同性较差	多元（除了交通服务，还包括旅游、购物、住宿等），主动式服务（强调乘客体验，以人为本），智能＋协同服务，强调乘客参与，体现有温度的关怀
安全管控	检测手段主要依靠人员或设备，重在事后处置	自动、实时、全面透彻的感知，强调物与物、人与物、人与人的全面互联、互通、互动，处置由事后向事前预警预测转移

因此，智慧车站的显著特征主要体现在以下三个方面。

（1）全面透彻的感知与控制。利用各类随时随地的感知设备和智能系统，智能识别、立体感知车站的环境、设施设备状态、乘客移动轨迹、列车运行过程等信息的全方位变化，对感知数据进行融合、分析和处理，并能与业务流程智能化集成，继而主动作出响应，促进车站各个系统和谐高效运行。智慧车站还强调车站各设施设备的自动控制和有限条件下的自修复功能，强调运营维护的自动化和智能化。

（2）高度互联融合的决策。车站及其管理是一个开放的复杂巨系统，各类有线、无线网络技术的发展为车站中的物与物、人与物、人与人的全面互联、互通和互动，为车站的各类随时、随地、随需、随意的应用提供了基础条件。每一位乘客、每一个工作人员、每一列车、每一个设备的终端，都是互联世界中的信息体，泛在的互联作为智慧车站的"神经网络"，极大地增强了车站作为智慧城市自适应系统在信息获取、实时反馈、随时随地提供智能服务方面的能力。新一代全面感知技术的应用增加了车站的海量数据。通过将"云"与"端"的结合，通过智能融合的应用实现对海量数据的存储、计算与分析，并通过人的"智慧"参与，提升决策支持和应急指挥的能力。

（3）以人为本的服务。乘客是地铁服务的对象，未来人们的出行需求不仅仅是满足位移的服务，还需要出行得更体面、更舒适、更便捷，因此需要重新定义服务的内涵。智慧车站的设计、建设和运营过程尤其需要注重以人为本，乘客参与、公众参与、社会协同的开放创新空间的塑造以及公共价值与独特价值的创造。注重从乘客的需求出发，强化用户的参与，汇聚公众智慧。

随着新兴技术的蓬勃发展，城市轨道交通运营管理的焦点开始着眼通过各种智能化技术手段，从安全、效率、效益、服务等多维度提升管理水平，推动城市轨道交通向精细化增值服务方向发展。智慧车站正是未来发展的重点，但要实现真正意义上的智慧，仍有很长的路要走，除了打破目前的数据互联互通壁垒，引入新的智能技术与方法，更重要的是需要重新定义车站的服务功能，洞悉乘客的新需求，从业务流程、管理流程上进行优化，最终达到"将乘客变成顾客，将车站变成社区"的目的。

参考文献

[1] 习近平. 与世界相交 与时代相通 在可持续发展道路上阔步前行——在第二届联合国全球可持续交通大会开幕式上的主旨讲话［M］. 北京：人民出版社，2021.

[2] 胡向东，耿道渠，胡蓉，等. 传感器与检测技术［M］. 4版. 北京：机械工业出版社，2021.

[3] 江志彬. 城市轨道交通网络大客流管控理论与方法［M］. 上海：同济大学出版社，2021.

[4] 中国城市轨道交通协会. 中国城市轨道交通智慧城轨发展纲要［J］. 城市轨道交通，2020（4）：8-23.

[5] 刘纯洁. 上海智慧地铁的研究与实践［J］. 城市轨道交通研究，2019（6）：1-6.

[6] 陈菁菁. 上海轨道交通汉中路站智慧车站的建设实践［J］. 城市轨道交通研究，2020（6）：135-138.

[7] 陈菁菁，江志彬. 基于WiFi嗅探数据的地铁网络客流分析技术［J］. 城市轨道交通研究，2018（5）：153-157.

[8] 陈菁菁. 城市轨道交通客流检测技术的特征及其应用分析［J］. 城市轨道交通研究，2018（1）：137-142.

[9] 俞军燕，祝唯，陆桥，等. 基于物联网技术的智慧车站全景管理系统的设计与应用［J］. 城市轨道交通. 2021（9）：39-42.

[10] 张明柱，李郁，焦景丽. 基于移动支付乘车数据的地铁乘客画像分析［J］. 铁路通信信号工程技术，2022（7）：83-86.

[11] 卢彦懿，徐天河，曹红升，等. "地下北斗系统"：地铁定位最优解［J］. 中国测绘，2020（3）：65-68.

[12] 肖雄，陈朝晖，贾建平. 基于低功耗蓝牙室内定位技术在智慧地铁车站中的应用［J］. 低碳世界，2019（12）：239-240.

[13] 辛佐先，裴芳琼，孟柯. BIM+IoT助力地铁车站运维管理数字化转型：以上海轨道交通18号线工程为例［J］. 中国勘察设计，2022（A1）：78-81.

[14] 江志彬，陈菁菁，谷金晶. 地铁智慧车站的内涵和实践途径［J］. 城市轨道交通研究，2019（9）：6-9.

[15] 赵晋斌，王凯，李盼. 基于规则推理和贝叶斯网络算法的多方证据关联分析［J］. 中国电子科学研究院学报，2022，17（5）：508-514.

[16] 李璐，王爱丽，王子腾，等. 基于多源数据融合的城市轨道交通人员综合监测及运营

管理系统研究［J］．铁路计算机应用，2021（10）：47-53．

［17］李亚军，李昱见，秦义展．基于大数据和人工智能技术的地铁客流数据效益挖掘与提升［J］．城市轨道交通，2022（9）：46-49．

［18］李颖宏，郝晓青．综合交通枢纽客流状态智能分析［J］．智能系统学报，2014（6）：677-684．

［19］李昭勇，李梓靖．面向轨道交通智能监控的物联网技术分析［J］．城市建设理论研究（电子版），2020（14）：53．

［20］卢弋，陈霖，冯伟．基于案例推理的城市轨道交通应急预警决策［J］．交通工程，2021（1）：74-79，85．

［21］田寅．城市交通智能感知与传感器网络技术研究［D］．北京：北京交通大学，2015．

［22］封超．基于案例推理的应急决策方法研究［D］．西安：西北工业大学，2018．

［23］周云．面向实时作战决策支持的动态数据驱动仿真理论和方法研究［D］．长沙：中国人民解放军国防科技大学，2010．

［24］吴家文．基于BIM的城市轨道交通车站多智能体仿真［D］．上海：同济大学，2020．

［25］交通运输部．交通运输部关于推动交通运输领域新型基础设施建设的指导意见［EB/OL］．（2020-08-03）［2022-01-30］．http：//www.gov.cn/zhengce/zhengceku/2020-08/06/content_5532842.htm．

［26］中国城市轨道交通协会．城市轨道交通2020年度统计和分析报告［EB/OL］．（2021-04-10）［2022-01-31］．https：//www.camet.org.cn/tjxx/7647．

［27］北京市地铁运营有限公司．首都智慧地铁发展白皮书（2020版）［R］．北京：北京市地铁运营有限公司，2020．

［28］美国交通运输研究委员会．公共交通通行能力和服务质量手册（原著第二版）（TCRP Report 100）［M］．杨晓光，滕靖，等译．北京：中国建筑工业出版社，2010．

［29］上海市经济和信息化委员会，上海申通地铁集体有限公司，中国电信股份有限公司上海分公司．5G+智慧地铁白皮书［R/OL］．（2019-12-05）［2021-12-30］．https：//app.sheitc.sh.gov.cn/sjxwxgwj/684346.htm．

［30］何继青．5G+智慧地铁，助力广州地铁业务创新［EB/OL］．（2021-01-27）［2022-02-15］．https：//www.zte.com.cn/china/about/magazine/zte-technologies/2021/1-cn/5/2.html．

［31］王诚等．基于物联网的无人值守机房智能巡检管理模式研究［J］．机械与电子，2020，38（11）：42-46．

［32］动态［J］．科学中国人，2022（6）：6．

［33］GU J, JIANG Z, FAN W, et al. Short-term trajectory prediction for individual metro passengers integrating diverse mobility patterns with adaptive location-awareness [J]. Information Sciences, 2022 (599): 25 –43.

[34] GU J, JIANG Z, FAN W, et al. Real-time passenger flow anomaly detection considering typical time series clustered characteristics at metro stations [J]. Journal of Transportation Engineering, Part A: Systems, 2020, 146 (4): 1 –14.

[35] JIANG Z, GU J, HAN Y, et al. Modeling actual dwell time for rail transit using data analytics and support vector regression [J]. Journal of Transportation Engineering, Part A: Systems, 2018, 144 (11): 1 –12.